ジュリストBOOKS

JN112221

JURIST BOOKS

Professional

M&Aの 新たな展開

「公正なM&Aの在り方に関する指針」の意義

藤田友敬 編

有斐閣

はしがき

マネジメント・バイアウト（MBO）をはじめとするキャッシュアウト取引がわが国において行われるようになったのは，平成17年の会社法制定以後である。それから短期間のうちに相当数の案件が現れ実務が急速に発展していくことになった。同時に，株主による価格決定申立て等により，公正なキャッシュアウト対価に関する裁判例が蓄積していった。このような黎明期の実務の形成には，「企業価値の向上及び公正な手続確保のための経営者による企業買収（MBO）に関する指針」（経済産業省，2007年9月4日）が多大な影響を与えた。

特定の問題について急速なルール形成がなされる際には，不自然な形で独自の「法理」が発展してしまうことがある。MBOの問題は，利益相反関係の存在する状況で行われた取引における公正な取引条件とは何か，裁判所は取引条件にどこまで介入すべきかという一般的な問いの一例であるが，組織再編をはじめとするその他の類型と切り離された，MBOあるいはキャッシュアウトに関する独自の法として議論されがちであった。

2019年6月28日に経済産業省により公表された「公正なM&Aの在り方に関する指針——企業価値の向上と株主利益の確保に向けて」（M&A指針）は，構造的な利益相反と情報の非対称性の問題が存在するM&A取引に関して，ベストプラクティスとなることが期待される諸原則および具体的な実務上の対応を述べるものである。そこでは，MBOやキャッシュアウトに限らず，構造的な利益相反と情報の非対称性の問題が存在するM&A取引に関する一般的な考え方が展開されている。わが国においても，ようやく議論の枠組みが正しい方向に向かいつつあるように思われる。

本書は，経済産業省に設置された「公正なM&Aの在り方に関する研究会」の委員としてM&A指針の作成に関与した研究者・実務家が中心となり，M&A指針の内容およびそれがもたらす影響を考えるものである。本書前半では，M&A指針の背後にある基本的な視点を明らかにした上で（藤田論文），ファイナンスの視点から見たM&Aの意義とその規律の在り方について概観し（井上論文），M&A指針の中核ともいうべき公正性担保措置の在

り方について理論的に詳細に分析し（加藤論文・田中論文），M&A 指針が今後与える影響につき法務および買収実務の観点から論じる（石綿論文・別所論文）。後半に収録した，実務家および研究者 8 名による座談会では，単なる M&A 指針の内容の解説ではなく，同指針公表後の事例の紹介・検討や同指針の背後にある考え方に関する立ち入った検討がなされている。

　本書が，M&A 指針，さらには利益相反のある M&A 取引に関する考え方についての理解を深めることに，少しでも役立てば幸いである。

　最後に，本書の公刊に当たって行き届いたお世話を頂いた株式会社有斐閣の辻南々子氏に心より御礼申し上げたい。

2020 年 3 月

藤田友敬

CONTENTS

目　次

CONTENTS

細目次

凡例

■ 裁判例の表示

本文（地の文）

　例／最高裁昭和 45 年 6 月 24 日大法廷判決（民集 24 巻 6 号 587 頁）

　　＊法廷名は最高裁大法廷についてのみ表示する。

本文の括弧内・脚注

　例／最大判昭和 45・6・24 民集 24 巻 6 号 587 頁

　　＊最高裁の法廷名は，大法廷判決（決定）についてのみ「最大判（決）」として表示し，
　　　小法廷判決（決定）については単に「最判（決）」とする。

■ 法令名の略語

法令名の略語は，原則として有斐閣刊『六法全書』巻末掲載の「法令名略語」による。

■ その他の略語

民集 ………………………… 最高裁判所民事判例集

高民集 ……………………… 高等裁判所民事判例集

下民集 ……………………… 下級裁判所民事裁判例集

判時 ………………………… 判例時報

判タ ………………………… 判例タイムズ

金判 ………………………… 金融・商事判例

金法 ………………………… 金融法務事情

ジュリ ……………………… ジュリスト

執筆者・座談会出席者紹介

（＊＝編者，50 音順）

＊藤田友敬 ………… 東京大学大学院法学政治学研究科教授
FUJITA Tomotaka
　　　　　　　　　　［担当］論文 No. 01・座談会（司会）

飯田秀総 ………… 東京大学大学院法学政治学研究科准教授
IIDA Hidefusa
　　　　　　　　　　［担当］座談会

石綿 学 ………… 弁護士／森・濱田松本法律事務所
ISHIWATA Gaku
　　　　　　　　　　［担当］論文 No. 05・座談会

井上光太郎 ………… 東京工業大学工学院経営工学系教授
INOUE Kotaro
　　　　　　　　　　［担当］論文 No. 02

加藤貴仁 ………… 東京大学大学院法学政治学研究科教授
KATO Takahito
　　　　　　　　　　［担当］論文 No. 03・座談会

神田秀樹 ………… 学習院大学大学院法務研究科教授・東京大学名誉教授
KANDA Hideki
　　　　　　　　　　［担当］座談会

後藤 元 ………… 東京大学大学院法学政治学研究科教授
GOTO Gen
　　　　　　　　　　［担当］座談会

田中 亘 ………… 東京大学社会科学研究所教授
TANAKA Wataru
　　　　　　　　　　［担当］論文 No. 04・座談会

角田慎介 ………… 野村證券株式会社 経営役 グローバルヘッドオブ M&A
TSUNODA Shinsuke
　　　　　　　　　　［担当］座談会

別所賢作 ………… 三菱 UFJ モルガン・スタンレー証券株式会社 投資銀行本部
BESSHO Kensaku　　マネージングディレクター
　　　　　　　　　　［担当］論文 No. 06

初出一覧

論文 №.01 ～ 06　ジュリスト 1536 号（2019 年）
座談会　　　　ソフトロー研究 30 号（2020 年）

「公正なM&Aの在り方に関する指針」の意義

藤田友敬

I. はじめに

　2019 年 6 月 28 日，経済産業省により「公正な M&A の在り方に関する指針——企業価値の向上と株主利益の確保に向けて」（以下，「本指針」）が公表された。構造的な利益相反と情報の非対称性の問題が存在する M&A 取引に関して，ベストプラクティスとなることが期待される諸原則および具体的な実務上の対応を述べるものである。同省は，2007 年 9 月 4 日，「企業価値の向上及び公正な手続確保のための経営者による企業買収（MBO）に関する指針」（以下，「MBO 指針」）を公表したが，これは黎明期にあった日本の MBO 実務に多大な影響を与えた。今回公表された本指針は，MBO 指針策定後の実務の蓄積や環境変化等を踏まえて[1]，MBO 指針の見直しの要否とその方向性について検討を行うため設置された「公正な M&A の在り方に関する研究会」（以下，「研究会」）の検討の成果であり[2]，MBO 指針同様，今後の M&A 実務に大きな影響を与えることが予想される。

　本章は，理論的な観点から，本指針の背後にある基本的な視点を明らかに

1）MBO 実務の積み重ねはもとより，組織再編およびキャッシュアウト取引における公正な取引条件（取引対価）とは何か，裁判所はその算定にいかなる役割を果たすべきかという点に関する判例——とりわけ最決平成 24・2・29 民集 66 巻 3 号 1784 頁（テクモ事件），最決平成 28・7・1 民集 70 巻 6 号 1445 頁（ジュピターテレコム事件）——の進展が重要である。本稿では紙幅の関係で詳述することができないが，両決定は本指針の考え方に影響を与えている。
2）検討は 2018 年 11 月から開始された。研究会の資料および議事要旨は経済産業省のウェブサイト（https://www.meti.go.jp/shingikai/economy/fair_ma/index.html）から入手できる。

するものである。

Ⅱ. MBO 指針との関係

1. 総説

本指針は MBO 指針と共通する点も少なくないが，MBO 指針にはない新たな点も少なからず見られる。そこでまず本指針と MBO 指針の異同について確認したい。

2. 適用範囲の拡張

本指針と MBO 指針との間の一見して分かる違いは，対象とされる取引である。本指針の適用対象は，MBO に加えて支配株主による従属会社の買収を含む点で MBO 指針より広い[3]。適用範囲の拡張は，①支配株主と少数株主の間の利害対立を取り込んだ，②買収会社の株式を対価とする（現金が対価ではない）取引を取り込んだ，という 2 つの側面がある。研究会においては，支配株主による従属会社の買収（とりわけ少数株主による会社の完全子会社化）が MBO と同様に規律されることに対する警戒感も表明されたが[4]，これらの取引も構造的な利益相反と情報の非対称の問題から取引条件が歪められる危険を有するという点に共通点があるとして，一括して対象に含められた[5]。もっとも本指針は，取引類型によって，求められる公正性担保措置の意義や必要性に違いがありうることまで否定しているわけではない[6]。

---

3) 本指針 1.4。
4) 第 2 回研究会（2018 年 12 月 7 日）議事要旨 5 頁〜7 頁［古本省三委員発言］，21 頁〜22 頁［井上隆委員発言］，第 5 回研究会（2019 年 2 月 22 日）議事要旨 2 頁〜3 頁［古本委員発言］，第 6 回研究会（2019 年 4 月 5 日）議事要旨 1 頁〜4 頁［古本委員発言］，23 頁〜24 頁［児玉康平委員発言］参照。パブリックコメントにおいても，同様の意見があった（「『公正な M&A の在り方に関する指針──企業価値の向上と株主利益の確保に向けて（案）』に対する主なパブリックコメントの概要及びコメントに対する経済産業省の考え方」〔以下，「パブリックコメントの概要」〕No.4, No.34 参照）。
5) 本指針では，MBO と支配株主による従属会社の買収の差異についても相当詳細に言及し（本指針 2.1.2 〜 2.1.3），同時に買収対価の差異によって区別すべきかについても検討する（本指針 2.2）。
6) 例えばマーケット・チェックの有効性について，後掲注 33)参照。

3. 基本的な考え方

　本指針は，基本的な概念整理や原則については MBO 指針を忠実に承継している。(1)M&A に際して実現される価値は，① M&A を行わなくても実現可能な価値と，② M&A を行わなければ実現できない価値に分けられ，①は一般株主に帰属し，②は一般株主が享受してしかるべき部分とそうではない部分に分けられるとする概念整理[7]，および(2)企業価値を向上させるか否かをもって当該 M&A が望ましいか否かの判断基準とし（第1原則），公正な手続を通じて一般株主の利益を確保する（第2原則）という考え方は[8]，MBO 指針に示されたものがそのまま踏襲されている。

　本指針の新しさは，第2原則によって求められる公正な手続を考える際に，①取引条件の形成過程において独立当事者間取引と同視しうる状況が確保されること（視点1）と，②一般株主による十分な情報に基づく適切な判断の機会が確保されること（視点2）という2つの視点を提示し，公正性担保措置をこれらの視点から一貫して基礎付ける点にある。MBO 指針においては，第2原則によって求められるさまざまな手続の意義や根拠が必ずしも十分に整理し切れていなかったところ，新たな視点から再構成したことが本指針の最大の特徴である。

　なお対象会社の企業価値の向上により資する買収提案と，一般株主が享受する利益がより大きな買収提案とは，通常は一致するため，第2原則を満たす場合には，第1原則も満たすものである場合が多いことになる[9]。しかし，論理的にはこれらが一致しない場合もありうる。第1原則からは，対象会社株主の享受する対価が大きい買収提案であっても，企業価値を向上させない場合であれば拒絶すべきことになる[10]。もっとも，これはあくまで例外的な場合であって[11]，対象会社取締役会や特別委員会がそのような判断をす

---

7) MBO 指針 3.(4)(ⅱ)，本指針 2.2.1〜2.2.2。なお MBO 指針は，本文(1)で述べた概念整理を前提としつつ，MBO を行わなくても実現可能な価値と MBO を行わなければ実現できない価値のうち株主が享受すべき部分の各々を区別して算定することは実際の案件においてはできないとして（MBO 指針 3.(4)(ⅲ)参照），手続的な公正さを確保することで公正な取引条件が達成されることを目指すものである（この点は本指針も同様〔2.2.2 参照〕）。
8) MBO 指針 4.(1)，本指針 2.3。
9) 本指針注 20。

るのであれば，十分な説明責任を果たす必要がある。本指針は，対象会社が企業価値の概念を恣意的に拡大することによりこの種の主張がなされることを厳に戒めている[12]。

Ⅲ. 公正性担保措置

1. 総説

本指針は，対象とされる取引の条件の公正さを担保することに資する実務上の具体的対応を「公正性担保措置」と呼び，第3章において，そのうち一般に有用性が高いと考えられる典型的なものについて検討している。そして，いずれの公正性担保措置も，本指針の第2原則に関する2つの視点（2.3参照）の一方あるいは双方と関連付けられている。その個別の内容は後述するが，その前に公正性担保措置の位置付けについて確認しておきたい。

第1に，本指針の言及する公正性担保措置は，あくまで公正なM&Aのあり方に関して企業社会において共有されるべきベストプラクティスとして提唱されているものであり，これらを実践したこと，あるいはしなかったことが，直ちに特定の法的効果と結びつくとされているわけではない[13]。しかし，本指針の言及する公正性担保措置を講じた場合には，当事者間で決定されたM&A条件は，後に裁判においても公正なものであると判断される蓋然性が高くなり，その結果，例えば価格申立請求・株式買取請求がなされた場合にも，裁判所が独自の立場から価格を算定することがなくなる可能性が高まる[14]。しかし，本指針の言及する公正性担保措置を講じない限り，

---

10) 本指針3.4.4参照。近時ユニゾホールディングス株式会社は，複数の買収提案に対する対応の基本方針の中で，本指針の第1原則を援用すると同時に，「当社の企業価値にとって，その源泉であり，かつ，重要なステークホルダーである当社の従業員の雇用が確保された上で，従業員にとって働きがいのある企業であり続けることが極めて重要である」と述べた（「当社への買収提案に対する対応の基本方針について」〔2019年9月27日付リリース〕https://www.unizo-hd.co.jp/news/file/20190927_1.pdf参照。ただし，そもそも本指針の適用対象ではない案件である）。同社の企業価値を判断するための資料を有していないため具体的なコメントは控えるが，次に述べるように，本指針は，一般論としては，株主の利益にはなるが企業価値を損ねるという主張をすることに対して高いハードルを課していることには留意すべきである。

11) 本指針注68。

12) 本指針注70。

13) 本指針1.3。

4

当事者間で決定された M&A 条件が常に不公正なものとなるというわけではない。例えば適切な公正性担保措置がとられないで決定された MBO の対価であっても，後に裁判所によって公正な価格とされることはありうる[15]。本指針の言及する公正性担保措置を講じることの法的な意味は，取引条件について，後の裁判手続において実質審査なしに，そのまま尊重される可能性が高まるということであり，それをしない限り，MBO や支配株主による従属会社の買収を行ってはならないとする趣旨ではない。

第 2 に，本指針の言及する公正性担保措置の全てが履践されなくてはならないというわけではない[16]。特定の措置が欠けていても，他の措置によって公正性が担保されると評価されるケースはある。問題となる M&A の性格に応じ，適切な措置を取捨選択することは可能であるし，またそうすべきである。当該案件において必ずしも有効とは考えられない特定の措置に固執するあまり，望ましい M&A が阻害されたり，不必要な費用がかさんだりするようなことがあっては本末転倒である[17]。

2. 独立の特別委員会[18]

本指針は，MBO や支配株主による従属会社の買収のように，構造的な利益相反問題が存在するケースでは，取締役会による判断が歪められる蓋然性が高いことから，独立の特別委員会を設置することを要求する。特別委員会の設置は，MBO 指針の掲げる公正性担保措置の中で特に重点が置かれている。

(1) 特別委員会の機能

本指針は，特別委員会の機能は，対象会社および一般株主の利益を図る立場に立って，当該 M&A についての検討・判断を行うことにあり，中立

---

14) 本指針注 1 参照。
15) 本指針注 22 参照。
16) 本指針 3.1.1。
17) 研究会において，本指針への過剰なコンプライアンスが生じることへの懸念が表明されたこともあり，本指針は本文で述べた点を明記し（3.1.1），さらに個別の公正性担保措置の説明の箇所でも，採用が要請される強さに濃淡をつけた説明をする。
18) 特別委員会の理論的意義につき，加藤・本書 26 頁～ 28 頁。従来の実務につき，石綿・本書 46 頁～ 51 頁。

的・第三者的な立場から条件の公正さを判断することではないとする。一般株主のため買収者からよりよいM&A条件を引き出すように交渉する（少なくとも交渉過程に関与する）のが特別委員会の役割であり，特別委員会がこのような役割を実効的に果たすことで独立当事者間取引と同視しうる状況がもたらされ，合意された取引条件が公正なものと評価されることになるという発想である。判例も独立した特別委員会（第三者委員会）について言及するが[19]，その役割やこれが置かれることがいかなる論理で公開買付価格の公正さにつながるのかが明示されていなかったところ，本指針は，視点1（前掲Ⅱ3参照）によってこれを説明し，その機能について明確な位置付けを与えた。

(2) 特別委員会の権限・設置時期・構成

本指針は，特別委員会に対し取引条件に関する交渉過程に実質的に関与するために必要な権限を与えることを求める[20]。設置時期は，対象会社が買収者から買収提案を受けた場合に可及的速やかなタイミングであることが望ましいとされる[21]。特別委員会は独立性[22]のある社外者によって構成されるが，本指針は，特別委員会の構成員としての適格性について，社外取締役，社外監査役，社外有識者という優先順位をつける[23]。

このような特別委員会の権限・設置時期・構成は，いずれも(1)で述べた

---

19) ジュピターテレコム事件最高裁決定・前掲注1）は，「独立した第三者委員会や専門家の意見を聴くなど多数株主等と少数株主との間の利益相反関係の存在により意思決定過程が恣意的になることを排除するための措置が講じられ」ることを公開買付価格が公正とされる要件の1つとして掲げる。同決定の用いる「第三者委員会」という語は，中立的な第三者立場から判断する委員会というニュアンスをもって読まれる可能性があるが，少なくとも本指針の求める特別委員会の役割は，そのようなものではないことに注意する必要がある。

20) 具体的には，特別委員会が妥当でないと判断したM&Aには賛同しないことを決定した上で，M&Aの取引条件をみずから直接交渉する権限を与えるか，少なくとも，取引条件に関する交渉過程に実質的に影響を与えうる状況を確保すること（例えば，交渉について事前に方針を確認し，適時にその状況の報告を受け，重要な局面で意見を述べ，指示や要請を行うこと等）といった方法が考えられるという（本指針3.2.4.4）。海外におけるプラクティスとの比較につき，別所・本書59頁参照。

21) 本指針3.2.4.1。

22) 独立性の判断基準については本指針3.2.4.2 A）参照。

23) 社外監査役については，「社外取締役を補完するものとして，社外監査役も委員としての適格性を有する」，社外有識者については，「M&Aに関する専門性……を補うために，社外取締役および社外監査役に加えて……選任することは否定されない」（本指針3.2.4.2 B））とされる。

特別委員会の機能と密接に関係する。仮に特別委員会の機能が，提案された取引条件について中立的に第三者的立場から意見を述べることにあるとすれば，取引条件に関する交渉過程に実質的に関与する権限は必要ないし，設置時期は比較的遅くても構わないはずである。これに対して，特別委員会が対象会社および一般株主の利益のため買収者と対峙することで，独立当事者間取引と実質的に同視できる状況を作り出すという発想からは，上記のような権限・設置時期のあり方が導かれる。構成員の適性についても，特別委員会の役割・機能に関するこのような理解が影響している[24]。

3. 外部専門家の独立した専門的助言[25]

　本指針は，公正性担保措置として，外部専門家の独立した専門的助言について言及する[26]。ここでは，特に株式価値算定書とフェアネス・オピニオンについて立ち入って見ることにしたい。

（1）　株式価値算定書

　利益相反構造のある M&A の当事者が合意した取引条件の公正さを判断するにあたって，第三者評価機関による株式価値算定書を参照すること自体は目新しくない。しかし本指針が株式価値算定書に求める機能は，専門家による客観的・中立的評価であるから信頼することができるといったものとは異なる。そもそも株式価値算定書において示されるのは，M&A を前提とした企業価値の増加を含めた評価額ではないのが通常であるので[27]，その数値が直ちに公正な M&A 条件（公正な対価）に結びつくとは言えない。そこで，第三者評価機関による株式価値算定書の取得を取引条件の公正さに結び

---

24) ただし構成員の適性については，特別委員会の役割・機能に加えて，会社・株主に対する法律上の義務・責任関係が明確かという別の視点も考慮されている（本指針 3.2.4.2 B)）。

25) 詳細につき，田中・本書 36 頁〜 39 頁。

26) ジュピターテレコム事件最高裁決定・前掲注 1) においても，「専門家の意見を聴く」ことは，利益相反排除措置として言及されている。株式価値算定書やフェアネス・オピニオンは専門家の意見の典型であろうが，これらがどのような論理で公正な価格と結びつくかは明らかにされていない。

27) 第 4 回研究会（2019 年 2 月 1 日）議事要旨 6 頁〜 8 頁，23 頁〜 24 頁［いずれも別所賢作委員発言］参照。買収後の事業計画等，M&A によって増加する企業価値を算定するために必要な買収者側の情報は，対象会社の依頼による株式価値算定書の作成の際には利用可能でないことも多いであろう。

つけるための論理が必要となってくる。

　本指針は，株式価値算定書を取得することで，①株式価値算定結果から説明することができない水準の取引条件で行われるM&Aに賛同することが困難になることから，対象会社の取締役会や特別委員会の交渉の余地を狭め，不利益な取引条件が設定されるおそれを抑止する，②株式価値算定書の内容が対象会社の一般株主に対して開示されることにより，一般株主が取引条件の妥当性を判断する際の重要な判断材料となるとする。すなわち，取引条件の形成過程における独立当事者間取引と同視しうる状況を作り出すことと，一般株主が十分な情報に基づき適切に判断する機会が確保されることに貢献するという観点から，株式価値算定書の意味を説明し，取引条件の公正さに結びつけているわけである。

（2）フェアネス・オピニオン

　次に，フェアネス・オピニオン——専門性を有する独立した第三者評価機関が，M&A等の当事会社に対し，合意された取引条件の当事会社やその一般株主にとっての公正性について，財務的見地から意見を表明するもの——の取得については，本指針は，公正性担保措置としての有効性は事案により一様ではないとし，その要否は対象会社取締役会や特別委員会において，個別事案の具体的状況を踏まえて判断すべきであると，やや慎重な立場をとる。ここではフェアネス・オピニオンを取得することが望ましいのはいかなる場合かという点には立ち入らない。むしろフェアネス・オピニオンがいかなる意味で公正な取引条件に結びつくかという論理について確認したい。

　まず，言葉が非常に紛らわしいが，フェアネス・オピニオンにおいて表明される「公正性」は，本指針にいう「公正な取引条件」あるいは価格申立請求・株式買取請求事件の裁判例における「公正な価格」におけるそれとは異なることに注意する必要がある。後者は，M&Aを行わなければ実現できない価値の一部を含むが[28]，フェアネス・オピニオンを表明する際に基礎とされる株式価値算定は，通常はM&Aを実施しない財務予測等に基づいて

28）組織再編にかかる株式買取請求事件においては，組織再編による相乗効果（シナジー効果）その他の企業価値の増加が生じる場合には，これを適切に分配する形で，「公正な価格」が算定されるというのが確定判例である。テクモ事件最高裁決定・前掲注1）参照。

行われるものであるため，前者の公正性は，M&Aにより作り出される付加価値を計算して算出されたものではない。このためフェアネス・オピニオンを取得したとしても，理論的には，わが国の裁判例に言う「公正な価格」[29]であることを直接示す資料にはならない。

　そこで本指針は，対象会社がフェアネス・オピニオンを取得することの意義を，次のような論理で説明する。すなわち対象会社の価値に関して，株式価値算定書より直接的で重要性の高い参考情報を取得することで，対象会社の取締役会あるいは特別委員会が買収者とより実効性のある交渉をすることが可能となると言うのである[30]。ここでも専門家が客観的・中立的な立場から公正（フェア）であると意見表明しているから信頼できるといったことではなく，取引条件の形成過程における独立当事者間取引と同視しうる状況を作り出すことに貢献するという観点から，フェアネス・オピニオンを取得することの意義を説明しているのである[31]。

4. マーケット・チェック

　本指針は，M&A取引において他の潜在的な買収者による対抗的な買収提案が行われる機会を確保すること（マーケット・チェック）を公正性担保措置の1つとして言及する。マーケット・チェックに期待されるのは，取引条件の形成過程において対象会社の買収者に対する交渉力を強め，対象会社の一般株主にとって，より有利な取引条件を引き出すことに資するという機能である[32]。ここでも，独立当事者間取引と同視しうる状況を作り出すことに貢献するという観点に結びつけて説明されている。

　もっともマーケット・チェックの有効性はM&Aの種類によって異なる

29）株式買取請求権等における「公正な価格」をめぐるわが国の裁判例の考え方が，諸外国のものと同じとは限らない。このためフェアネス・オピニオンを取得することの意味も，諸外国においては異なる可能性がある。

30）本指針3.3.2.2 A)。

31）なおこれに加えて，フェアネス・オピニオンの取得が欧米等の実務において一般的であることから，国際的に活動する投資家を含めた一般株主に対する説明責任を果たすという観点からの有用性にも言及されているが（本指針3.3.2.2 A)），理論的にはやや疑問も残る（表現としても，「有用性が指摘されている」となっている）。

32）本指針3.4.1。

上，その実施方法[33]にも選択の余地がある。支配株主による従属会社の買収の場合（例えば，親会社が少数株主の存在する子会社を完全子会社化しようとする場合）には，当該親会社から子会社の支配権を取得しようとする第三者が現れることは，少なくとも現在のわが国では考えにくく，真摯な対抗提案が行われることは通常期待できない[34]。そこで本指針では，買収者が支配株主ではない場合には，対象会社取締役会あるいは特別委員会の判断により適切な方法による実施を期待し[35]，買収者が支配株主の場合には，原則としてマーケット・チェックは不要としつつ，例外的に実施する意義があるか否かを対象会社取締役会あるいは特別委員会が確認することが望ましいとする[36]。

5. マジョリティ・オブ・マイノリティ条件の設定

M&A の実施に際し，買収者と重要な利害関係を共通にしない株主が保有する株式の過半数の支持[37]を得られなかった場合には当該 M&A を成立させないとすることは，マジョリティ・オブ・マイノリティ条件（MOM 条件）と呼ばれる[38]。MOM 条件の設定は，諸外国の M&A 実務では広く見られ，わが国においてもこれを重視する意見もあるが，わが国の実務においては望ましい M&A を阻害してしまう危険があるとの指摘もなされたため，本指針では，MOM 条件を設定することの有効性や弊害の有無を総合的に判断して要否を検討すべきであるとするにとどめている[39]。なぜ外国の実務では広く用いられる MOM 条件の設定について，わが国において取引を阻害す

---

33) 市場における潜在的な買収者の有無を調査・検討する積極的なマーケット・チェック，M&A に関する事実を公表した後，他の潜在的な買収者が対抗提案を行うことが可能な環境を確保する間接的なマーケット・チェックの区別が言及されている（本指針 3.4.2）。
34) 本指針 3.4.3.2。
35) 本指針 3.4.3.1。
36) 本指針 3.4.3.2。
37) 株主総会であれば決議における賛成の議決権，公開買付けであれば応募した株式にかかる議決権が過半数となることを指す。
38) 結果として過半数の株主の支持があったというだけでは MOM 条件を満たしたことにはならず，事前にこれを条件として公表した上で過半数の支持が得られることが要求される（本指針注 73）。具体的な条件の設定方法については，同注 74 参照。
39) 本指針 3.5.2。

る弊害が強調されるのかということは，理論的には興味深い論点であるが[40]，本指針はあくまでわが国の現在の状況を前提にこのような立場をとった。

MOM 条件は，利害関係のない株主による歪みのない判断の尊重という観点と結びつけられがちである[41]。もちろんそれは誤りではないが，それだけではないことが本指針では指摘されている。すなわち事後的に一般株主の過半数の支持がない限り M&A は成立しないという条件が事前に公表されることは，取引条件の形成過程における交渉力を強めることに資する[42]。ここでも取引条件の形成過程における独立当事者間取引と同視しうる状況を作り出すことを通じて，公正な取引条件が達成されるという観点と結びつけられているのである。

6. 一般株主への情報提供

一般株主への情報提供も公正性担保措置として位置付けられる。これは，基本的には一般株主による十分な情報に基づく適切な判断の機会を確保するという機能から説明されるが，情報の内容によっては，事後的にそれが開示され，チェックされるということが取引条件の形成過程においてより慎重な検討・交渉がなされることに結びつくという効果も期待される[43]。

MBO 指針は，特に充実した開示が期待される情報として，特別委員会に関する情報，株式価値算定書・フェアネス・オピニオンに関する情報，その

---

40) M&A の環境や関係者の行動様式の差異に由来するのか，法制度の違いが弊害の大きさにどの程度影響を与えているのか，そもそもゆえなく弊害が誇張されている可能性はないのかといった点は，はっきりしない。株式買取請求権制度の違いが影響する可能性については，第 3 回研究会（2019 年 1 月 10 日）議事要旨 20 頁～ 21 頁［田中亘委員発言］，30 頁～ 31 頁［武井一浩委員発言］，32 頁～ 33 頁［藤田友敬委員発言］参照。なお，わが国においてはパッシブ・インデックス運用ファンドの中には，取引条件の適否にかかわらず，原則として公開買付けへの応募を行わないものが存在することが，MOM 条件の取引阻害効果の一因として指摘される（本指針注 74 参照）。もし諸外国においてはこのような問題がなく，わが国のパッシブ・インデックス運用ファンドの行動が特異なのであるとすれば，そのことの是非や原因を検討する必要もあろう。

41) 本指針 3.5.1 も，まずはこのような観点（Ⅱ 3 で述べた視点 2）から，MOM 条件の設定の意味を説明する。

42) 本指針 3.5.1。

43) 本指針 3.6.1。井上・本書 21 頁～ 23 頁参照。

他の情報に分け，具体的かつ詳細に触れている[44]。それらの中には，従来必ずしも株主に対して開示されてこなかった内容も含まれている。

7. 強圧性の排除

　本指針は，公開買付前置型のM&Aにおいて，一般株主が公開買付けに応募するか否かについて適切に判断を行う機会を確保するために，強圧性が生じないように配慮すべきであるとする[45]。ここで言う強圧性とは，公開買付けに応募しなかった株主が，応募した場合より不利益に扱われることが予想される場合には，買付価格に不満があっても公開買付けに応じてしまう圧力がかかる現象を指す。強圧性は，公開買付け一般に存在するものであり，利益相反構造のあるM&A固有の問題ではないが，このような強圧性が排除されていることは，一般株主が買収に対して適切な判断をしたと言えるために必要である。

　公開買付前置型のM&Aにおいては，公開買付けに際して，公開買付け後のキャッシュアウトの対価を公開買付価格と同額とする旨が示されるのが通常であり，ジュピターテレコム事件最高裁決定もこれについて言及している[46]。本指針がこれを要求するのは当然であるが，仮に公開買付価格と同額が保証されていても，キャッシュアウト対価の受領まで長期間を要するようでは，流動性への懸念から強圧性が生じる余地がある。そこで本指針は，「特段の事情がない限り，可及的速やかにスクイーズ・アウトを行うこと」も要求している[47]。

Ⅳ. むすび

　本指針は，MBO指針において採用されていた，公正な手続を通じて一般株主の利益を確保するという考え方は維持した上で，一般株主に保証される

---

44) 本指針 3.6.2。
45) 本指針 3.7。
46) ジュピターテレコム事件最高裁決定・前掲注 1)（「公開買付けに応募しなかった株主の保有する……株式も公開買付けに係る買付け等の価格と同額で取得する旨が明示されているなど一般に公正と認められる手続により……公開買付けが行われ」）。
47) 本指針 3.7b) 参照。

べき利益（公正な条件）とは，独立当事者間の取引であったとすれば合意されたであろう取引条件であるという発想を前提に，①取引条件の形成過程において独立当事者間取引と同視しうる状況が確保されること（視点1），②一般株主による十分な情報に基づく適切な判断の機会が確保されること（視点2），という2つの視点によって，公正性担保措置の意義と機能について一貫した位置付けを与える。本指針において言及される個々の公正性担保措置は，従来の実務においても知られていた（常に実践されているかどうかはともかく）ものであるが，これらの視点との関係が明確に整理されたのは，理論的に非常に重要である。とりわけ，特別委員会の機能はもとより，株式価値算定書・フェアネス・オピニオンの取得，マーケット・チェック，MOM条件の設定，さらには情報開示までもが，視点1と結びつけられるというのは，従来のM&A実務にはなかった――少なくとも明確に意識されなかった――発想ではないかと思われる。

　このように本指針は，そこに掲げられた公正性担保措置の採否について具体的な指針を示したことに大きな実務的な意義が認められることはもちろんであるが，それと同時に，利益相反構造のあるM&Aにおける取引条件の公正さに関する基本的な視点を提供し，そこから一貫した論理で具体的な公正性担保措置のあり方について提言している点に新しさがあり，これらについて理解が進むことが望まれる。

　本指針の示した考え方の持つ一般性も重要である。本指針それ自体は，MBOおよび支配株主による従属会社の買収を対象とするが，会社が利益相反構造のある決定を行わなくてはならない場面はこれらに限られない。敵対的買収に対する防衛策発動の決定は経営者の個人的利益がかかわる点でMBOと，大株主等に対する第三者割当増資は多数株主と少数株主との間の利害対立が問題となる点で支配株主による買収と共通する面が少なくない[48]。もとより利益相反の具体的内容や着目すべき問題点の差異から，そ

---

[48] 本指針1.4参照（支配株主に対する第三者割当増資や大株主等による部分的な公開買付けによる実質的な支配権の取得，敵対的買収への対応における特別委員会の活用のあり方が，同注2において明示的に言及されている）。もっとも，既存の実務とは異なった手続や配慮が求められることに対しては，実務的に強い抵抗があるかもしれない。

のままの形で使えるわけではないものの，本指針の掲げる公正性担保措置の背後にある考え方は，そのような取引を行う際の行為規範としても適宜参照することが可能であるように思われる。

＊　本稿は，公益財団法人野村財団「金融・証券のフロンティアを拓く研究助成（2015 年度）」による研究の成果である。

ファイナンスの視点で見た 「公正なM&Aの在り方に関する指針」の意義

井上光太郎

I. はじめに

2019 年 6 月 28 日に経済産業省より「公正な M&A の在り方に関する指針——企業価値の向上と株主利益の確保に向けて」（以下，「本指針」）が公開された。筆者は，本指針の策定に向けて議論を行ってきた同省の「公正な M&A の在り方に関する研究会」（以下，「研究会」）に，M&A を専門とするファイナンス研究者として参加した。本章では，ファイナンスの視点で本指針の意義と重要ポイントはどこにあるか，本指針にどのような効果が期待できるかをまとめたい。本指針は，国内外の株式市場における議論を反映した内容となっており，その意味で本稿が法律関係者を中心とする読者の理解に資することを期待している[1]。

なお，本稿はあくまで研究会における議論に対する筆者の理解とファイナンス研究者の視点からの解釈であり，必ずしも研究会全体の解釈や意見を示すものではない。

1）本指針以前における日本の株式公開買付け（以下，「TOB」）市場の潜在的問題点に関する筆者自身の実証分析結果は，以下の 3 稿に掲載している。Bremer, M., Inoue, K., and Kato, H.(2017), Empirical Evidence of Coercive tender offers in Japan, *Japan and the World Economy* 41, 71-86。井上光太郎＝小澤宏貴「公開買付けにおける支配プレミアムと株主の応募行動」田中亘＝森・濱田松本法律事務所編『日本の公開買付け——制度と実証』（有斐閣，2016 年）第 8 章，井上光太郎＝池田直史「株式非公開化取引における株主保護制度の効果に関する国際比較研究」JSDA キャピタルマーケットフォーラム研究論文（2017 年）（http://www.jsda.or.jp/about/inoueronbun.pdf）。

15

Ⅱ. 本指針における一般株主保護の背景と目指すもの

　ファイナンスの視点では，MBO や支配株主による完全子会社化における
潜在的問題は，経営者または支配株主（以下，「買い手」）と一般株主の間の
情報の非対称性と，その下で買い手が機会主義的行動をとる潜在性にある。
ここで一般株主とは，買い手およびその関係者を除く株主，いわゆる少数株
主を指す。買い手は，会社の内部情報にアクセス可能であり（情報優位者），
一方で売り手となる一般株主は内部情報にアクセスは出来ない（情報劣位者）。
一般に情報の非対称性がある場合，情報優位者は自らの有利な立場を利用し
て情報劣位者と取引することで，情報劣位者から富を収奪することが可能で
あり，こうした行動を経済学では機会主義的行動と呼ぶ。MBO や支配株主
による完全子会社化取引では情報の非対称性の問題が深刻であり，潜在的に
買い手による機会主義的行動の懸念が大きい。ここに，情報劣位者である一
般株主を積極的に保護する必要が生まれるのである。特に MBO または支配
株主の完全子会社化取引で潜在的な問題となる内部情報の例を挙げれば，対
象会社の将来の収益性が株式市場の予測以上に高い状態にあること，株式市
場が対象会社のファンダメンタルズに比較して株価を過小評価した状態にあ
ることなどが挙げられる。

　例として，対象会社の株価が過小評価された機会を捉え，内部情報から株
価の過小評価を認識している買い手が買収を行うことは，一般株主にとって
現実的な懸念である。一般に市場における M&A 数は，株式市場の平均株
価と相関する傾向があり，レコフデータの統計によれば日本でも 2005 年か
ら 2007 年に取引数がピークを迎えた後，金融危機と共に急減して 2011 年に
底をつけ，2012 年以降の平均株価上昇と共に取引数は一貫して増加してい
る[2]。これに対し，MBO は 2011 年に，支配株主による買収は 2009 年から
2010 年にかけての平均株価の低迷時期に取引数が近年の中で最大に達した
後，2012 年以降の平均株価上昇期には減少している[3]。これは，MBO と支

---

[2] MARR Online ウェブサイト（https://www.marr.jp/genre/graphdemiru）。
[3] 研究会の第 1 回（2018 年 11 月 9 日）事務局説明資料 7 頁・8 頁のグラフ参照（https://www.
meti.go.jp/shingikai/economy/fair_ma/pdf/001_03_00.pdf）。

配株主による買収が，その他の独立当事者間の一般的M&Aと異なる動機で実施されていることを示唆する。すなわち，MBOと支配株主による買収の取引数の推移は，対象企業の株価が割安となった機会を活かし，買い手が対象会社を一般株主から買収する傾向を持つという見方に整合的である。

　日本は，そもそもTOBの不成立確率が先進国市場の中で顕著に低く，これは日本市場において一般株主の買い手に対する交渉力が相対的に弱いことを示唆している[4]。その中でMBOと支配株主によるTOBでは，独立当事者間の非公開化TOBに比較して支配プレミアムがやや低い傾向があり，一般株主が独立当事者間のM&Aより相対的に低く保有株式を買い取られているという懸念も一定の根拠がある[5]。

　本指針は，こうした情報の非対称性の下での，経営者および支配株主による機会主義的な買収への懸念に対する，一般株主利益の体系的な保護制度と言える。ファイナンスの視点では，この支配株主からの一般株主の保護という本指針の位置付けは重要である。現在の国際資本市場では，効率的投資の観点からいかに低コストで国際分散ポートフォリオを作り上げるかが機関投資家のミッションとなっている。日本でも，東京証券取引所等の投資部門別株式保有状況によれば近年には信託銀行と外国法人等のみで日本の上場株式の過半数を保有するようになり，国内外の機関投資家が日本の株式市場を支える中心的投資家となった[6]。この流れは世界的傾向であり，今後も継続するだろう。そうした環境下で，日本の株式市場が他の先進国市場に比較して見劣りしない一般株主保護の体制を整備することは，日本の株式市場に対する国内外の機関投資家の評価を向上し，日本へのアセットアロケーションを増大すると期待できる。国際比較の実証研究の結果は，一般株主利益の法制度による保護水準と，株式市場の発展度合いおよび株式市場における企業価値の水準の間に正の相関関係があることを示している[7]。この実証結果は，

---

4)　井上＝池田・前掲注1)11頁の表3および22頁の表10。
5)　井上＝小澤・前掲注1)325頁の図表8。MBOと親会社のTOBの支配プレミアムはその他の非公開化TOBより低いが，その差は統計上有意ではない。
6)　東京証券取引所ほか「2018年度株式分布状況調査の調査結果について」(2018年)4頁(https://www.jpx.co.jp/markets/statistics-equities/examination/nlsgeu0000043n00-att/j-bunpu2018.pdf)。

世界の株式市場における取引の大半を占める機関投資家や個人投資家など外部株主は，経営者や支配株主など内部者による機会主義的行動に対する一般株主利益の保護水準の低い株式市場への投資は手控えることを示唆する。このため，一般株主保護を他の米・英市場並みに強化し，国内外の投資家の日本株式に対する評価を向上させ，株式市場における日本企業に対する相対的な価値評価の低さを解消することは株式市場政策として意義がある[8]。

　研究会においても，本指針の検討開始当初より，国際比較の視点で，日本の株式市場における一般株主保護水準を，米国，英国，EU などと同水準に引き上げることが意識されていた。このため，研究会として米国，英国，EU の制度，開示要請や実務対応に対する独自調査も行い，それらの国の一般株主保護制度をベンチマークとして意識した。これがマーケット・チェックやマジョリティ・オブ・マイノリティ条件など，現状の日本の M&A 実務では未だ一般的とは言えないプロセスが，望ましい公正性担保措置として本指針で特に挙げられている理由である。

Ⅲ. 株式対価買収における少数株主保護のポイント

　ファイナンスの視点で，本指針のもう1つ重要な点として，買収対価が株式か現金かの違いをどのように考えるかの問題がある。買収対価の支払手段については，これまでは TOB か，株式交換または合併かの組織再編制度上の取引種別の違いで分けて論じられることが多かった。一方で本指針では買収対価が買収会社の株式か現金かの違いで，一般株主利益が確保されるべき点に関して差異は生じないと論じている（本指針 2.2.3）。この点は，株式と現金はその時々の株式市場で決定される市場株価で交換される経済的に等価の資産であるとのファイナンスの大原則から見れば，極めて自然な解釈であ

---

7) La Porta, R., Lopez-de-Silanes, F., and Shleifer, A. (2008), The economic consequences of legal origins, *Journal of Economic Literature* 46(2), 285-332., La Porta, R., Lopez-de-Silanes, F., Shleifer, A., and Vishny, R.W. (2002), Investor protection and corporate valuation, *Journal of Finance* 57(3), 1147-70.
8) 国際比較で見た日本株式の低評価とコーポレートガバナンスの関係の分析は，Arikawa, Y., Inoue, K., Saito, T., (2018), Corporate Governance, Employment, and Financial Performance of Japanese firms: A cross-country analysis, RIETI DP18-E-084 など。

る。買収対価が買収会社の株式である場合は，その株式を将来継続保有することでシナジーを享受可能との議論もあるが，一般に対象会社の時価総額は買収会社の時価総額に比して非常に小さく，対象会社の一般株主が取引後に買収会社の株式保有を通じて享受可能なシナジーの価値は大幅に希釈化されるため，実質的にはシナジーをほとんど受け取れない（本指針注18）。さらに本指針が重視していると解釈可能な国内外の機関投資家の多くは，事前に定めている投資方針等に基づき，株式交換等で交付される買収会社株式を継続保有できないことも多い。こうした取引の経済性と，日本の株式市場の主たる投資家の実情を踏まえると，上記のように買収対価の違いにより公正性担保措置の要請に違いは生じないという整理は自然な流れである。実際，日本では株式交換や合併など株式対価のM&Aにおける支配プレミアムは，TOBよりも小さい状態で推移してきたが[9]，米国市場では1973年から2002年の期間に実施された1万件超のM&Aの平均支配プレミアムは，現金対価買収，株式対価買収のいずれでも約44％と報告されている[10]。これは，米国市場ではファイナンスの基本理論が示すように，株式と現金はその時点の市場株価で交換可能な同価値の対価と理解されており，買収対価が株式か現金かで買収価格に日本ほどの明確な差をつけていないことを示唆する。日本市場も，本指針の下で今後は米国市場と同様の方向に進むものと予測する。

Ⅳ．本指針の一般株主保護の核心

1．一般株主利益の代表者としての特別委員会の役割

　本指針における公正性担保措置の核心は特別委員会と情報開示が担っていると筆者は理解している。本指針は対象会社の取締役会の役割を，会社や株主にとってできる限り有利な取引条件でM&Aが行われることを目指して

---

9) 井上光太郎＝加藤英明『M&Aと株価』（東洋経済新報社，2006年）第5章「M&Aの株価効果と取引形態」117頁の表5-7。
10) B. Espen Eckbo (2009), Bidding Strategies and Takeover Premiums: A Review, *Journal of Corporate Finance* 15, 149-178. Table 3. ただし，同論文のTable 4の回帰分析結果では，現金対価買収の方が支配プレミアムが2％程度高いとの結果も報告されており，米国市場でも他の要因を制御すると若干の差があることを示す。

合理的な努力を行うこととしている。しかし，MBO および支配株主による従属会社の買収においては，対象会社の取締役が上記のような行動をとることを当然に期待できないために公正性担保措置が必要と整理している（本指針 2.1.2）。本指針が要請する公正性担保措置の中でも特別委員会は，その中心的役割を担う。特別委員会は買収者および対象会社・一般株主に対して中立の第三者的な立場ではなく，対象会社および一般株主の利益を図る立場に立って当該 M&A について検討や判断を行うことが期待されている（本指針 3.2.1）。このように，特別委員会を一般株主利益の代表者であると明確に位置付け，株主にとってできる限り有利な取引条件を獲得するための合理的努力を行う機関としたことは，今後の特別委員会における検討の判断基準を明確化した点で画期的である。

　特別委員会は，当該 M&A の是非，取引条件の妥当性や手続の公正性（公正性担保措置の実施状況等）についての同委員会の判断の根拠・理由，答申書の内容に関する情報の開示を要請されており，公正性担保措置のうちに採用されないものがある場合はその根拠・理由を一般株主に開示することを求められている（本指針 3.6.2.1 d)）。すなわち，本指針の個々の公正性担保措置に関しては実質的な意味で，会社の取締役会と特別委員会によるコンプライ・オア・エクスプレイン（Comply or Explain）が求められている。このように特別委員会は一般株主に対する説明責任を負うからこそ，本指針は社外取締役がその委員として最も適任であるとしている（本指針 3.2.4.2 B)）。コーポレートガバナンス・コード導入により，東京証券取引所の調査結果では 2018 年には全上場企業の 8 割以上で社外取締役が 2 名以上になり，これにより多くの企業で特別委員会は社外取締役を中心とする構成が可能になった[11]。本指針は，特別委員会における中心的役割を通して，社外取締役に対して一般株主利益の保護者としての明確な役割を割り当てていると言える（本指針 3.2.1）。特に対抗提案者が出現して経営者や支配株主より高い買収価格を提示した時には，買収価格優先の基本ルールを考慮した上で，特別委員会はどちらの買い手に会社を売却することが一般株主利益を最大化するかを

---

[11]　東京証券取引所調査報告（2018 年 7 月 31 日）（https://www.jpx.co.jp/listing/others/ind-executive/tvdivq0000001j9j-att/nlsgeu00000393cs.pdf）。

取締役会に報告するという重要な責任を負う（本指針 3.2.5 および 3.4.4）。

2. 情報開示による規律付け

　このように重要な役割を果たす特別委員会そのものを規律付けする公正性担保措置が，充実した情報開示である。特別委員会の委員は経営陣によって指名される人々であり，したがって不可避的に一般株主よりは経営者に近い人々であるため，特別委員会が一般株主利益の代表者として機能するには一般株主や株式市場による事前の規律付けが必要になる。本指針 3.2.4.6 にあるように，特別委員会は一般株主に代わり非公開情報も含めて重要な情報を入手し，重要な情報を十分に踏まえた上で，M&A の是非や取引条件の妥当性についての検討・判断が行われる状況を確保することが要請されている。その上で，対象会社と特別委員会に充実した情報開示を要請することで，一般株主および株式市場による事後的なチェック機能が有効に働くことを担保し，特別委員会に対する事前的な規律付けが機能する設計となっている。前述のように，本指針の対処すべき課題はそもそも情報の非対称性に基づく問題であり，情報の非対称性を解消する解決策の中心が充実した情報開示となることは自然である。

　ファイナンスの視点で特に重要な買収価格の妥当性を担保するための公正性担保措置が，第三者評価機関によるフェアネス・オピニオンや株式価値算定書である。本指針は，これらの価値算定書等の詳細情報の開示を要請することで，特別委員会の判断の重要な根拠となるそれらの内容に対して一般株主や株式市場のチェックが働くことを担保している。「各算定方法に基づく株式価値算定の計算過程に関する情報」（本指針 3.6.2.2 a)）で要請している開示項目は，フェアネス・オピニオンや株式価値算定書を提出した第三者評価機関が行った株式価値算定について，一般株主および株式市場が再計算可能となる情報である。具体的には，DCF 法（Discounted Cash Flow 法）を再試行することに必要な将来予測期間におけるフリーキャッシュフロー，予測期間後の残存価値算定に使用された成長率，フリーキャッシュフローの割引現在価値を算定する際に用いた割引率の計算根拠等の開示を要請している。上記内容については，支配株主による株式対価の買収に関しては，現状の東京証券取引所の通知「MBO 等に関する適時開示内容の充実等について」(2013

年7月8日）では開示を要請していないが，本指針はMBOと同様の開示を要請している。これは，前述のように株式対価買収と現金対価買収とでは買収対価の価値に差がないこと，一般株主が当該M&A後も株式交換等で交付される買収会社株式を継続保有することを当然に期待すべきではないことから，自然な要請である。株式価値算定書は，対象会社の株式の適正市場価値（いわゆるスタンド・アローン・バリュー）を算定するものがほとんどであり（本指針3.3.2.1 B)），M&Aに基づく価値増大部分（いわゆるシナジー価値）は多くの価値算定書が評価していない。すなわち，株式価値算定書は，現状の市場株価が対象会社をファンダメンタルズに比較して過小評価でないかどうかを確認することを主たる目的としていると言える。経営者や支配株主など情報の非対称性を利用し，機会主義的な行動をとることが懸念される買い手に株式を売却するにあたり，対象会社の株式の適正価値そのものの算定根拠を示すことは本指針の趣旨からしても最低限の要請であり，ベストプラクティスとしての本指針が東京証券取引所の現状の開示要請を上回る開示要請をすることは，自然な帰結である。

　また，株式価値算定書は，従来は経営者から提示された事業計画に基づき，その妥当性を評価せずに算定が行われることが実態として多かったが，本指針は特別委員会が一般に対する開示に適さない内部情報を含め将来の事業計画の前提等について確認することが要請されており（本指針3.2.4.6)，この特別委員会と第三者評価機関の協働により，第三者評価機関は自らの価値評価に使用するフリーキャッシュフロー情報の妥当性の確認が可能となっているため，株式価値算定書そのものの妥当性が担保されることが期待できる[12]。

　もう1つ重要な点として，第三者評価機関の提出する株式価値算定書の詳細が開示されることにより，価値評価プロセスに専門家として不適切な部分がある場合は，株式市場から指摘されるリスクが高まることがある。株式価値算定書を提出する第三者評価機関は，市場から事後的なレビューを受けることに伴うレピュテーションリスクを負うことで，事前的に規律付けされることが期待されるとしている[13]。上記のように，特別委員会と第三者評価

---

12) 本指針パブリックコメント32に対する経済産業省の考え方も参考になる。
13) 本指針パブリックコメント64に対する経済産業省の考え方を参照。

機関の協働は第三者評価機関の株式価値算定書の内容を充実させ，その情報開示の充実により一般株主がその内容の合理性・信頼性を具体的に検証することを可能にし，これにより特別委員会と第三者評価機関が事前的に規律付けされるというように，公正性担保措置が有効に機能する正の循環が生まれることが全体として設計されている。ここでは，専門的知識のある国内外の機関投資家が責任あるモニタリング活動を担うことで，この事前の規律付けの実効性がさらに高まることが期待できる。

V. 特別委員会と情報開示が生み出す実効性ある一般株主保護

　以上のように，詳細な情報開示により，特別委員会と第三者評価機関に対する事前の規律付けが働くことは，プロセス全体への一般株主および株式市場からの信頼性が高まることから，事後的に一部の一般株主から買収価格の妥当性に疑義が出された場合も，本指針に適切に従った取締役会および特別委員会はその妥当性を従来以上に強く主張できるはずであり，会社にとってもM&A後の追加的コストを抑制できると期待できる。より具体的に言えば，経営者や支配株主が，情報の非対称性の下で機会主義的な買収を行おうと意図していない限り，本指針で示されている公正性担保措置の実行および詳細な情報開示のコストは，相当程度低いものとなるはずである。この場合，取締役会と特別委員会は積極的に本指針に挙げられた公正性担保措置を導入し，詳細な情報開示を行うことで，一般株主と株式市場に対して当該M&Aが一般株主の利益最大化に資するものであるとのシグナルを送ることが容易になる。

　以上の本指針のメカニズムは，本指針の「第3章 実務上の具体的対応（公正性担保措置）」の冒頭の図に集約されている。すなわち，公正性担保措置として特別委員会の設置，外部専門家の専門的助言等，マーケット・チェック，マジョリティ・オブ・マイノリティ条件，強圧性排除，情報開示等が挙げられているが，その全体のチェック機能は特別委員会が担い，同委員会の判断は充実した情報開示により事前に規律付けされているというものである。

　今後，本指針の意図と意義を政策立案者，M&A実務家および研究者が積極的に発信し，日本の株式市場における一般株主保護への国内外の投資家の

信頼を高めていく必要がある。

VI. 本指針による効率的 M&A 促進への期待

近年，MBO や支配株主による従属会社の買収で反対株主の買取請求など一般株主と会社の間の係争が頻発している。これに対して，どの程度の公正性担保措置を実施すれば十分な一般株主保護を行ったと言えるかのガイドラインが明確になったことは，会社側にとっても透明性が増し，該当する M&A を促進する効果があると期待できる。経営者や支配株主，そして特別委員会が本指針の精神を尊重し，事前的に高い水準の一般株主保護を実施すれば，国際的に見ても遜色ない一般株主保護を実施したことを買い手は主張しうる。それは取引の妥当性を示す一般株主へのシグナリングとなり，一般株主による訴えなど事後的な費用の発生を抑制する。一方，本指針を表面的には満たしながら，実際には一般株主利益に十分な配慮を行わない取引が多く行われ，一般株主が不満を持つ M&A が頻発するようであれば，本指針は実効性のないものとして投資家の信頼を得られず，全体的な取引コストを増大させるだけになるだろう。前者の均衡の実現が，利害関係者全員にとって望ましいことは間違いない。このため，経営者，支配株主，特別委員会，M&A を助言する専門機関，一般株主の代表としてモニタリング機能を担うことが期待される機関投資家がそれぞれの役割を果たし，本指針が機能するように貢献を求められる。

日本の株式市場では上場意義の乏しくなった上場企業の非公開化と，非効率な親子上場関係の解消が課題になっており，今後多くの MBO や支配株主による完全子会社化や子会社売却が発生することが見込まれる。その過程で，本指針が買い手と売り手双方の全体的な取引コストを低下させることで MBO や支配株主による従属会社の買収が円滑に進み，また日本の株式市場に対する内外の機関投資家や個人投資家の信頼が高まることを期待したい。

公正性担保措置（1）
—— 特別委員会, マーケット・チェック, MOM条件

加藤貴仁

I. 公正性担保措置とは何か？

2019年6月28日に公表された「公正なM&Aの在り方に関する指針——企業価値の向上と株主利益の確保に向けて」（以下,「本指針」）は,「取引条件の公正さを担保するための手続（以下, このような手続を指して「公正な手続」という。）……を通じてM&Aが行われることにより, 一般株主が享受すべき正当な利益……が確保されるべき」との考え方に依拠している（本指針 2.2.2)[1]。公正な手続の具体的な内容に関連して, 本指針は, 取引条件の形成過程において独立当事者間取引と同視し得る状況が確保されているか, 一般株主による十分な情報に基づく適切な判断の機会が確保されているか, という2つの視点を提示している。この2つの視点はM&Aの手続の公正さを判断する基準でもあり, 本指針では, 公正性担保措置と総称される具体的対応を通して, M&Aが公正な手続で行われることが望ましいとの立場が示されている（本指針 2.4)。

本章が分析の対象とする特別委員会, マーケット・チェック, マジョリティ・オブ・マイノリティ条件（以下,「MOM条件」）は公正性担保措置の一種であり, MBOおよび支配株主による従属会社の買収が公正な手続によって行われることを確保するという点で一般に有効性が高いと考えられる典型

---

1) 本文で挙げた本指針の考え方は, 裁判所による価格決定手続に関する判例法理（最決平成24・2・29民集66巻3号1784頁, 最決平成28・7・1民集70巻6号1445頁）と整合的であるように思われる。

的な措置として位置付けられている（本指針第3章）[2]。以下では，特別委員会，マーケット・チェック，MOM条件の順に，主に理論的な観点から，それぞれの公正性担保措置としての意義を分析する。最後に，本指針を踏まえて，裁判所による価格決定手続と対象会社の取締役の行為規範について，今後の課題を述べる。

Ⅱ. 特別委員会

　MBOと支配株主による従属会社の買収は，取引の構造上，対象会社の取締役に利益相反の問題がある点が共通している（本指針2.1.2）。その結果，対象会社の取締役が，会社および一般株主を犠牲にして，買収者側の利益のために行動する懸念が存在する[3]。したがって，対象会社の取締役が，買収者側の利益ではなく，対象会社および一般株主の利益を優先して行動できるような環境が存在しない限り，公正な手続によってMBOまたは支配株主による従属会社の買収が行われたとは評価できない。特別委員会の公正性担保措置としての意義は，このような環境を整備する点にある。

　この点に加えて，特別委員会には，個別具体的な事情を考慮して，各種の公正性担保措置の中で何をどのような形で実施するかを検討する役割を果たすことも期待されている（本指針3.2.2）。本指針は主にMBOと支配株主による従属会社の買収を対象とするものであるが，個々の案件の個別性が高いため，あらゆる取引に妥当する公正性担保措置の組合せは存在しないし，類型

---

2) 特別委員会とは「構造的な利益相反の問題が対象会社の取締役会の独立性に影響を与え，取引条件の形成過程において企業価値の向上および一般株主利益の確保の観点が適切に反映されないおそれがある場合において，本来取締役会に期待される役割を補完し，または代替する独立した主体として任意に設置される合議体」（本指針3.2.1），マーケット・チェックとは「M&Aにおいて他の潜在的な買収者による対抗的な買収提案（以下『対抗提案』といい，対抗提案を行う者を『対抗提案者』という。）が行われる機会を確保すること」（本指針3.4.1），MOM条件とは「M&Aの実施に際し，株主総会における賛否の議決権行使や公開買付けに応募するか否かにより，当該M&Aの是非に関する株主の意思表示が行われる場合に，一般株主，すなわち買収者と重要な利害関係を共通にしない株主が保有する株式の過半数の支持を得ることを当該M&Aの成立の前提条件とし，当該前提条件をあらかじめ公表すること」（本指針3.5.1）を指す。なお，本稿では，基本的に本指針の用語法に従うこととし，用語の説明は検討に必要な範囲に留めている。
3) 加藤貴仁「MBOと親会社による子会社の非公開化の規制は同一であるべきか？」田中亘＝森・濱田松本法律事務所編『日本の公開買付け──制度と実証』（有斐閣，2016年）194頁。

化にも限界がある[4]。そこで本指針は，どのような手続でMBOや支配株主による従属会社の買収が行われるべきかという判断も，「買収者等からの独立性の確保された主体」によって行われることが重要であるとしている（本指針3.1.2）。そして，本指針では，特別委員会が，「手続の公正性を確保する上での基点」として，このような判断を行うことが望ましいとされているのである（本指針3.2.3）。

このような特別委員会に期待されている役割・機能に鑑みると，特別委員会の設置は，多くの事例において，MBOおよび支配株主による従属会社の買収が公正な手続によって行われるための必要条件になると思われる。そのため，本指針は特別委員会の設置を強く推奨し，かつ，特別委員会が有効に機能するための実務上の工夫の説明に相当の頁数を割いているのである（本指針3.2.4）[5]。その中でも，特別委員会の委員の独立性を十分に確保することは，以下に述べるとおり，特別委員会が公正性担保措置として機能するための必要条件である[6]。

本指針では，社外取締役が特別委員会の委員を務めることが最も望ましいとされているが，その独立性は，会社法における社外性（会社2条15号）や金融商品取引所の上場規則の独立性（東京証券取引所「上場管理等に関するガイドライン」Ⅲ 5.(3)の2）とは異なることが強調されている（本指針3.2.4.2 A)）。

---

4) MBOと支配株主による従属会社の買収は一見すると明確に区別できそうであるが，MBOにおいて買収者側に立つ経営者が保有する対象会社の株式の数が相当程度多数に上る場合もあることを踏まえると，両者の境界は曖昧である。加藤・前掲注3)195頁注5)。
5) M&Aにおいて特別委員会を利用することについては，米国において膨大な実務の蓄積がある。*See e.g.* Scott V. Simpson & Katherine Brody, *The Evolving Role of Special Committees in M&A Transactions: Seeking Business Judgment Rule Protection in the Context of Control-ling Shareholder Transactions and Other Corporate Transactions Involving Conflicts of Interest*, 69 Bus. Law. 1117, 1135-40 (2014). 米国における経験は，対象会社が本指針に従って特別委員会を設置しようとする場合にも参考になる。
6) ただし，委員の独立性が確保されているだけでは特別委員会は機能しない。*See* Simpson & Brody, *supra* note 5, at 1135. 別の言い方をすれば，委員の独立性は，特別委員会を有効に機能させるための手段に過ぎないということである。例えば，委員の独立性という点では，MBOにおいて買収者側に参加する取締役と長期にわたり同僚関係にあった社外取締役や支配株主によって選任された社外取締役よりも，社外有識者の方が優れている場合がある。しかし，「本来取締役会に期待される役割を補完し，または代替する」（本指針3.2.1）ことを特別委員会に期待する場合には，本指針3.2.4.2 B) a)でも言及されているように，委員の候補者としては社外取締役が最も望ましいということになる。

特別委員会の役割は，具体的な MBO または支配株主による従属会社の買収の提案がなされた場合に，取締役会の役割を補完または代替する点にある。特別委員会には，相互に独立した当事者間で行われた M&A の場合の取締役と同様に，買収者の利益ではなく，対象会社および一般株主の利益のために行動することが求められる（本指針 3.2.1）。「買収者からの独立性」または「当該 M&A の成否からの独立性」（本指針 3.2.4.2 A)）を欠く者が委員を務める場合，特別委員会が買収者側の利益を優先して行動する懸念を払拭することはできないのである。

Ⅲ. マーケット・チェック

マーケット・チェックは，支配株主による従属会社の買収よりも MBO の場合に，公正性担保措置として機能する場合が多いように思われる（本指針 3.4.3.1）。本指針も述べるように，通常，従属会社の買収を提案する支配株主は対抗提案者に対して保有する従属会社株式を売却する意思を有していない（本指針 3.4.3.2）。また，対抗提案者の提案する取引条件が支配株主の提案する取引条件よりも一般株主に有利であったとしても，支配株主は対抗提案者の提案を受け入れる義務を負っているわけではない[7]。これに対して MBO の場合，対象会社にとって MBO の提案に応じることは M&A の選択肢の 1 つに過ぎない。理論的には，MBO を提案した買収者の他に潜在的な買収者が存在する可能性を否定することはできない。対象会社の取締役会は，このような潜在的な買収者よりも MBO の提案に同意する方が会社および株主全体の利益の観点から望ましいと判断した場合に限り，MBO に同意するべきである。しかし，Ⅱで述べたように，利益相反によって，このような判断が歪められる危険がある[8]。本指針では，マーケット・チェックによって，このような判断の歪みの不存在が確認されることが期待されているのである。

本指針でも指摘されているように，MBO に関連してマーケット・チェックを行う場合には，種々の実務上の工夫が必要である（本指針注 62 ～ 64）。これらの点に加え，MBO は対象会社にとって M&A の選択肢の 1 つに過ぎ

---

7) 加藤・前掲注 3) 205 頁。
8) 加藤・前掲注 3) 202 頁。

ないことは，マーケット・チェックが機能するか否かはM&A市場一般と
関連していることを示しているように思われる[9]。マーケット・チェックが
公正性担保措置として機能するためには，真摯な対抗提案が現に行われる可
能性が相当程度存在する必要がある。しかし，例えば，独立当事者間で
M&Aが行われる場合に，他の相手方候補を調査することや敵対的な形で対
抗提案が行われることが一般的ではないのであれば，MBOに関してのみ
M&A市場が機能することは期待できないのではなかろうか。MBOに関し
てマーケット・チェックを公正性担保措置として機能させるためには，
M&A一般に共通した制度整備が必要となる場合があるように思われる[10]。

Ⅳ. MOM条件

　MOM条件は，MBOよりも支配株主による従属会社の買収の場合の方が，
公正性担保措置として機能する場合が多いように思われる[11]。MOM条件
が利用されない場合，支配株主は従属会社の総株主の議決権の3分の2を確
保すれば従属会社の発行済株式全部を取得することができる[12]。すなわち，
支配株主は，従属会社の買収を行うために，一般株主の多くから支持を得る
必要はないということである。これに対して，MOM条件が利用される場合，

---

9) 加藤貴仁「レックス・ホールディングス事件最高裁決定の検討〔中〕──『公正な価格』の算定
における裁判所の役割」商事法務1876号（2009年）12頁。
10) 例えば，本指針では，ブレークアップフィー（解約金）の利用は当然に否定されるべきではな
いことが指摘されている（本指針注63）。この指摘は，MBOに限らず，M&A一般に妥当するよう
に思われる。ブレークアップフィーの利用を厳しく制約しつつマーケット・チェック（特に積極的な
もの）の実施を推奨する場合には，当て馬になることを恐れて，最初の買収提案を行うことについ
て萎縮効果が生じる可能性がある。「公正なM&Aの在り方に関する研究会」第5回（2019年2
月22日）議事要旨14頁〜15頁〔David A. Sneider委員発言〕。
11) なお，MBOの場合でも，買収者側に参加する経営者が保有する対象会社の株式数が相当程
度多数に上る場合には，MOM条件によって「M&Aを成立させるために得ることが必要となる一
般株主の賛成の数が相当程度増加する」ことになるから，MOM条件の公正性担保措置としての
有効性は高くなる（本指針3.5.2）。
12) 支配株主は，全部取得条項付種類株式の全部の取得（会社173条1項），株式の併合（同
182条の2第1項括弧書），株式交換（同769条1項）によって，対象会社の発行済株式全部を
取得することができるが，いずれの場合も対象会社の株主総会の特別決議が要求されているに過
ぎない（同309条2項3号・4号・12号）。なお，対象会社の総株主の議決権の90%以上を有す
る支配株主は，対象会社の株主総会決議を経ることなく対象会社の発行済株式全部を取得するこ
とができる（同179条の9第1項・784条1項）。

議決権を基準として一般株主の過半数の支持を得ない限り，支配株主は従属会社を買収することはできないということになる。

　M&A が相互に独立した当事者間で行われる場合，対象会社の一般株主は集団として M&A の成否を決定する権利を有している[13]。MOM 条件が利用されることによって，支配株主による従属会社の買収においても，このような決定権を一般株主が持つことができるようになる[14]。相互に独立した当事者間で行われる M&A と支配株主による従属会社の買収を比較することにより，後者において一般株主が買収の成否に関する決定権を有することは，公正な手続に必須の構成要素と考える立場が導かれそうである。しかし，本指針は，一般株主が買収の成否に関する決定権を有することの重要性を認識しつつ，MOM 条件を公正な手続に必須の構成要素とは位置付けていない[15]。MOM 条件を利用するか否かについては，特別委員会の設置と比べて，対象会社の取締役会や特別委員会の判断に委ねられている部分が大きいように思われる（本指針 3.5.2）。

　このように MOM 条件を位置付けた根拠として，本指針は主に企業価値の向上に資する M&A に対する阻害効果の懸念を挙げている（本指針注74）[16]。この他に，本指針の立場を基礎付ける根拠として，以下の点を挙げることができるように思われる。第 1 に，前掲注 1) で挙げた最高裁平成 28 年 7 月 1 日決定によって，MOM 条件を利用しなくとも，支配株主による従

---

13) 例えば，買収者が株式交換によって対象会社の発行済株式全部を取得するためには，対象会社の株主総会の特別決議が必要となる（会社 783 条 1 項）。
14) 加藤・前掲注 3) 222 頁。
15) なお，支配株主による従属会社の買収に限った話ではないが，一般株主は取締役会や特別委員会が合意した取引条件を受け入れるか拒絶するかしかできない。したがって，MOM 条件が利用される場合でも，他の公正性担保措置が当然に不要となるわけではない。
16) MOM 条件の公正性担保措置としての有効性と M&A に対する阻害効果の間には，相関関係が存在する。MOM 条件によって一般株主の権利が強化されれば，支配株主による従属会社の買収について一般株主の支持を得ることができなくなる可能性が高まるからである。MOM 条件は，デラウェア州法を設立準拠法とする会社を対象会社とする M&A において用いられているが，MOM 条件の公正性担保措置としての有効性並びに M&A に対する阻害効果について，米国においても見解の対立が存在するようである。*See* Edward B. Rock, *Majority of the Minority Approval in a World of Active Shareholders*, in LUCA ENRIQUES & TOBIAS H. TROGER ED., THE LAW AND FINANCE OF RELATED PARTY TRANSACTIONS, 113-115, 131-132 (Cambridge University Press, 2019).

属会社の買収が一般に公正と認められる手続によって行われたと評価される場合があることが認められている。本指針は、「今後の我が国企業社会におけるベストプラクティスの形成に向けて公正なM&Aの在り方を提示するもの」（本指針1.3）であり将来志向であるが、現在の判例法理と抵触しているかのように見える立場を提示することは実務に混乱を招く可能性がある。第2に、MOM条件を公正な手続の必須の構成要素とすることは、会社法に基づき認められる支配株主の権利を著しく制約することになる。現行法においても支配株主の権利には何らの制約が存在しないというわけではなく、例えば株主総会決議の取消事由という形で支配株主の権利は制約されている（会社831条1項3号）。しかし、MOM条件による支配株主の権利の制約は、株主総会決議の取消事由という形での制約とはその性質が大きく異なる[17]。したがって、MOM条件を義務付けることが望ましいのであれば、指針という形ではなく株主総会の決議要件に関する会社法の規定の改正によって行われるべきであるように思われる[18]。第3に、MOM条件の実質的な機能は、一般株主に買収の成否の決定権を付与することによって、支配株主の権利濫用、すなわち、支配株主が公正ではない取引条件を一般株主に押しつけることを抑止することである[19]。したがって、支配株主の権利濫用のおそれが小さい場合やその他の公正性担保措置によって十分な対処がなされている場合、MOM条件を利用する必要性は低下する。

　本指針は、MOM条件の実質的な機能に着目し、MOM条件の利用を対象会社の取締役会や特別委員会の選択に委ねている（本指針3.5.2）。取締役会や特別委員会が、公正な取引条件を確保するためにMOM条件を利用する必要があるか否かを判断する際には、これまでの支配株主と従属会社の関係を踏まえて、支配株主による権利濫用のおそれを評価する必要がある[20]。

---

17) MOM条件は、実質的には、昭和56年商法改正によって廃止された特別利害関係人の議決権排除（昭和56年改正前商239条5項）を、支配株主による従属会社の買収に限り復活させることに等しい。

18) ただし、米国においても、MOM条件は、例えばデラウェア州一般事業会社法に明文上の根拠を有する仕組みではない。しかし、MOM条件は、対象会社の取締役だけではなく支配株主も信認義務を負うという判例法理と密接に関係しているように思われる。加藤・前掲注3)206頁〜208頁。

19) Kahn v. M&F Worldwide Corp., 88 A.3d 635, 644 (Del. 2014).

そして，取締役会や特別委員会は，MOM 条件の利用が必要であると考える場合，可能な限り取引条件の交渉の初期の段階で MOM 条件の利用について支配株主から同意を得ることが望ましい。MOM 条件の公正性担保措置としての意義は，取引条件の交渉過程において，一般株主の多くが納得する条件でなければ取引は成立しないということを，対象会社の取締役会や特別委員会だけではなく支配株主にも意識させることによって，M&A が相互に独立した当事者間で行われた場合と実質的に同じ状況を達成できることにある[21]。

V. 今後の課題

今後，本指針が MBO と支配株主による従属会社の買収に関する実務の発展にどのような影響を与えていくかは，裁判所による価格決定手続（会社182 条の 5 第 2 項等）や対象会社の取締役等の損害賠償責任（同 429 条 1 項）を追及する訴訟等において，本指針がどのように考慮されるかによって決まるように思われる。指針は会社法の解釈を示すことを目的としたものではないが，特に本指針と裁判所による価格決定手続に関する判例法理は，その基本的な考え方について共通点が多い[22]。したがって，MBO や支配株主による従属会社の買収が本指針の趣旨にそぐわない手続によって行われた疑いがある場合，裁判所はそれらが「一般に公正と認められる手続」（前掲注 1）最決参照）によって行われたと評価することに慎重であるべきことが，既存の判例法理から導かれるように思われる[23]。

本指針では，対象会社の取締役（特に特別委員会）が，どのような公正性担保措置を実施するかを判断することが想定されている（本指針 3.2.2）。し

---

20) 本指針注 75 で挙げられている事項は，取締役会や特別委員会が本文で挙げた評価を行う際の考慮要素となる。
21) デラウェア州の判例法理においても，対象会社の取締役と支配株主が信認義務違反に関する立証責任の転換や審査基準の変更の利益を享受するためには，実質的な取引条件に関する交渉が始まる前に，MOM 条件の利用を決定しなければならないと解されている。*See* Flood v. Synutra Int'l, Inc., 195 A.3d 754, 763 (2018). 実質的な取引条件に関する交渉が始まってしまうと，支配株主が取引条件を引き上げる代わりに MOM 条件の利用を提案することが可能になるので，MOM 条件によって支配株主の行動を規律するという効果が没却されてしまう。*Id.* at 762.
22) 前掲注 1)参照。

たがって，本指針は，対象会社に対して MBO や支配株主による従属会社の買収の提案がなされた場合に取締役はどのように行動すべきか，すなわち，取締役の善管注意義務の解釈に影響を与える可能性がある。MBO の場合には，既に東京高裁平成 25 年 4 月 17 日判決（判時 2190 号 96 頁）によって，対象会社の取締役が善管注意義務の一環として公正価値移転義務（対象会社の株主に MBO によって生じる企業価値を公正な条件で移転する義務）を負うことが明らかにされている。公正価値移転義務の内容は，本指針が対象会社の取締役に求める行為規範と親和性が高いように思われる。一方，支配株主による従属会社の買収の場合の従属会社の取締役等の義務の解釈が問題となった裁判例は未だ存在しないようである[24]。しかし，本指針でも言及されているように，MBO と支配株主による従属会社の買収は，一般株主の利益を保護するために公正性担保措置が必要であるという点は共通する（本指針 2.1.3・注 25）。この点は，従属会社の取締役等の義務を解釈する際に無視されるべきではない[25]。

　最後に，買収者にとっての本指針の意味について触れておきたい。本指針が公正な手続を構成する具体的な要素を示したことは，対象会社の取締役会または特別委員会が買収者に対して対象会社と一般株主の利益を守るために行動することを後押しする効果がある。しかし，公正性担保措置の中でもマーケット・チェック（特に積極的なもの）や MOM 条件は，それを実施するために買収者側の同意が必要となるように思われる[26]。MBO と支配株主

23）ただし，本指針は，指針において言及されている公正性担保措置の全てを常に実施することが望ましいとしているわけではない（本指針 3.1.1）。裁判所には，対象会社によって実施された公正性担保措置の組合せを，総合的に評価することが望まれる。
24）ただし，支配株主が会社法 179 条の 9 以下の手続を利用して従属会社の発行済株式全部を取得する場合，従属会社の取締役は公正価値移転義務に類似した義務を負うと解されている。岩原紳作「『会社法制の見直しに関する要綱案』の解説〔IV〕」商事法務 1978 号（2012 年）43 頁。
25）前掲東京高判平成 25・4・17 のロジックは，MBO 以外の企業買収にも適用可能なものであると指摘する見解として，飯田秀総「企業買収における対象会社の取締役の義務——買収対価の適切性について」フィナンシャル・レビュー 121 号（2015 年）150 頁注 82 等がある。従属会社の取締役等の義務を解釈する際には，MBO と異なり支配株主による従属会社の買収の場合には，代替的な取引相手が存在しないということをどのように考慮するかが問題となり得るように思われる。加藤・前掲注 3）219 頁。
26）玉井利幸「株式等売渡請求，キャッシュ・アウト，取締役の義務(2)」南山法学 37 巻 3 = 4 号（2014 年）214 頁〜215 頁。

による従属会社の買収であっても，相互に独立した当事者間で行われるM&Aの場合と同じく，買収者が自己の利益を追求することは当然に否定されるわけではない。しかし，取引の構造上，買収者が対象会社の取締役が善管注意義務を果たすことを妨げることは容易であるし，その可能性は小さくはない。したがって，対象会社が本指針の趣旨を踏まえて公正性担保措置を実施できるためには，買収者側にも本指針の趣旨を理解し，それを尊重する姿勢が望まれる。このような姿勢を買収者側にとらせる仕組みが存在するかについて，検討する必要があるように思われる[27]。

　＊　本稿は，公益財団法人野村財団「金融・証券のフロンティアを拓く研究助成（2015年度）」の成果である。

---

27) 例えば，裁判所による価格決定手続は買収者側の行動に一定の影響を与えるが，以下のような限界があるように思われる。第1に，特別支配株主による株式等売渡請求の場合を除き（会社179条の8），直接的な支払義務を負うのは買収者ではなく対象会社である（同182条の4第1項等）。第2に，裁判所による価格決定の効力は価格決定手続が申し立てられた株式にしか及ばない。MBOの場合には，買収者側に参加する取締役も対象会社の取締役としての義務を免れないので，一般株主に対して直接の損害賠償責任を負う可能性がある。これに対して，支配株主による従属会社の買収の場合，支配株主が一般株主に対して直接の損害賠償責任を負う範囲は不明確ではなかろうか。支配株主が対象会社および一般株主に対して直接の損害賠償責任を負う可能性の存在は，支配株主に対する従属会社の取締役の立場を強化するように思われる。玉井・前掲注26) 210頁，加藤・前掲注3) 215頁・219頁，加藤貴仁「支配株主と少数派株主のエージェンシー問題に関する覚書──社外取締役などにどこまで期待できるのか？」東京大学法科大学院ローレビュー11号（2016年）233頁〜234頁。

公正性担保措置（2）
── 株式価値算定書，フェアネス・オピニオン

田中　亘

I. はじめに

　経済産業省の「公正なM&Aの在り方に関する指針──企業価値の向上と株主利益の確保に向けて」（以下，「本指針」）は，その第3章において，MBOおよび支配株主による従属会社の買収における「公正性担保措置」（一般株主の利益を確保するための公正な手続を構成する実務上の具体的対応のこと。本指針2.4参照）として，①独立した特別委員会の設置（本指針3.2），②外部専門家の独立した専門的助言等の取得（同3.3），③他の買収者による買収提案の機会の確保（マーケット・チェック）（同3.4），④マジョリティ・オブ・マイノリティ条件の設定（同3.5），⑤一般株主への情報提供の充実とプロセスの透明性の向上（同3.6），⑥強圧性の排除（同3.7）を挙げ，それぞれについて，その機能および望ましいプラクティスの在り方を提示している（本指針第3章）。

　本章は，②の措置のうち，特に，第三者評価機関による株式価値算定またはフェアネス・オピニオンについての本指針の分析および提言（本指針3.3.2ほか）について解説する[1]。以下では，まずⅡで株式価値算定，Ⅲでフェアネス・オピニオンについて，それぞれ，その機能ないし意義に関する本指針の分析を紹介する。次に，Ⅳで第三者評価機関の独立性，Ⅴでは特別委員会による株式価値算定の検討，Ⅵでは株式価値算定書等に関する開示について，

---

[1]　株式価値算定書やフェアネス・オピニオンの取得以外の②の措置としては，法務アドバイザーからの助言の取得が挙げられる。これについての本指針の分析・提言は，本指針3.3.1参照。

それぞれ，本指針の提言を解説する。Ⅶは，今後の展望を述べ，結びとする。なお，本稿中，本指針に対する評価や意見に渡る部分は，筆者の私見である。

Ⅱ. 第三者評価機関による株式価値算定の機能（本指針 3.3.2.1）

　MBO や支配株主による従属会社の買収といった利益相反のある M&A においては，対象会社の株式価値の把握のため，財務アドバイザーその他の第三者評価機関による株式価値算定を実施することが一般的である[2]。裁判例においても，第三者評価機関から株式価値算定書を取得していることは，そうした取引が公正な手続により行われたと言えるかの判断において重視されている[3]。

　本指針は，「専門性を有する独立した第三者評価機関による株式価値算定を実施すること」は，「取引条件の検討，交渉および判断が行われるに当たって重要な参考情報が得られることに加えて，株式価値算定結果から説明することができない水準の取引条件で行われる M&A に賛同することが困難になるため，構造的な利益相反の問題や情報の非対称性の問題により取引条件が一般株主に不利に設定されるおそれを抑止する」とともに，「株式価値算定の内容が対象会社の一般株主に対して開示されることにより，一般株主が取引条件の妥当性を判断する際の重要な判断材料となる」と，株式価値算定の機能を評価する（本指針 3.3.2.1 A)）。

---

2) 白井正和ほか『M&A における第三者委員会の理論と実務』（商事法務，2015 年）251 頁［岡俊子］によれば，平成 25 年 1 月 1 日から平成 26 年 12 月末日までの 2 年間に公表された公開買付けのうち，「利益相反性が高くかつ当初から上場廃止を予定している案件」に分類される取引 28 件中全件で，株式価値算定書を取得している。なお，これらの案件のうち，フェアネス・オピニオンを取得した事例は 2 件にとどまる。株式価値算定書取得の実務については，同書 249 頁～ 255 頁，266 頁～ 284 頁参照。
3) ジュピターテレコム事件最高裁決定（最決平成 28・7・1 民集 70 巻 6 号 1445 頁）は，多数派株主が買付者となる二段階買収（公開買付けと全部取得条項付種類株式の取得）という利益相反のある取引においても，「独立した第三者委員会や専門家の意見を聴くなど意思決定過程が恣意的になることを排除するための措置が講じられ，……一般に公正と認められる手続により上記公開買付けが行われた場合には，上記公開買付けに係る買付け等の価格は，上記取引を前提として多数株主等と少数株主との利害が適切に調整された結果が反映されたものであるというべきである」と判示し（傍点は引用者が付加），具体的な事案においても，財務アドバイザーによる株式価値算定書を取得したことも理由の 1 つとして，本件における取得価格（会社 172 条 1 項）は公開買付価格と同額とすべきであるとした。

その一方，本指針は，株式価値算定の機能の限界面についても注意を喚起している。すなわち，M&A の対象会社の一般株主が享受すべき価値は，理論的には，(a)M&A を行わなくても実現可能な価値と，(b)M&A を行わなければ実現できない価値のうち一般株主が享受してしかるべき部分から成ると整理できる（本指針 2.2.1)[4]ところ，株式価値算定は，「通常は M&A の実施を前提としない財務予測等に基づいて……行われている」(本指針 3.3.2.1 B))[5]。そのため，株式価値算定は，通常，(a)の価値を算定するにとどまるのであり，(b)の価値の分配を含む一般株主が享受すべき価値の実現は，「株式価値算定結果を踏まえつつ，企業価値を高めつつ一般株主にとってできる限り有利な取引条件の獲得に向けて検討・交渉するプロセス等を通じて」行われることになる（同）。

このような分析に基づき，本指針は，「実際の M&A において，株式価値算定結果から対象会社が賛同すべき取引条件が機械的に定まるべきものではな」く，「対象会社の取締役会や特別委員会は，株式価値算定結果に加えて，算定の前提とされた事業計画の位置付けやその実現可能性，用いられた算定方法の特性，同種の M&A において一般に付与されるプレミアム（買収価格と従前の市場株価との差額）の水準，当該 M&A を行わなくても実現可能な価値，想定される当該 M&A による企業価値増加効果，代替取引の有

---

4) 最決平成 21・5・29 金判 1326 号 35 頁（レックス・ホールディングス事件）の田原睦夫裁判官補足意見も参照。
5) 理論上は，(b)の価値は，M&A の実現を前提とした企業価値とそれを前提にしない企業価値の差として算定可能である（Aswath Damodaran, Investment Valuation: Tools and Techniques for Determining the Value of any Asset, University Edition (3rd ed., 2012, Wiley), pp.705-724)。わが国の株式価値算定において，通常(b)の価値が算定されない理由について，本指針は，M&A 後の事業計画はそれ自体不確実性を伴うこと，対象会社は買収者の想定する M&A 後の事業計画等の情報を十分有しておらず，買収者がそれらの情報を開示することは自らの手の内をさらすことになり，買収戦略上限界があることを挙げている（本指針注 52)。もっとも，反対株主の株式買取請求における買取価格はシナジーを除外して算定することとされている米国では（デラウェア州一般事業会社法 262 条(h)参照），対象会社が，買取価格からの控除を求めてシナジーを算定することもままあるようである。わが国で(b)の価値が算定されることが少ない要因としては，法制上は，米国と異なり，反対株主は(b)の価値の公正な分配分も請求できるとされている一方で，実際の裁判では，シナジーが特に算定されていなくても，裁判所は取引が公正な手続によって行われたと認め，実際の買収価格をもって「公正な価格」とする傾向があることも大きいのではないかと思われる。

無や内容等を考慮して，取引条件の検討，交渉および判断を行うことが望ましい」（本指針3.3.2.1 B））と述べ，株式価値算定書のみに頼るのではなく，多方面から取引条件の検討を行うことの重要性を指摘している。

Ⅲ. フェアネス・オピニオンの機能（本指針 3.3.2.2）

　フェアネス・オピニオンとは，「一般に，専門性を有する独立した第三者評価機関が，M&A 等の当事会社に対し，合意された取引条件の当事会社やその一般株主にとっての公正性について，財務的見地から意見を表明するものをいう」（本指針3.3.2.2 A））。わが国の従来の M&A 実務では，株式価値算定書の取得はごく一般的であるのに対し，フェアネス・オピニオンの取得は，必ずしも一般的ではないようである[6]。その要因としては，少なくとも現在までの裁判例においては，対象会社が株式価値算定書を取得すれば，フェアネス・オピニオンを取得していなくても，実際の買収価格を「公正な価格」と認める傾向があるため，対象会社としては，あえて費用をかけてフェアネス・オピニオンを取得する必要性が意識されないことが大きいと思われる[7]。

　このような実務状況にあって，本指針は，フェアネス・オピニオンが，株式価値算定書とは異なり，専門性を有する第三者評価機関が取引条件の公正性についての意見形成主体となる点で，「対象会社の価値に関するより直接的で重要性の高い参考情報となり得るため……構造的な利益相反の問題および情報の非対称性の問題に対応する上でより有効な機能を有し得るものと考えられる」うえ，欧米等で一般的なフェアネス・オピニオンを取得することは，「国際的に活動する投資家も含めた一般株主に対する説明責任を果たすという観点」からの有用性もあると指摘する（本指針3.3.2.2 A））。その一方で，本指針は，わが国では，フェアネス・オピニオンの発行主体や発行プロセスに関する規制やルールは特段存在せず，発行に当たり実施すべき手続等

---

6) 白井正和「利益相反取引における利益相反回避措置の現状」田中亘＝森・濱田松本法律事務所編『日本の公開買付け——制度と実証』（有斐閣，2016年）357頁，376頁〜377頁は，2006年12月13日（平成18年証券取引法施行）から2013年12月31日までに開始された公開買付けのうち MBO または親子会社間のもの200件において，フェアネス・オピニオン取得事例は11件（6％）にとどまると報告している。

7) 白井・前掲注6)377頁参照。

についても十分共通認識が形成されているとも言い難いといった，公正性担保措置としてのフェアネス・オピニオンの有効性を一律に認めることができない環境が存在することにも注意を喚起する（本指針注56）。

　以上の分析を踏まえ，本指針は，「①独立性・中立性，②慎重な発行プロセス，③高度な専門性・実績，④レピュテーションといった要素を備えた第三者評価機関からフェアネス・オピニオンの取得が行われた場合には，公正性担保措置として積極的に評価されるべきものと考えられる」とし，「対象会社の取締役会や特別委員会は，第三者評価機関を選定するに当たっては，これらの要素も考慮して検討することが望ましい」と提言している（本指針3.3.2.2 B)）。

Ⅳ. 第三者評価機関の独立性（本指針 3.3.2.3）

　本指針は，株式価値算定やフェアネス・オピニオンが上記の（ⅡおよびⅢで説明した）機能を有するためには，「これを実施する特別委員会の第三者評価機関（特別委員会が自らの第三者評価機関を選任せず，対象会社の取締役会が選任した第三者評価機関を利用する場合には当該第三者評価機関）の独立性が重要となる」と指摘する（本指針3.3.2.3）。また，「当該第三者評価機関が当該M&Aの成否に関して重要な利害関係を有している場合には，その独立性について一般株主が適切に判断することを可能とする観点から，その独立性や利害関係の内容に関する情報を開示することが望ましい」と提言する（同。情報開示についてはⅥも参照）。

　さらに，第三者評価機関が買収者に対して買収資金の融資その他の資金提供も行う場合のように，当該M&Aの成否に関して深刻な利害関係を有している場合には，「独立性に対する懸念が相当程度大きくなることから，基本的には上記の機能を果たす上で望ましくないと考えられるが，合理的な必要性からやむを得ずこのような事態に至る場合には，当該M&Aにおいて当該第三者評価機関が得る経済的利益の内容を開示する等，少なくともその独立性や利害関係の内容について十分な説明責任が果たされるべきである」としている（本指針3.3.2.3）[8]。

V. 特別委員会による検討（本指針 3.2.2）

　第三者評価機関による株式価値算定（フェアネス・オピニオンを取得したときはフェアネス・オピニオンも）は，対象会社の特別委員会や取締役会において，取引条件の検討，交渉および判断のために用いられることになるところ，本指針では，特別委員会が株式価値算定を検討する際の考慮要素も挙げている。すなわち，特別委員会は，「取引条件の妥当性の判断の重要な基礎となる株式価値算定の内容と，その前提とされた財務予測や前提条件等の合理性を確認することを通じて」取引条件の妥当性について検討することが重要であるとする（本指針 3.2.2）。このうち，財務予測については，将来フリー・キャッシュフロー予測の基礎となる事業計画の合理性やその作成経緯について確認することの重要性が指摘され（本指針注 28），また前提条件については，DCF 法における割引率の計算根拠や，類似会社比較法における類似会社の選定理由等を，その合理性を確認することが望ましい事項として挙げている（本指針注 29）。

VI. 一般株主への情報提供（本指針 3.6.2.2）

　本指針 3.6 は，一般株主の判断に資するための情報提供（開示）について提言を行っているが，その中の 3.6.2.2 で，株式価値算定書やフェアネス・オピニオンに関し，以下の情報について充実した開示が行われることが望ま

8）第三者評価機関（通常，対象会社の財務アドバイザーでもある）が買収者に資金提供をすることは，本来は対象会社ないしその一般株主のために事務処理をすべき者が「買収者側」に立つこととなり，基本的に望ましくないように思われるが，本指針注 59 で説明されているように，実務上一定のニーズがあり，一律に禁じることは適切でない面もあるようである。なお，そもそも財務アドバイザーが第三者評価機関を兼ねること自体，評価の客観性・中立性を損なって問題があるという意見も，公正な M&A の在り方に関する研究会では出されたが，多数意見とはならず，本指針も，兼任自体は特に問題にしていない（本指針注 51 参照）。財務アドバイザーとしての M&A の助言・補助の職務と，第三者評価機関としての株式価値算定（場合によってはフェアネス・オピニオン）の職務との間にはシナジーがあると考えられることから，一般株主への開示を前提として兼任を認めることが望ましいと思われる。ただし，大株主が取引に反対しているとか対抗提案が出ているといった，取引条件についてより慎重な考慮が求められる事案では，財務アドバイザーの株式価値算定に加えて別の第三者評価機関の株式価値算定を得ることも検討に値しよう（実例として，鈴木一功「M&A の企業価値評価をめぐる最近の論点——アルプス電気とアルパインの経営統合を題材に」証券アナリストジャーナル 57 巻 5 号〔2019 年〕44 頁）。

しいとしている。

　まず，「a）各算定方法に基づく株式価値算定の計算過程に関する情報」として，「①DCF法を用いて株式価値算定を実施した場合における（ⅰ）算定の前提とした対象会社のフリー・キャッシュフロー予測，およびこれが当該M&Aの実施を前提とするものか否か，（ⅱ）算定の前提とした財務予測の作成経緯（特別委員会による事業計画の合理性の確認や第三者評価機関によるレビューを経ているか否か，当該M&A以前に公表されていた財務予測と大きく異なる財務予測を用いる場合にはその理由等），（ⅲ）割引率の種類（株主資本コストか加重平均資本コストか等）や計算根拠，（ⅳ）フリー・キャッシュフローの予測期間の考え方や予測期間以降に想定する成長率等の継続価値の考え方等，②類似会社比較法を用いて株式価値算定を実施した場合における類似会社の選定理由に関する情報」を例示する[9]。また，「b）フェアネス・オピニオンに関する情報」としては，「発行プロセス，『公正性』の考え方に関する情報」を例示している。

　MBOおよび支配株主による従属会社の買収については，法令（会社法や金融商品取引法等）の開示規制に加え，東京証券取引所（東証）の2013年7月8日通知「MBO等に関する適時開示内容の充実等について」（東証上会第752号）に基づく適時開示ルールが存在するが[10]，本指針は，これらの開示ルールを遵守するにとどまらず，「自主的に，……一般株主の適切な判断に資する充実した情報を分かりやすく開示することが望ましい」（本指針3.6.2）という立場から，「充実した開示が期待される情報」（同）の例として，上記の情報を挙げている。

　例えば，東証の適時開示ルールでは，上場株式を対価とする組織再編では，割当内容が市場株価と比較して対象会社の株主にとって著しく不利である場

9）また，「非事業用資産が株式価値算定において重要性を有する場合には，これについての考え方を説明することが望ましいとの指摘もある」と注記している（本指針注82）。対象会社が多額の現預金を有している場合に，これを非事業用資産と見るか運転資本の一部と見るかによって株式価値算定は大きな影響を受けるため（実例として，鈴木・前掲注8）47頁〜48頁），それについての考え方を説明することは重要と思われる。

10）佐川雄規「MBO等に関する適時開示内容の見直し等の概要」商事法務2006号（2013年）76頁，東京証券取引所上場部編『東京証券取引所会社情報適時開示ガイドブック〔2018年8月版〕』第2編第1章11.(2)① 3.(2)（173頁〜174頁）参照。

合を除き，DCF 法の前提となる財務予測の具体的な数値を開示する必要が
ない[11]。これに対して，本指針は，そのような組織再編においても，自主
的に，対象会社のフリー・キャッシュフロー予測を開示することを想定して
いる（本指針注 81）。ただし，このような開示は，上場を継続する支配会社
側の株式価値等についても一定程度公に推知可能になる等の阻害効果が生じ
る懸念があるとの指摘もある（同）。そこで，本指針は，「このような懸念に
より本文①（ⅰ）～（ⅳ）の情報の中で自主的な開示を行わない情報がある場合
には，特別委員会において，開示を行わない情報の範囲と理由の合理性およ
び従属会社の株式価値の妥当性等について特段の検討を行い，検討結果を開
示することが望ましいと指摘されている」（同）と注記している[12]。

Ⅶ. おわりに

　MBO や支配株主による従属会社の買収において，第三者評価機関による
株式価値算定を実施し，それについて開示する実務は，手続の公正さを前提
として実際の買収価格を「公正な価格」と認める裁判例や，法令や東証規則
による開示ルールの整備を背景として，かなりの進展を見ている[13]。けれ
ども，現在の開示の程度では，株式価値算定の合理性を十分検証できないと

---

11) 佐川・前掲注 10)78 頁，東京証券取引所上場部編・前掲注 10)174 頁。
12) 本文で挙げた論点について若干の私見を述べる。東証の適時開示規則において，上場株式を
対価とする組織再編で財務予測の開示が原則として必要とされていないのは，このような組織再編
では，両当事会社の従前の株式の市場株価の比率をもとに組織再編比率（合併，株式交換または
共同株式移転比率）を決定すれば，基本的に公正な条件と認められるという判断が前提になって
いると思われる。しかし，従前の市場株価は，必ずしも，将来フリー・キャッシュフローの割引現
在価値により算定される株式価値と一致するとは限らないし（将来フリー・キャッシュフローに関す
る情報は，従前必ずしも株式市場に開示されていないため），両当事会社の株式の市場株価の比率
をもとに決まる組織再編条件が，M&A により生じる企業価値の増加分を公正に分配する条件と一
致するとも限らない（田中亘「MBO における『公正な価格』」金判 1282 号〔2008 年〕20 頁，21 頁）。
それゆえ，上場株式を対価とする組織再編においても，将来フリー・キャッシュフロー予測その他
本文①（ⅰ）～（ⅳ）の情報が開示されることが望ましいと考える。なお，このような開示によって，
支配会社の株式価値が推知されてしまうという懸念については，それが支配会社にどのような不利
益を与えるのか明らかでなく，上記の情報を開示しない理由としては必ずしも十分でないように思わ
れる。
13) 少なくとも，レックス・ホールディングス事件（前掲注 4）最決平成 21・5・29）において，こう
した株式価値算定に関する情報が，一般株主はもとより裁判所にも開示されなかったことと比較す
れば，非常な進展があったということができよう。

いう指摘がされるなど[14]，なお改善の余地は残っているように思われる[15]。本指針は，特に開示面において，従来の実務よりも大きく踏み込む提言をしており（Ⅵ参照），本指針の公表を契機として株式価値算定（フェアネス・オピニオンも取得する場合はそれについても）の開示が一層進展することが期待される。また，本指針が，特別委員会が検討すべき事項として挙げている，第三者評価機関の独立性（Ⅳ参照）や，株式価値算定における財務予測や前提条件等の合理性の検証（Ⅴ参照）などは，裁判所が，手続の公正さの判断に当たって審理すべき事項としても参考にできると考える。本指針を機に，公正なM&Aに関する実務が一層進展し，わが国のM&A市場および株式市場に対する信頼が一層高まることを望みたい。

＊　本稿は，科学研究費補助金（基盤B）課題番号17H02528の研究成果の一部でもある。

14）鈴木一功「東証の規定変更により企業価値の算定根拠はどこまで明らかになったか」（DHBR エディターズ・チョイス，2014年1月23日）（https://www.dhbr.net/articles/-/2362）。
15）田中亘「『公正なM&Aの在り方に関する研究会』への期待」MARR 292号（2019年）25頁。

「公正なM&Aの在り方に関する指針」
の実務上の意義

石綿 学

I. はじめに

経済産業省は，2019 年 6 月 28 日，2007 年 9 月 4 日に策定された「企業価値の向上及び公正な手続確保のための経営者による企業買収（MBO）に関する指針」（以下，「MBO 指針」）[1]を改訂するものとして，「公正な M&A の在り方に関する指針——企業価値の向上と株主利益の確保に向けて」（以下，「本指針」）を策定し，公表した。

本指針は，MBO 指針策定後の実務の蓄積や環境変化等を踏まえ，今後のわが国の企業社会におけるベストプラクティスの形成に向け，MBO（マネジメント・バイアウト）および支配株主による従属会社の買収を中心に，主として手続面から公正な M&A の在り方を提示するものである。

本指針は，MBO 指針の基本的な枠組みを踏襲する。MBO 指針が提示した買収対価についての概念整理を維持するとともに，構造的な利益相反の問題と情報の非対称性の問題が存する M&A において，①企業価値の向上の原則と②公正な手続を通じた一般株主利益の確保の原則を尊重することを求める。その上で，本指針は，この公正な手続を構成する実務上の具体的な対応（本指針 1.5 g)）（以下，「公正性担保措置」）について，分析・提言を行う。本指針は，その提言する公正性担保措置のきめ細かさゆえ，今後のわが国の M&A 実務に高い訴求力を有することが予想される。

---

1) MBO 指針については，石綿学「MBO に関する指針の意義と実務対応」商事法務 1813 号（2007 年）4 頁以下参照。

そこで，本章は，本指針の対象範囲や公正な手続に係る基本的視点に触れた上で，公正性担保措置のうち，特別委員会，マーケット・チェックおよびマジョリティ・オブ・マイノリティ条件（以下，「MOM 条件」）に焦点をあて[2]，本指針がこれからの M&A 実務にどのような影響を与えるかという点を検討する。

II. 対象とする取引の範囲の拡大

本指針は，MBO 指針が対象としていた MBO に加えて，上場会社（従属会社）の支配株主が一般株主から従属会社の株式全部を取得する取引（以下，「支配株主による従属会社の買収」）をも適用対象とすることを明確にした。いずれの取引も，構造的な利益相反の問題と情報の非対称性の問題を類型的に伴うことによる。

この点，昨今の実務では，支配株主による公開買付けについては，MBO 指針が求める実務上の工夫が講じられてきていたが，支配株主と従属会社の株式対価の組織再編については対応が分かれていた。本指針が支配株主による従属会社の買収を明確に対象としたことにより，今後は，組織再編の場合であっても，対価の種類を問わず，本指針に従った実務が形成されることになろう。

また，本指針は，直接対象とする買収類型以外の買収に一定程度の構造的利益相反や情報の非対称性の問題が存する場合には，その問題の程度等に応じて本指針を参照することを期待している（本指針 1.4）。そのため，実務的には，今後，どのような買収類型について，どの程度，本指針を参照するのかという点が問題となる。典型的には，同一の支配株主を有する兄弟会社間の組織再編，支配株主に準じた大株主による買収，支配株主による第三者割当増資の引受け（本指針注 2 参照）などに本指針が参照されることになろう。また，支配株主による第三者への従属会社の売却であって，非公開化を伴う取引に際しても，本指針の考え方が一部参照されていく可能性がある。更には，独立当事者間の非公開化の案件でも，公正性担保措置が講じられた場合

2）本指針は，本章で扱う公正性担保措置以外に，外部専門家の助言等，情報開示，強圧性の排除などについて提言を行う。

には，本指針が部分的に参照されることもあろう。そして，今後は，買収類型の違いに応じて必要とされる公正性担保措置の違いや程度などについても，議論が深化していくことが期待される。

Ⅲ. 公正な手続に関する基本的な視点

　本指針は，公正な取引条件（目的）を実現するための手段として公正性担保措置を整理するに際し，公正性担保措置の機能として，2つの視点を提示する。すなわち，取引条件の形成過程において，M&Aが相互に独立した当事者間で行われる場合と実質的に同視し得る状況を確保する（視点1）とともに，一般株主に対して，適切な判断を行うために必要な情報を提供し，適切な判断を行う機会を確保する（視点2）という視点である。そして，視点1の「実質的に同視し得る状況」については，「構造的な利益相反の問題や情報の非対称性の問題に対応し，企業価値を高めつつ一般株主にとってできる限り有利な取引条件でM&Aが行われることを目指して合理的な努力が行われる状況」と言い換えられている（本指針2.4）。これらの視点は，今後，利益相反構造のあるM&Aに関わる対象会社の取締役の行為規範の具体化にもつながり得る重要性を有している。

　その上で，本指針においては，一般に有効性が高い典型的な公正性担保措置を提示する。これらは，取引条件の公正さを手続的に担保するための手段であり，常に全ての公正性担保措置が必要というわけではない（本指針3.1.1）。今後は，形式上講じられた措置の数よりも，個別のM&Aにおける具体的状況に応じ，実効的に講じられた措置が全体として果たした機能の実質が問われることになる（本指針3.1.3）。

Ⅳ. 特別委員会

1. 特別委員会の意義

　特別委員会とは，取引条件の形成過程において，取締役会に期待される役割を補完・代替する独立した主体として任意に設置される合議体をいう（本指針3.2.1）ところ，本指針は，様々な公正性担保措置の中でも特に特別委員会に重点を置いて具体的提言を行う。独立性を有する者で構成された特別委員会において，重要な情報を得た上で，M&Aの是非や取引条件の妥当性，

手続の公正性について検討および判断を行うことにより，視点1の機能を果たすことが期待できるからである。本指針は，MBOや支配株主による従属会社の買収において取引条件の公正さを担保する上で，特別委員会を設置することの意義は特に大きいとする（本指針3.2.3）。

2. 特別委員会設置の流れ

（1）　設置の時期

これまでの実務では，買収対価の適否の判断を特別委員会の主な機能と捉え，特別委員会を取引の検討開始時には設置せず，取引の対価についての交渉が開始される段階に至って設置するケースも多かった。

しかし，本指針は，アドバイザーの選任等や算定の前提となる財務予測の策定など，取引条件の形成過程全般にわたって特別委員会が関与することを期待しており，買収提案を受けた場合に，可及的速やかに，特別委員会を設置することが望ましいとする（本指針3.2.4.1）。

（2）　特別委員会の委員の選定

①　選定方法

本指針においては，特別委員会の設置の判断，権限と職責の設定，委員の選定や委員の報酬の決定をするに際しては，独立した社外取締役等がそのプロセスに主体性をもって実質的に関与することが望ましいとする（本指針3.2.4.3）。したがって，今後は，買収提案がなされた場合，速やかに独立した社外取締役等を関与させることが原則となろう。

②　委員構成

これまでの実務においては，特別委員会の委員として社外有識者が選定されることが最も多く，社外役員のみによって特別委員会が組成されることはむしろ稀であった。

これに対し，本指針は，特別委員会の委員として，社外取締役＞社外監査役＞社外有識者という優先順位付けを明確にした。社外役員は，株主総会により選任され，役員責任を負い得る立場であることから，社外有識者よりも望ましく，経営判断への関与度という観点から社外取締役の方が社外監査役よりも望ましいからである。

わが国の実務においては，これまで，独立した社外役員の不足に加え，特

別委員会の委員の M&A に対する専門性への懸念から，積極的に社外有識者を特別委員会の委員に起用することが多かった。このような取組みは，弁護士や会計士等の専門家を特別委員会の委員に含めることにより，外部アドバイザーの起用に要する取引コストを節約しつつ，法務，会計等の専門的な機能を特別委員会に内在させるという意味を有した。

　今後も，このような取組みが一概に否定されるわけではないものの，本指針において独立した社外役員で特別委員会を構成することが推奨されていることから，M&A に関する専門性は，特別委員会の外部アドバイザー等の助言によって補う事例が増えていくことが予想される。

　③　委員の独立性

　本指針においては，特別委員会の委員となる者は，（ⅰ）買収者からの独立性，および（ⅱ）M&A の成否からの独立性の双方が求められることが明確化された（本指針 3.2.4.2 A)）。また，これに加えて，対象会社の業務執行者からの独立性については，本指針は必ずしも明示的に求めてはいないものの，通常，業務執行者からの独立性が否定される者は，（ⅰ）の意味での独立性を有さないことが多いものと思われる。

　そして，（ⅰ）の観点から問題となる例として，少なくとも過去 10 年以内に支配会社の役職員であったこと（本指針 3.2.4.2 A)）を掲げ，（ⅱ）の観点から独立性に疑義が生じる例として，当該 M&A が成立することによる成功報酬を委員が受領する場合（本指針注 34）を掲げる。

　本指針においては，この独立性を判断する基準として，金融商品取引所が定める独立役員の独立性基準を，買収者との関係においてもあてはめることが参考になるとしているものの，必ずしもそれだけで足りるとしているわけではない。昨今，多くの上場企業において，金融商品取引所の独立役員の基準に上乗せする形で自主的に社外役員の独立性の基準を定めているところ，今後は，これらの基準を借用しつつ，独立性を判断することが考えられる。

　④　委員の報酬

　従前の実務においては，社外役員に対して特別委員会の委員としての報酬が支払われないケースも少なくなかった。これに対し，本指針は，社外役員による特別委員会の委員の職務への取組み度合いを高めるべく，社外役員に対する通常の役員報酬に委員としての職務の対価が含まれていない場合には，

別途，委員としての職務に応じた報酬を支払うことが検討されるべきとした（本指針3.2.4.7）。

　その場合の委員の報酬としては，成功報酬は避けるべきであり（本指針注34），タイムチャージまたは定額報酬とすることなどが考えられる。この点は，財務アドバイザーの報酬においては，報酬体系について一般株主への情報提供が求められているに過ぎず，必ずしも成功報酬が排除されていないこと（本指針3.6.2.2 c），同注48参照）とは異なる。

（3）　特別委員会の役割・権限の決定

　取締役会から特別委員会に委嘱すべき事項は，最終的には，取締役会があるM&Aを承認するべきか否かについて勧告することにあるはずである。そして，その勧告をするに際し，特別委員会は，①対象会社の企業価値の向上という観点から，M&Aの是非について検討・判断するとともに，②一般株主の利益を図る観点から，（ⅰ）取引条件の妥当性および（ⅱ）手続の公正性について検討・判断する役割を担う。

　このうち，②（ⅰ）取引条件の妥当性については，取引条件の交渉の過程に実質的に関与し，できる限り有利な取引条件でM&Aが行われることを目指して合理的な努力が行われる状況を確保すること，および，取引条件の妥当性の判断の重要な基礎となる株式価値算定の内容と，その前提とされた財務予測や前提条件等の合理性を確認することを通じて検討することが重要とされる。また，買収対価の水準だけではなく，買収の方法や買収対価の種類等の妥当性についての検討も重要である。他方，②（ⅱ）手続の公正性については，具体的状況を踏まえ，全体としての取引条件の公正さを手続的に担保するために，いかなる公正性担保措置をどの程度講じるべきかの検討が含まれる（本指針3.2.2）。

（a）　特別委員会の交渉過程への実質的関与

　特別委員会に取引に反対する権限を伴う交渉権限を付与するべきかという点も問題となる。米国デラウェア州においては，特別委員会が機能したというためには，特別委員会が取引を拒否する権限をもって独立当事者間の交渉と同視し得る交渉が行われたことが必要と解されている[3]。これに対し，従前のわが国の実務においては，交渉に関与しない特別委員会も少なくなかった。

この点，本指針は，特別委員会が買収対価等の取引条件に関する交渉過程に実質的に関与することが望ましいとする。そして，その方法として，(x)特別委員会において取引条件が妥当でないと判断した場合には，取締役会において，当該M&Aに賛同しないことを予め決定した上で，(y)①特別委員会が取引条件の交渉を行う権限の付与を受け，自ら直接交渉を行うこと，または②交渉自体は対象会社の社内者やアドバイザーが行うが，特別委員会は，例えば，交渉について事前に方針を確認し，適時にその状況の報告を受け，重要な局面で意見を述べ，指示や要請を行うこと等により，取引条件に関する交渉過程に実質的に影響を与え得る状況を確保することが考えられるとされている（本指針3.2.4.4）。(x)により，特別委員会の意向に反して取締役会がM&Aに賛同することがなくなり，特別委員会に対して取引に反対する権限を付与する状況と実質的に同様の状況が確保されることになる（本指針注42）。

（b）　アドバイザー等の選任・指名権の付与

これまでの実務においては，特別委員会において独自のアドバイザーや第三者算定機関を選任するか，取締役会のアドバイザー等を指名するのは稀であった。

しかし，特別委員会に助言をするアドバイザー等の独立性，専門性および特別委員会との信頼関係の重要性に鑑み，本指針においては，特別委員会が自らアドバイザー等を選任することが有益であるとしつつ，特別委員会において対象会社の取締役会が選任したアドバイザー等を一定の条件の下，活用することも否定していない（本指針3.2.4.5）。

したがって，今後は，特別委員会に対し，①独自のアドバイザーの選任権，または②(ⅰ)対象会社の取締役会のアドバイザー等の指名権，もしくは(ⅱ)対象会社の取締役会のアドバイザー等の承認権（事後承認権を含む）が付与されることが想定される。なお，対象会社の取締役会と特別委員会の双方の

3）米国デラウェア州においては，取締役の信認義務違反の有無についての審査基準が緩和される要件の1つとして，特別委員会において，取引を拒否する権限が与えられ，公正な価格に係る交渉をするに際し注意義務を果たしたことを必要とする（*Kahn v. M&F Worldwide Corp.*, 88 A.3d at 645 (Del. 2014)）。石綿・前掲注1)9頁。

アドバイザーが選任される場合における取締役会のアドバイザーについては，別途特別委員会独自のアドバイザーがいることから，特別委員会の指名または承認は必須ではない。

（c）　特別委員会に対する情報提供

上記のとおり，MBO や支配株主による従属会社の買収は，情報の非対称性の問題を伴う。そのため，適切な情報開示が重要となるが，全ての情報を一般株主に公表できるとは限らない。そのような場合に，特別委員会が，一般株主に代わり，対象会社に関する非公開情報を含めた重要な情報を十分に受領した上で検討・判断することは有意義である。そのため，特別委員会は，執行サイドに情報提供を求めたり，買収者との協議を申し入れること等により，必要な情報を得るよう努めることが望ましく（本指針 3.2.4.6），特別委員会に対し，そのための権限を付与しておくことも考えられる。

（4）　**取締役会における特別委員会の判断の取扱い**

特別委員会は，任意の機関であるから，対象会社の意思決定は，最終的には会社法上の機関である取締役会で行われる。取締役会は，特別委員会の判断内容を適切に理解・把握した上で，その判断内容を最大限尊重して意思決定を行うことが望ましい（本指針 3.2.5）。取締役会としては，特別委員会の独立性やこれが有効に機能していたことを確認すれば，原則として，その判断に依拠できるはずであり，特別委員会のプロセスや判断の独立性に不当な影響を与えることがないよう配慮する必要がある。

V. マーケット・チェック

1. 意義

本指針は，M&A において他の潜在的な買収者による対抗的な買収提案（以下，「対抗提案」）が行われる機会を確保すること（以下，「マーケット・チェック」）も公正性担保措置の１つとして掲げる。これにより当初の買収提案の妥当性についての参考情報が得られるほか，対象会社の交渉力を強化し，上記視点１に資する機能を有する（本指針 3.4）。

マーケット・チェックには，市場における潜在的な買収者の有無を調査・検討する「積極的なマーケット・チェック」と，M&A に関する事実を公表し，公表後に他の潜在的な買収者が対抗提案を行うことが可能な環境を構築

した上でM&Aを実施することによる「間接的なマーケット・チェック」とがあるところ（本指針3.4.2），これまでのわが国の実務においては，間接的なマーケット・チェックのみが行われることが一般的であった。例えば，公開買付期間を法定の最短期間よりも長く設定した上，対象会社と買収者との間で取引保護条項の合意を行わず，対象会社の買収防衛策についてはその適用を中止するなどの対応が講じられてきた。その背景としては，公表前に積極的なマーケット・チェックをすると情報流出や事業への悪影響が生じる可能性があり，対象会社の経営陣における買収への抵抗感が増し，取引阻害効果が存したからであった。

　間接的なマーケット・チェックに対しては，実際には対抗提案は生じず，十分ではないという批判もあり得るが，最近は，実際に対抗買付けが提案される事例[4]なども増加しており，間接的なマーケット・チェックでも一定の機能は果たしているように思われる。

2. 本指針の整理

　本指針は，マーケット・チェックの公正性担保措置としての有効性を判断するに際し，買収者が支配株主であるか否かにより区別し，買収者が支配株主でない場合には，マーケット・チェックが有効に機能する場面が多いが，逆に買収者が支配株主である場合には，真摯な対抗提案が出ることは考えにくく，マーケット・チェックの有効性は限定的であり，実施する意義が乏しい場合が多いとする（本指針3.4.3.2）。そして，買収者が支配株主ではない場合に，積極的なマーケット・チェックが実施された場合には，より積極的に評価されるとする（本指針3.4.3.1）。

　今後の実務においては，支配株主ではない経営者がMBOを行う場合において，どの程度のマーケット・チェックを行うかといった点が課題となろう。

4）株式会社ニューフレアテクノロジーの2019年12月13日付「HOYA株式会社による当社株式に対する公開買付けの開始予定に関するお知らせ」，ユニゾホールディングス株式会社の2019年10月16日付「ブラックストーンによる当社の同意を条件とした当社の株式を対象とする公開買付けの意向の表明に関するお知らせ」および株式会社廣済堂の2019年3月20日付「株式会社南青山不動産による株式会社廣済堂株券（証券コード：7868）に対する公開買付けの開始に関するお知らせ」参照。

また，どのようなプロセスが積極的なマーケット・チェックと評価されるかも問題となり得る。なお，積極的なマーケット・チェックが実施された場合，本指針は適切な内容の取引保護条項を定めることを許容するため（本指針注61・63），わが国においても取引保護条項を定める例が現れる可能性もあろう。

3. 対抗提案

　本指針は，実際に対抗提案者が出現した場合において，その対抗提案が具体的かつ実現可能性のある真摯な買収提案である限り，取締役会や特別委員会は，真摯に検討を行う必要があり，合理的な理由なくこれを拒絶することは適切ではないとする（本指針3.4.4）。

　近年，アクティビスト株主において，真に買収をする意思がないにもかかわらず，買収価格を吊り上げる目的で，「対抗提案」を行うことが見受けられる。また，競合他社が情報収集等を行う目的で，対抗提案を提示してくることも考えられる。

　そのような中，どのような対抗提案をもって「具体的かつ実現可能性のある真摯な買収提案」と認定するかについては，実務的には悩ましい問題である。一般的には，具体性や実現可能性，真摯性が否定されうる買収提案として，買収対価や取引の主要条件を具体的に明示することなく行われる買収提案，支配株主がその保有する支配的持分を第三者に売却する意思が乏しい中における支配的持分の買収提案，買収資金の裏付けのない買収提案，規制法上当局の許認可が得られる可能性が低い買収提案，買収実施の前提条件の充足可能性が低い買収提案などが考えられる。また，これらに疑いが残る場合には，対抗提案の具体性，実現可能性や真摯性の確認度合い等に応じて合理的な範囲で対応をしていけばよい。

VI. MOM 条件の設定

　MOM 条件とは，M&A の実施に際し，当該 M&A の是非に関する株主の意思表示が行われる場合に，一般株主が保有する株式の過半数の支持を得ることを当該 M&A の成立の前提条件とし，かつ，当該前提条件を予め公表することをいう（本指針 3.5.1）。

MOM 条件については，一般株主の判断の機会を確保し，一般株主にとって有利な条件で M&A が行われることに資するという機能があるため，公正性担保措置として一定の有効性はある。しかしながら，支配株主による従属会社の買収のように，買収者が保有する株式の割合が高い場合には，MOM 条件があると少数の株式の取得によって M&A の実施を妨害することができるようになり，M&A に対する阻害効果が大きくなる（本指針 3.5.2）。そのため，これまでの実務においても，支配株主による従属会社の買収に際して，MOM 条件が付される事例は存しなかった（一方，大株主ではない買収者による MBO においては，MOM 条件が付されることが多かった）。

今後の実務においても，支配株主による従属会社の買収に際しては，MOM 条件の設定の有効性や弊害の有無等を総合的に判断し，MOM 条件を設定しない場合には，特別委員会におけるプロセスを丁寧に行うなど他の公正性担保措置を充実させることが考えられる。

Ⅶ. 最後に

以上のとおり，本指針は，わが国における MBO や支配株主による従属会社の買収の公正性担保措置について詳細な提言を行うものである。M&A 実務に携わる者の間で本指針が尊重され，わが国において公正な M&A が健全に発展していくことを期待したい。

「公正なM&Aの在り方に関する指針」のM&A実務に与える影響

別所賢作

I. はじめに——今般の指針策定の意義

　今般, 経済産業省により策定および公表された, 「公正な M&A の在り方に関する指針」（以下,「本指針」）では, M&A 取引に関与する様々な当事者・関係者の立場・問題意識を踏まえ, 本質面でのあるべき姿の伝播を目指して, 背景や意図が丁寧に解説・説明されている。本稿は, 本指針の策定にあたって立ち上げられた「公正な M&A の在り方に関する研究会」の一員として, また M&A アドバイザーの立場で各種の M&A 案件に携わっている者として, 本指針の M&A 実務に与える影響についてのポイントに言及したものである。関係者各位にとって, 本指針の行間を更に埋める一助となれば幸いである。

　2007 年に策定された MBO 指針との比較において, 本指針策定が時間の経過に伴うアップデートだけにとどまらず, 本指針の検討対象として, MBO 取引だけでなく, 支配株主による従属会社の買収（以下,「上場子会社の完全子会社化」）が新たに加わっていることは特筆すべき点である。すなわち, 構造的な利益相反と情報の非対称性が顕著となる取引という観点からMBO および上場子会社の完全子会社化を本指針の検討対象としており, これら取引におけるあるべき姿・ベストプラクティスを考え, 国際的な基準・仕組みとの差異への対応を目指すことで, 日本の M&A マーケットの更なる信頼性向上を目指すものとなっているのである。日本固有の事情や良さを守ることは大切であるが, 日本の資本市場への参加者が国際化しており, 今後同市場の更なる発展を目指すためには,「日本というのは国際基準からは

外れた特殊な市場だ」との認識を国際的な投資家が持たないようにすることが重要であろう。

II. 本質的な問題の所在——構造的利益相反と情報の非対称性

1. MBO および上場子会社の完全子会社化の意義と課題

　誤解のないように言うと，MBO や上場子会社の完全子会社化取引そのものに問題や懸念があるというわけではない。いずれの取引も株主を経営陣や親会社に集中させることにより，経営方針やリスクテイクに関する許容度を一本化し，短期的な経営目標達成のプレッシャーから解放され，長期的視点に基づく，ビジネスモデルの大胆な再構築や機動的な事業ポートフォリオの転換等が実現しやすくなるという意義・効用が認められる。後者の取引においては，グループとしてのシナジー最大化が期待される側面もある。しかしながら，これら取引に構造的に存在する利益相反と情報の非対称性の問題により，案件のベネフィットとリスクの配分が関係者間で不均衡になる恐れが存在するため，適正な対応が必要となってくるのである。

2. 海外におけるプラクティス

　M&A 取引に関するプラクティスや法制度がより進んでいる海外での整理・運用はどうなっているか。1 つの事例として，三菱 UFJ フィナンシャル・グループ（以下，「MUFG」）が 2008 年に米国上場子会社である Union BanCal の完全子会社化を企図した案件が挙げられる。同案件において，筆者は MUFG 側の財務アドバイザーのチームの一員であったが，プロジェクトの初期段階から，親会社による上場子会社の完全子会社化は最も訴訟リスクの高い取引類型の 1 つであるとの米国法曹界における一般的な見解も踏まえ，少数株主の利益保護を強く意識した上で，社内および対象会社とのコミュニケーションを取り，実際の対象会社特別委員会との交渉においても彼らは少数株主保護を実現すべく（すなわち，価格の最大化）非常にタフであったという経験が鮮明に思い出される。また，MBO 取引において海外では，対象会社が買い手経営陣と合意した後に，しばしば（当事者間の合意を忖度することなく）対抗提案が出現する，または対抗提案を募るための措置（マーケット・チェック等）が要請されることになり，それを対象会社が妨害したり

怠ったりすると深刻な訴訟リスクを負うことになるのである。

Ⅲ. 公正性担保措置導入にあたっての基本的な考え方

　具体的な各種公正性担保措置（本指針第3章）の検討に際しては，各種措置の導入が本質的な問題の解消・有意な軽減に役立っているのかを自問自答することがポイントと考える。すなわち，「仏作って魂入らず」では意味がないということである。そのためのモノサシとして各種公正性担保措置が以下の観点から機能しているかの視座が重要となる（本指針2.4）。

▶　視点1：取引の成立過程において，独立当事者間の取引と同視し得る状況が確保されているか。

▶　視点2：一般株主が十分な情報に基づいて適切に判断できるような機会が確保されているか。

　MBO取引と上場子会社の完全子会社化取引には取引特性の違いが存在し，また個別案件における問題点やリスクの程度は様々であることから，各種公正性担保措置の適用に際しては，「全ての措置を導入すべき」，「これとこれを入れておけば間違いない」等ということは全く当てはまらない。状況に応じた最適な措置の選択的採用こそが肝要と言える。また，各措置の選択的採用や交渉を通じて勝ち取るべき条件の設定を正しく行う等の適切なプロジェクトマネジメントのために，豊富な経験を有する法務アドバイザーや財務アドバイザー等専門家の助言を案件の初期段階から積極的に活用することは一般株主の利益保護，成功裏の取引成立の両面に資するものと考えられる。

Ⅳ. 特別委員会

　対象取引への公正性担保措置を導入する場合，特別委員会（本指針3.2）の設置は第1に検討すべき汎用性のある措置であろう。

1. 特別委員会のメンバー

　特別委員会メンバー候補者の属性の望ましい順序として，本指針では優先度合いの高い順に社外取締役，社外監査役，社外有識者を挙げている。これは①対象会社の株主総会で選任され株主に対しての法律上の義務と責任を元々負っているか，②取締役会の構成員として経営判断に直接関与すること

が本来的に予定されているか，③対象会社の事業や経営戦略にも相応の知見を有しているかといった観点に基づく推奨である。一方で，日本企業における独立社外取締役の選任状況は，近時のコーポレートガバナンス・コードの改訂も踏まえ，進化・発展の途上にあり，上記「べき論」が全ての案件と状況に当てはまるものではないとの実態にも鑑み，社外有識者を活用することも否定はされないのである。

2. 特別委員会設置の時期，審議・判断の対象，交渉への関与・有する権限

特別委員会の設置の時期，位置付け，権限も重要な論点である。その設置の時期については，取引条件の交渉が事実上完了し，その内容の変更・翻意が事実上不可能な時点では遅すぎることは明らかであろう。では，どのくらい前であればよいのかを一律にルール化することは適切ではないと考えるものの，後述のとおり，交渉への実質的関与も求められることに鑑みれば潜在的買い手（MBO 取引の場合には買い手経営陣，上場子会社の完全子会社化の場合には親会社株主）から具体的買収提案を受けた時点で組成に着手することが，意味のあるプロセス設計という観点では必要になってくるものと考えられる。

特別委員会の審議・判断の対象としては，提示されたもの，決まったことのみを受動的に追認するのではなく，当該案件の意義や代替案の有無，価値評価に使用される財務予測の合理性の確認についても検討・審議の範囲を広げるべきではないかと考える。例えば，上場子会社の完全子会社化の場合において，親会社である支配株主から株式交換を通じた完全子会社化の提案を受けた場合には，株式交換を所与としてその交換比率に議論の焦点をすぐさま当てるのではなく，なぜこのタイミング，手法として株式交換なのか，現金対価の TOB とではどちらが株主にとって良い取引か等代替案の有無の検討の議論を行うことも，一般株主利益保護の観点から必要と考えられる。

買収提案受領後の検討・交渉を有効なものとするために，特別委員会は買い手側と交渉に入る前に交渉方針を取締役会とも確認し，交渉状況の報告をタイムリーに受け，局面に応じてはアドバイザーの助言も踏まえ指示や要請を行い（例：もう一段の価格引上げが必要等），取引条件が妥当でないと判断した場合には当該取引には賛同しない旨を取締役会に伝達する等（交渉に直

接参加するかどうかは状況によって変わるとしても），交渉への実質的な関与が求められるものになると考える。重要なことは，取引成立に至る交渉過程において対象会社として最善を尽くしたと言えるかということであろう（上記視点1）。

なお，特別委員会に取引拒絶権限（Right to say No）まで与えるか否かについては，対象会社の取締役構成と特別委員会の属性を慎重に照らし合わせた上での丁寧な検討が個別に必要となるのではないかと考えられる（下記**3**も参照されたい）。

3. 海外におけるプラクティスとの比較

これらの点につき，海外におけるプラクティスの検証を行う際にはまず日本と海外における取締役会メンバーの構成の差異を正しく認識することが重要であろう。すなわち，海外においては，上場企業の取締役会は社外取締役が過半を占めることが一般的である（例：CEO〔最高経営責任者〕，CFO〔最高財務責任者〕以外は全員社外取締役等）。その中で，本指針に相当するような取引において特別委員会が組成される場合，そのメンバーは社外取締役の中でもM&A取引への知見を有する数人のメンバーで構成されることが通常である。したがって，特別委員会は取締役会におけるサブコミッティ的な位置付けであることが多いため，自然な流れで特別委員会は取引拒絶権限すらも有するというのが，海外での一般的な整理であると筆者は理解している。一方で，海外のM&A実務家からは，「特別委員会のメンバーを会社の戦略や事業内容を必ずしも深くは理解せず，法的権限もない社外有識者のみ，または過半で構成した場合，一般株主利益にかなう正しい判断，意思決定を行うことは困難ではないか」とのコメントも寄せられた。前述のとおり，日本においてはコーポレートガバナンスの変革期にあり，実情としては内部昇格の取締役メンバーが過半を占めている状況であることから，海外のプラクティスをそのまま導入することは現実的とは考えられないが，海外の投資家はこのようなスタンダードで物事を考えている可能性が高いという点は日本企業も認識しておくべきであろう。

V. 株式価値算定書，フェアネス・オピニオン

1. 株式価値算定書，フェアネス・オピニオン取得の意義・効用

対象会社として株式価値算定書，フェアネス・オピニオン（本指針3.3）を取得することの意義と効用として，以下の3点が挙げられる。

（1） 自身の株式価値がどれくらいのものか，M&A取引を前提としないスタンドアロン価値（本指針における概念価値(a)に相当〔本指針2.2.1〕）に対し現在および過去一定期間の株価は適正価値を反映しているのか否かの把握が可能となる（交渉のベースづくり）。

なお，かかる価値評価は，他社の利益水準や取引倍率との比較や自身の将来キャッシュフローの現在価値等に基づく評価のみならず，必ずしも自身の株価には適正に反映されていない非事業用資産（例：保有現金，有価証券，遊休不動産等）についてその税効果や売却可能性を踏まえた換金価値も含まれるべきである。

（2） その上で，概念価値(b)部分（本指針2.2.1）にはどのような要素があり，試算額としてどれくらいの価値が見出し得るのかの把握が可能となる（より良い条件を勝ち取るための交渉スタンスの検討）。

概念価値(b)部分には買い手によるシナジーが相当するが，シナジー価値は買い手でないと正確には把握できないことに加え，そもそもかかるシナジー価値は買収資金を投じてリスクテイクする買い手が享受すべきとの考え方も存在する。ただし，かかるシナジー価値は売り手による対象会社株式の売却によって実現されるものでもあり，その機会の提供に伴う一定の価値の帰属は認められて然るべきであり，その帰属範囲は真摯な交渉によって決定されるべきものであろう。

（3） 交渉の末合意された価格条件の公正性・妥当性の客観的な確認が可能となる（合意価格についての株主説明責任）。

特に，(3)に該当する株式価値算定書，フェアネス・オピニオンを交渉が妥結した後に取得する（上記視点2）だけでなく，(1)(2)に該当する予備的な価値算定を財務アドバイザーから事前に取得した上で，交渉に臨むことは上記視点1に資する対応として評価できるものと考えられる。

2. フェアネス・オピニオンに関する日本と海外のプラクティスの相違

　海外においては，フェアネス・オピニオンの取得は株式価値算定書の取得との比較において，より説明力を高めるツールとして評価されていることが一般的と言える（例：米国デラウェア州における判例）。これはフェアネス・オピニオンというものが，M&A取引に関する豊富な経験とレピュテーションおよび一定の資格（例：米国におけるFINRA〔金融業規制機構〕の定めるルール）を有する機関が社内の厳格な手続を経て発行された取引価格に関する意見書であるとの位置付けに対する認識が，裁判所も含めて確立されているためであると考えられる。

　日本では，特に裁判所において，フェアネス・オピニオンを取得する効用というものは未だ明確には定まっていない状況であり，費用対効果の観点からも今後，構造的に利益相反のある案件全てにおいてフェアネス・オピニオン取得を義務付けることが必要であるとは思わないものの，構造的利益相反の度合いや案件規模，株主構成等の観点から効用が高いと考えられる場合に然るべき評価機関から取得することは公正性担保措置の1つとして有効に機能すると思われる。

Ⅵ. マーケット・チェック

　あらゆるM&A取引において，「なぜその相手との取引を決断したのか」という点は対象会社（売り手）側の最も重要な判断要素の1つであり，マーケット・チェック（本指針3.4）は，本指針の対象取引の検討においても他の選択肢の追求・比較の観点で意味があると言える（上記視点1）。ただ，より良い条件の追求は情報漏えいのリスクとトレードオフの関係にあることには留意が必要であり，やみくもにマーケット・チェックを行うのではなく，その効用やコンタクトする対象，タイミング，開示する情報等を吟味すべきである。

Ⅶ. マジョリティ・オブ・マイノリティ（MOM）

　MOM（本指針3.5）は，対象となる取引に構造的な利益相反を有する者を除く母集団の判断に取引の成否を委ねるものであり，上記視点2に対応したものとして理屈としては分かりやすいものと言える。実際の導入検討に際し

ては，少数の株式買い集めによる取引の妨害やパッシブ投資家等取引の成否に行動を起こさない株主の割合の多寡に起因する意図せざる不成立リスクに留意すべきであろう。

Ⅷ. 情報開示

本指針の対象取引公表時に，情報開示（本指針3.6）を充実させることにより，情報の非対称性を軽減し，一般株主による取引に対する応募・賛否に関するインフォームドジャッジメントを行うことが可能になる（上記視点2）。

1. 充実した情報開示に向けたポイント

他の項目同様，情報開示においても重要なのは開示する情報の「量」や「項目」を増やすことではなく，(1)当該取引実施に至るまでのプロセスの正当性と(2)合意された取引条件の妥当性について一般株主が判断するに資する情報が過不足なく開示されているかどうかということと考える。

(1)については，対象会社と買収者との間で行われた交渉の経緯，対象会社としての検討状況（買収者からの提案内容の吟味のみならず，M&A取引の意義，代替的な買収ストラクチャーや代替的な買収者の有無等），特別委員会を設置した場合，その委員の独立性や専門性等の要件だけでなく，特別委員会の交渉への関与度合いや協議の内容についての開示の充実が望まれる。

(2)については，株式価値算定書，フェアネス・オピニオンの検証が可能となる重要情報（対象会社の財務予測や価値評価に際しての主要パラメータ），第三者評価機関の特別な利害関係の有無についての開示の充実が望まれる。

2. 海外におけるプラクティスとの比較

情報開示の在り方についても，海外のプラクティスは一様ではなく，それぞれに特徴があるが，基本的には日本よりも詳細な開示を行う傾向にあると言える。例えば，米国では，構造的な利益相反のある取引の場合，取締役会・特別委員会の独立性，交渉の開始から合意に至るまでの経緯，取締役会・特別委員会での議論の内容（買収者からの提案内容の吟味のみならず，代替案の議論に至るまで），現金TOB・組織再編という取引形態を問わず対象会社における財務予測や財務アドバイザーが行った価値評価の内容および財

務アドバイザーが取締役会に提出した資料等の詳細な開示が求められている。日本における対応としては，それぞれの内容の開示の一層の充実に加え，例えば，上場子会社の完全子会社化取引において，現金 TOB の取引形態の場合には東証の適時開示規則に基づき対象会社の財務予測の開示が必要とされる一方，組織再編行為（株式交換等）の場合には原則として財務予測の開示が不要とされている等，同じ完全子会社化取引でも対価の種類によって開示の度合いが異なることについて違和感を持つ海外の投資家は存在しており，取引形態にかかわらず，情報開示を同程度に充実させることも検討されるべきであろう。

IX. 今後に向けた課題

　本項では公正な M&A の在り方の今後に向けた課題についても触れてみたい。

1. 対抗提案の信憑性の担保
　マーケット・チェック等を通じた対抗提案の出現は，価格の最大化の観点で上記視点 1 に資する取引プロセスであることは言うまでもない。ただ一方で，合意・発表済み案件の価格つり上げのためや，対象会社の非公開情報へのアクセス目的の，資金の裏付けや真剣味に欠けるとの疑問を呈さざるを得ない対抗提案が散見されるという状況も存在するのである。日本の現行法規制上，裏付けのない対抗提案を抑止するルールがないことは健全な M&A 市場の創出にはネガティブと言わざるを得ない。

2. 部分買付けの可否
　本指針の対象取引以外にも，大株主等に対する第三者割当増資や大株主等による部分的公開買付けによる実質的な支配権獲得が許容されるような枠組みは，一般株主と相応の利益相反が存在し得るものであるため，「公正な M&A の在り方」の観点では，更に議論を深めるべきと考えられる。

3. 日本企業のガバナンスの進化
　特別委員会の項（IV）でも述べた点であるが，特別委員会組成に際しては，

平時における対象企業の取締役会構成（特に社外取締役の員数・資質と果たす役割）との関係性が重要である。日本企業のガバナンスの在り方の進展によって，本指針にて示された特別委員会の構成や位置付け，権限にも進化があって然るべきであろう。

X. おわりに

　本指針について，M&A取引を実行する企業側においては「制約が課されて負担が増す」，投資家・株主側においては「より厳格なルールを適用しないと抜け道ができるのではないか」といったリアクションがあることも予想される。いずれも十分理解できるリアクションではあるが，物事には適切な「塩梅」というものがあるのではないか。すなわち，「より厳格なルール」が課された場合，多くの企業にとっては対象となるM&A取引に伴うベネフィットをデメリットやコストが上回ることになりかねず，かかるM&A取引推進の萎縮効果となり得，それが投資家・株主にとってもプレミアム付での売却・企業価値向上への参加機会の喪失にもなりかねない。一方で，企業側において本指針に基づく対応を形式的に行った場合，適正な少数株主保護としては機能しない可能性が高まってしまう。仮にMBOにより対象会社が非公開化されても将来的な再上場があり得，支配株主による完全子会社化により対象会社は非公開化されたとしても支配株主会社は上場企業として資本市場と向き合い続けるわけであり，中長期的には自身の資本市場におけるレピュテーションに影響があるのではないか。

　かつ，その塩梅というのは，単に対立する議論の間を取るだけの話ではなく，コーポレートガバナンスや市場参加者の厚み等日本企業が置かれた環境の進展によっても変わるべきものであり，昨今の環境変化のスピードの加速化に鑑みれば，本指針が，公正なM&Aの在り方を目指す上でのVersion 2.0であるとしたら，早晩3.0が生まれて然るべきであろう。

　M&A取引，資本市場取引に日々接している立場の筆者としては，各ステークホルダー間に健全な緊張感とともに信頼感が醸成されることにより，グローバルな資本市場における日本市場および日本企業のプレゼンスが更に高まることを願ってやまないのである。

JURIST BOOKS | PROFESSIONAL

座談会

「公正なM&Aの在り方に関する指針」の意義と影響

藤田友敬 (司会)

飯田秀総

石綿　学

加藤貴仁

神田秀樹

後藤　元

田中　亘

角田慎介

I. M&A 指針の意義

1. なぜ MBO 指針を改訂するのか？

藤田　2019 年 6 月 28 日，経済産業省によって「公正な M&A の在り方に関する指針——企業価値の向上と株主利益の確保に向けて」が公表されました（以下，原則として「本指針」という）。この指針は構造的な利益相反と情報の非対称性の問題が存在する M&A 取引に関して，ベストプラクティスとなることが期待される諸原則や具体的な実務上の対応を述べるものです。典型的なソフトローであると同時に，今，非常に注目を集めているものでもあります。

　経済産業省は 2007 年 9 月 4 日に「企業価値の向上及び公正な手続確保のための経営者による企業買収（MBO）に関する指針」（以下，「MBO 指針」）を公表しています。MBO 指針は，黎明期にあった日本の MBO 実務に多大な影響を与えたとされています。本指針は，MBO 指針策定後の実務の蓄積や環境変化等を踏まえて，MBO 指針の見直しの要否とその方向性について検討を行うために設置された「公正な M&A の在り方に関する研究会」（以下，「研究会」）の検討の成果として，公表されたものです。

　そこで，まず最初に，なぜ MBO 指針を改訂することとなったのか，今回改訂が必要となるに至った背景はどういうところにあるかという点から確認したいと思います。本指針は，改訂の理由について，「MBO 指針の策定から 10 年以上が経過した。この間，我が国は MBO を含む多くの M&A を経験し，その中で，公正な M&A についての議論と理解が深まり，これを実現する上で有効な実務上の対応についての知恵が蓄積されてきた。M&A を巡る法制度や上場ルールの改正・整備もされ，判例法理の発展も見られる。また，社外取締役の選任の増加に代表されるコーポレートガバナンス改革の進展や株式保有構造の変化をはじめとして，我が国上場会社を取り巻く社会経済情勢にも大きな変化が生じている。こうした状況を踏まえて，MBO 指針の見直しについて検討する時期に来ているとの指摘がされていた。

　また，構造的な利益相反の問題等が認められる支配株主による従属会社の買収等，MBO 以外の取引類型についても，その意義と課題に関する論点を整理すべきとの指摘もされていた」と説明しています[1]。

実務家の方にお伺いしたいのですが，そもそも既存の MBO 指針では，従来何か問題があったのでしょうか。それとも，特に問題があったというわけでもないが，やはり 10 年も経つと見直さなければいけないということなのでしょうか。この辺りの感触をお教えいただければと思うのですが。

石綿 もともとの MBO 指針に，特に問題があったというわけではないと思います。むしろ，MBO 指針が導入された 2007 年以降の裁判例や実務の積み重ね，法規制や取引所規則の整備，学説の議論の深化などを踏まえて，今後のわが国におけるベストプラクティスの形成に向けて，MBO 指針を見直すこととしたと理解しています。

藤田 裁判例の積み重ねと言われましたが，とりわけジュピターテレコム事件（最決平成 28・7・1 民集 70 巻 6 号 1445 頁）をはじめとする最高裁決定が念頭にあるのでしょうか。それとも下級審の積み重ねでしょうか。

石綿 ジュピターテレコム事件やテクモ事件（最決平成 24・2・29 民集 66 巻 3 号 1784 頁），レックス・ホールディングス事件（最決平成 21・5・29 金判 1326 号 35 頁）といった最高裁の決定が念頭にあったと理解しています。

藤田 ジュピターテレコム事件やテクモ事件を通じ，キャッシュアウトや M&A 一般の条件の公正性については考え方が大きく判例上整理されてきたことを受け，MBO 指針で書かれたことも整理し直したほうがいい時期に来ているという感触でしょうか。

石綿 はい，そのような理解です。

藤田 ほかの方も同じような感触をお持ちですか。

角田 私は MBO 指針が定着して実際に使われていく過程で，判例の整理を一歩越えたものも求められていた気がします。諸外国の制度や規制の在り方を研究して，MBO 指針には入ってはいないけれども有用な，例えばマジョリティ・オブ・マイノリティ（以下，「MOM」）のようなものが知られるようになってきました。その一方で，それを真摯に検討して採用の要否を判断する会社，アドバイザー，全く知らないままの会社やアドバイザーのように二極分化してきた中で，もう一度，再整理を図って，一段進んだガイドライン

---

1) 本指針 1 頁。

を作ることが求められていたのではないかなと個人的に感じています。

藤田 非常に興味深い指摘をありがとうございます。日本の MBO やキャッシュアウトについては，諸外国のプラクティスとの乖離があって，それを何らかの形で調整したり，考え直す必要があるという意識が，実務ではあるということでしょうか。

角田 M&A 全般が増えていく中で，M&A に関する海外ルール，アメリカでの判例の積み重ね，また最新の事例などもより深く知るようになりました。私個人は，たまたま海外に赴任して，イギリスのテイクオーバー・コードに基づいて執務したので強制的に習うことになりましたし，日本にいても，クロスボーダーの M&A を通じて，海外上場企業を買収する場合には，どのような義務や責任がある取締役会を相手に自分が交渉しているかを理解しながらやっていくことを通じて MBO，親子間取引に限らず，諸外国との乖離を知ることもあったと思います。

藤田 ありがとうございます。

神田 石綿さんがおっしゃったことは，そのとおりだと思いますが，若干付け加えさせていただきます。1つは範囲の問題で，MBO 指針は上場会社の完全子会社化ということを対象にしていなかったのです。しかし，MBO と同じ考え方でいきますということは言えると思われるので，今回の改訂では，指針の対象を広げるということがあったと思います。

　それから，2点目に，関連する話として，指針の名称という問題があって，MBO 指針という名称ですと MBO だけを対象とするように見えるので，指針策定のもととなった研究会でもその略称を公正研にしましょうということとなりまして，本指針もその略称を M&A 指針とすることになりました。

　3点目として，お二方が言ったことを敷衍することになりますが，特に海外の投資家からは，特別委員会というものに対して信頼が置けないということが言われる一方で，国内の実務としては，コーポレートガバナンス・コードなどの影響で社外役員，独立社外取締役というのが少しずつ増えてきています。そういった中で，もう一度，特別委員会というものの位置付けや役割，在り方というものを議論してみましょうということになったということがあると思います。もちろん判例なども重要なのですが，付け加えて言えばそういうこともあると思います。

藤田　どうもありがとうございました。適用範囲の拡張の話は，改訂の動機
でもあるのですが，内容としても重要ですので，後で別途検討させていただ
きたいと思います。改訂の経緯や動機などに関して，その他，何かご意見は
ありますか。ないようでしたら先に進めさせていただきたいと思います。

2. M&A 指針の実務的な影響

藤田　石綿さんは判例の進展ということに言及され，私も価格決定や株式買
取請求をめぐって重要な判例の進展があったと思うのですが，本指針は，非
常に慎重に会社法の公正な価格や裁判所の審査の在り方との関係を直接意図
したものではない，つまり裁判規範となることを目的としているわけではな
いと断っています[2]。それにもかかわらず本指針は，実務的には裁判規範に
対しても影響があると受け取ってよいでしょうか。そして今後の判例の考え
方にも影響していくようなものなのでしょうか。

石綿　少なからず影響すると思います。たまたま私が関与している裁判にお
いても，今回の指針が出たことを受けて，この指針を踏まえた主張立証の機
会を設けるといった訴訟指揮が既に行われています。そういう意味では既に
影響が出ていると思います。

藤田　作成する側としては，裁判所に対してこれが裁判規範だ，これに従っ
て決定を出せというようなことを宣言して指針を書くわけにはいかないので，
あのようにモデストな書き方をしていますが，裁判所が尊重してくれると言
うのなら，それはもちろん大歓迎で，裁判規範として作ったわけではないか
ら裁判所に参照されてはおかしいとは全く思わないでしょうね。そして実際，
そうなってきているというのが，今の石綿さんの感触なのでしょう。

　さて既に，本指針が早速裁判実務上重視され，現に裁判における主張立証
に影響が出始めているとのお話がありましたが，裁判以外の場面，例えば
M&A を行う際の当事者の行う手続にも影響を与え始めているのでしょうか。

角田　お配りした 5 案件[3]が本指針の公表以後この座談会までに公表された
案件で，MBO または親子間のスクイーズ・アウト，非上場化案件を検索し

2）本指針注 1 参照。

てみたものです。M&A 指針そのものをプレスリリース等の開示資料で明確に書いてあるものは見つからなかったのですが，記載の端々や，実際に取られている手段は，既にかなり指針を意識したものになっていると思われます。

　興味深いものの 1 つは高松コントラクショングループによる青木あすなろ建設の完全子会社化です。M&A 指針と同時並行で策定された，「グループ・ガバナンス・システムに関する実務指針」(経済産業省，2019 年 6 月 28 日) に言及していて，社外取締役の確保等の負担が極めて大きくなるので，非上場化することで負担から解放されることを理由の 1 つとしています。実際に我々が実務を通じてお客様と話していても，来年度には必ず上場子会社を持っている理由，過渡的なものだという位置付けの下で，売却の方向に進むのか，完全子会社化のほうに進むのか，そのタイムフレームのようなことを回答せねばならないという点を，上場親会社の皆様が意識されていると思います。また，コーポレートガバナンス・コードの改訂や会社法の改正に関わるのかもしれませんが，私も驚いたのですが，本指針についてお客様に呼ばれて説明をしているときに，社外取締役はいらっしゃるのですが，本指針における独立取締役がいらっしゃらない上場子会社がかなり多くありまして，お客様，上場親会社，上場子会社両方ですが，真摯にどうすべきかということを検討されていると思います。

　ほかに気が付いた点では，シャクリー・グローバル・グループの非上場完全子会社化というのは面白くて，自己株 TOB を 10 数％ぐらいのプレミアムで，ある特定の大株主から応募を受ける。それで既に親会社等の方が 7 割超を持っていらっしゃるみたいですので，株主総会の特別決議で株式併合をして，端株買取代金は 1 段目の自己株 TOB よりも高い価格で，2 割強ぐらいのプレミアムのようですが，スクイーズ・アウトし上場廃止をするという案件です。少数株主の皆様からすると，何もしないでもスクイーズ・アウトされ 20％プレミアムを得られて算数的には望ましいのですが，事実上，特別決議を可決できる票数が集まった状況で開催される株主総会に少数株主と

---

3) リーバイ・ストラウスジャパンの買収 (2019 年 10 月 11 日公表)，シャクリー・グローバル・グループの買収 (2019 年 10 月 7 日公表)，ポラテクノの買収 (2019 年 8 月 27 日公表)，マジェスティゴルフの買収 (2019 年 8 月 9 日公表)，青木あすなろ建設の買収 (2019 年 8 月 6 日公表)。

して参加する意味はないように思えます。通常のスクイーズ・アウトだと TOB に応募する，しないという意思表示の場もあるのと比べても，MOM の議論がある中，非常に興味深い事案だと思います。

　この開示を見ていますと，銀行グループで，子会社証券を会社側のアドバイザーに起用していると同時に，子会社銀行も会社と銀行融資取引をしているということを，きちんと書いた上で，情報隔離措置があるから大丈夫なのだとしています。コンフリクトは情報を隔離すれば問題がなくなるというものではないですけれども，意識した形でそういう記載がなされたと感じます。またそれ以外にも独立のアドバイザー，特別独立委員会も自ら独立系なのでしょうか，アドバイザーを雇って，銀行系証券以外に株式価値算定をさらに追加して依頼している。割引率は 15 ～ 21％，なかなかすごい数値を用いられているようですけれども，意識はされているのかなと思いました。

藤田　これらの案件は，仮に本指針が出ていなかったなら当事者の行動は相当変わっていたであろうと理解してよろしいですか。

角田　少なくとも開示のところは，相当意識されたのではないかなと。弊社がお手伝いしたのは，一番上にあるジーンズのリーバイス，アメリカの上場会社が日本に持っている上場子会社を完全子会社化する案件で，非常に自然な流れ，この種の取引に理解度が高い当事者の取引でしたので，本指針が出る前にやったとしても同じようにやったとは思いますが，より一層注意深くやって，開示も指針に則してやっていることがなるべく分かるように意識して記載するようにしていると思います。

藤田　M&A 実務に対する影響も，本指針に合うような形で説明したり開示したりするようになるという形式面と，M&A 取引の成否や条件が変わるという実質面の両方がありうると思います。なかなか判断は難しいと思いますが，実質についても影響は出てきつつあると考えてもいいですか。つまり従来とは違った条件で取引がなされたり，従来ならできたはずの取引ができなくなったりするという意味での影響ですが。

石綿　今回，ご提示いただいたものは，おそらく過渡的なものが少なからず含まれているのではないかと思います。つまり，この指針が出る前にプロセスがスタートしていたものも含まれているように思います。指針が出た後にプロセスがスタートしている現在進行中の案件については，さらに影響が出

ているという印象です。

　何が変わったかと一言では難しいのですが，まず先ほど神田さんがおっしゃられましたが，M&A 指針の策定前は MBO 指針が支配・従属会社の取引にも参照されるという取扱いだったわけですが，M&A 指針により，MBO 指針という名称が変更され，支配・従属会社の取引が明示的に対象になったことによって，支配・従属会社の取引をする際に，当事者の方々が本指針を丁寧に読んで，忠実に守ろうという動きが増えてきているということが挙げられます。

　次に，特別委員会の運用も変わってきています。まず，設置時期が早まっています。特別委員会に独自のアドバイザーを付けることも，増えてきていると思います。当然のことながら，1 つの案件に従事するアドバイザーの数が増えてきて，交渉などについても，以前にも増して真剣に取り組んだり，事業計画などのレビューも慎重にやるようになってきていると思います。したがって，実務の実質は変わってきているという印象があります。

　一方で，実際に運用しようとしてみると，なかなかうまくいかないところも出てきています。例えば，プロセスの最初に，買収者との関係で独立性をチェックしようとしても，情報が足りず，分からないなど，いろいろ運営していく上で悩ましいこともあります。今後，実務が成熟していく過程で，関係当事者の理解が進むことである程度解消されていくことを期待したいと思っています。

藤田　どうもありがとうございました。そのほか，どの点でも，ご意見ありますでしょうか。

神田　すみません，角田さんが最初におっしゃったことを少しだけ補足させていただきます。独立取締役という話は，現在は証券取引所のルールもその独立性というものは，原則としては，経営者というか業務執行者からの独立性を求めているのです。ですから，今後，支配株主ないし親会社からの独立性を求めるように，ルールの変更をしましょうということになっています。近々，ルールの変更がされることになると思います。

藤田　「グループ・ガバナンス・システムに関する実務指針」でも，その辺りが非常に強く出ていて，支配株主からの独立性が必須であることを提言しています[4]。それを取り入れて規則まで直すと大きく変わりますね。

角田 そうですね，内閣の成長戦略実行計画（2019年6月21日）でも，東証の独立性基準の見直しを講ずるという明確な文章が入っていました（25頁以下）。

藤田 どうもありがとうございました。長期的にどうインパクトが出てくるかというのは，まだ時間をかけて見なければいけないところもあり，定着には，まだ時間がかかるかもしれませんが，本指針が既に大きく影響を与え始めていることはよく分かりました。

　本指針の影響との関係では，これを引き合いに出すことで，買収に関してとられた行動を正当化するという形で使われる例も出てきているようです。最近，有名なユニゾホールディングスの買収——日本では珍しく幾つものオファーが競合するというケースです——において，ユニゾホールディングス側がプレスリリースで本指針に明示的に言及して，自分たちの方針を正当化しようとしました。この事案は，実質に則するともう少し後で議論したほうがいいかもしれませんが，フィナンシャル・タイムズでも取り上げられていまして[5]，海外でも本指針が注目を浴びる契機にもなっていると思います。本指針は，早くも，いろいろな形で実務上引用されるようになってきているとは言えそうです。

II. M&A 指針の適用範囲

1. 適用範囲の拡張

藤田 最初に神田さんから指摘のあった適用範囲の拡張について少し見たいと思います。拡張されたのは，MBOに加えて，支配株主による従属会社の買収を明示的に射程に取り込んだルールになったということです。これらは構造的な利益相反と，情報の非対称性の問題から取引条件がゆがめられる危険を有するという意味で，同じような問題を抱えているから包括的に規制の対象とするということです。その結果，もともとカバーされているMBOに加えて，2つの取引がカバーされることになりました。第1は支配株主によ

4）「グループ・ガバナンス・システムに関する実務指針」6.3.3 参照。
5) Leo Lewis and Kana Inagaki, Japan property group Unizo faces shareholder revolt in deal battle, *Financial Times*, September 29, 2019.

るキャッシュアウト，例えばジュピターテレコム事件のような類型です。第2は，親子会社間の組織再編，例えば少数株主のいる子会社の完全子会社化です。ただ経済界からは，後者の親子会社間の組織再編をMBOと同じように規律することについては相当強い抵抗もありました。研究会では，これらを範囲に一切含めるなとまで言われなかったと思うのですが，規律の内容については特別な配慮が必要であるということが，一部の委員から強調されました。この辺りは，どう受け止めていいか，私は今なおよく分からないところがあるので，皆さんの感触を伺いたいと思います。

　支配株主・少数株主間の対立は経営者・株主間の対立とは性格が違うという切り方をするなら，支配株主によるキャッシュアウト，つまりジュピターテレコム事件類型も同じように抵抗があるはずなのですが，こちらについては経済界からもあまり抵抗が示されなかったように感じています。もしそうだとすると，親子会社間の組織再編，例えば完全子会社化だけが問題だと言っている，すなわちキャッシュアウトか否か，つまり対価が現金か否かで違いがあるとして反対していることになります。実際，開示の在り方に関して論じる本指針注81に関して，一部の委員から現金対価の場合と開示事項が同じではおかしいという強い意見が，とりまとめの最終段階で出されました[6]。やはり対価が現金か否かが日本では非常に重視される要素になっているのか。もしそうだとするとやはり，それにはそれなりの根拠があるのか，それとも単に従来あまり規制されていなかったので，抵抗を覚えているだけなのかといった点について，自由にご感触をいただければと思います。

田中　実務上のことは，後で是非ご解説いただきたいのですが，日本の会社法学においては，株式を対価とする組織再編の場合は，組織再編前の両当事会社の市場株価の比率に応じて組織再編比率を決めれば公正であるという考え方があったように思います。今の東証の上場規則で，株式対価の場合には開示事項が限定されているのも，多分その考え方に基づいているのではないかと思います。しかし，M&Aにおいて市場株価だけで対価の公正さを決めてしまいますと，当事会社の市場株価が非常に割安になっているようなケー

6）第6回研究会（2019年4月5日）議事要旨30頁〜31頁［武井一浩委員発言］，第7回研究会（2019年4月19日）議事要旨16頁〜17頁［武井委員発言］参照。

スでは問題が生じえます。特に利益相反のある M&A では，割安のときを狙って買収するおそれが強い。これはアメリカの学説が論じていることで，買収におけるレモン市場といった呼び方をされていますが，支配株主のいる会社では，安い値段でキャッシュアウトされてしまうおそれがあるということから，普段から株価が割安になっている。そこで，市場株価に基づいて対価を決められれば公正だということになると，本当に安い値段でキャッシュアウトされてしまうことになる[7]。そういう問題があるので，やはり市場株価だけに基づいて対価の公正さを判断するのはよくないのではないかということがあります。それで，第三者評価機関に株価算定をさせたり，特別委員会を設置して交渉させたりするということですから，基本的には株式対価の場合でも現金対価のときと同様に，開示その他取引の公正性を担保する措置が必要になってくると思います。確かに，本指針の中で，例えば注81は，従来の考え方に慣れている方が強い規制を課すことに反対されたということから，このような記述が入れられたように思いますが，本文のほうでは，株式対価の場合にも，比較的開示に積極的な立場が記述に入れられました。私はそういう方向になったことはよかったと思います。

藤田　どうもありがとうございました。ほかにどなたかご意見はありますか。

神田　一言だけ，よろしいですか。今回の指針を議論した研究会では，ここにいらっしゃる方々もメンバーでいらっしゃったのですが，そこでの私の印象は，やはり対価が株か現金かというのが非常に違いとしてあったように思います。私はこの点で，田中さんと同じ意見なのですが，それはともかくとして，実務からは株が対価のものは場合が違うと，現金とは違うルールでという指摘があったし，実務もそうであったのではないかというような指摘もあったと思います。

　話が長くなるかもしれませんが，日本のやや特別な歴史が2つあって，1つは株対価の組織再編は通常1ステップです。2段階をやらない。それと企業価値の評価は，今，田中さんがおっしゃったとおりです。そして，通常は

---

7) Marcel Kahan and Lucian Bebchuk, Adverse Selection and Gains to Controllers in Corporate Freezeouts, in R.K.Morck (ed.), *Concentrated Corporate Ownership*, University of Chicago Press, 2000, pp. 247-259.

非課税，すなわち課税繰り延べがあるので，1999年の改正で株式交換と株式移転という制度が商法に新設されて，その課税繰り延べに乗って行われてきています。もう1つは，それがキャッシュアウトの取引にも，最初は税制優遇が適用されていて，つまり租税特別措置法があって，2段階キャッシュアウト取引も1999年の改正後，株式交換とかを使って第2段をやっていたのが，税制が本則に戻ったので，全部取得条項付種類株式を使うという方法に移行していったという歴史があります。いずれにせよ，2ステップか1ステップかということで言うと，株対価の場合は，通常1ステップであり，課税繰り延べであり，かつ企業価値の評価は，今，田中さんがおっしゃったとおりということで，それは実務的な感覚だと類型が違うので，キャッシュアウトと同じではありませんという感じの指摘があったという印象を研究会に出ていた者としては受けました。

石綿 確かに，株式を対価として完全子会社化をする取引については，子会社の株主が親会社の株主となって，間接的に子会社に対する投資を継続するため，そこまで公正な手続を厳格に積み重ねなくてもよいのではないかという考え方が実務の一部に存在していたことは事実だと思います。一方で，その考え方を否定し，当時のMBO指針を参照しつつ公正な手続を丁寧に履践するという実務も存在しておりました。つまり，株式対価の支配株主による従属会社の完全子会社化については，実務が分かれていたのですが，本指針が，MBOや現金対価による支配株主による従属会社の完全子会社化とともにこれを対象にすることを明確に定めたことにより，今後は，2つに分かれていた実務が1つに収斂していくのではないかと考えております。

藤田 買収実務のサイドからはどう捉えたらよいのでしょうか。現金が対価だと別というのは，何か経済実質の違いから来るものなのでしょうか。それとも一種の慣性のようなことから来る抵抗なのでしょうか。つまりキャッシュアウト取引はそもそも会社法改正まではできなかった，MBO指針の頃にはじめてプラクティスが確立していったものだから，割と抵抗なく新しいルールに入っていけたのだけれども，親子会社間の組織再編は，昔からある取引類型なので，昔ながらの慣行が存在していた。その結果，石綿さんが言われた2トラックになってしまっていたのを，今回，理屈のほうを優先させて統合しようとしていたところに，非常に強い抵抗が生じたというような理

解が正しいのでしょうか。もしそうだとすると，理論的と言うよりは，一種の既得権維持のための反発に過ぎないということになりますが。

角田　現実問題としては，いわゆる株式対価のプレミアムのほうが現金対価よりは小さいという事実はあると思うのですが，実務上，株式対価だからと言って現金を含む同様の買収案件を全く意識しないで対象会社側の財務アドバイザーをやるかと言うと，多分それはありません。対価をどちらにするかは重要な選択ですし，株対価ではその後も親会社株の株価の上昇を通じて，シナジーを享受できるのかもしれませんが，逆に親会社という違う事業の事業リスクも持つことになるなど，いろいろ考えることが逆に多かったりもしますので。やはり皆さんがおっしゃるように実務は収斂していくような形になって，手続とかやり方ではむしろ同じぐらい注意を払って行うというのが多数になっているのではないかと。

藤田　先ほど田中さんの言われた市場株価を当然にベースにしていいかどうかということへの理論的な疑問，つまり情報の偏在があるときには，市場価格には反映していない情報があるため，情報を持っている側がイニシアチブを取る取引の場合には，そこを考えないといけないということが強調されるようになったのは，学界でも比較的最近です。昔から裁判所は市場株価というのは，「公正」だから，それに従っておけば問題がないというような，悪く言えば安易な依存を示すことがあったと思いますし，今でもそれはあると思います。

角田　例えば，上場子会社でよく議論になるのは，抱えている現金が株価に反映されているかどうかです。この現金は所有はしていますが，ほぼ株主に分配されることはなく，場合によってはキャッシュマネジメントプランを通じて親会社に入っていることもある。少数株主として投資されている方からすると，この価値を見てもらえるのはスクイーズ・アウトされるタイミングだけなのではないかということで，逆に非常に意識が高くなる。普段トレードされている平常時の上場子会社のときは，持っているけれども自分はもらえないものとして，市場株価に反映されてないように見えるのですが，完全子会社化取引が起こった瞬間から，現金の価値をちゃんと見ろと，ネコババするんじゃないぞというような議論がすごく出てきて，それまでの市場株価に反映されていなかった面を意識するようになります。

藤田 支配株主による買収への拡張の点について，ほかにどなたかご意見はありますでしょうか。

加藤 先ほど田中さんが批判的にご紹介された，株式対価の組織再編の場合には市場株価を基準にして条件を算定すれば問題はないという考え方について，別の研究会でそのような考え方は問題ではないかということを東証の方に質問したことがあります。回答は，我々の伝統的な立場は市場価格が公正価値そのものである，それに従っていれば問題ないというものでした。

藤田 M&A取引をする上でですか。

加藤 はい。あと1点，私は本指針を議論した研究会に参加させていただいて，親子会社間の組織再編の取扱いは企業の方にとって非常にセンシティブな問題であることを実感しました。特に上場子会社という形態を修正する方向の政策が存在する一方で，株式を対価とした上場子会社の完全子会社化に関する規律を強化することは矛盾しているのではないかといった指摘が強かったことを記憶しています。

藤田 なるほど。そうすると，先ほどの質問で言えば，利益相反の観点から異なった扱いがされるべき違いがあるというのではなくて，完全子会社関係を作ることの望ましさという政策から異なった扱いを正当化しようとしているということですか。

後藤 ちゃんと完全子会社化をするべきであるということですね。

加藤 そのとおりですね。

飯田 純粋に論理的な可能性として，対価が株式か現金かで違うかということを考えたときに，2つあり得て，1つはMBO指針で意識されていた訴訟類型が株式買取請求であり，外国のことを意識していたとすると，アメリカだと上場会社の株対価ならば買取請求の話は出てこないので，株対価の場合にうるさいことは言わないでいいのではないかという考え方です。アメリカでも支配・従属会社間のM&Aについては entire fairness の基準になるので，この考え方は間違っていますが，日本ではその話はあまり出てこないとすると，買取請求のことだけを考えて対価の種類による区別という議論がされたかもしれないということが，1つの論理的な可能性だと思います。

　もう1つは，日本の伝統的な一部の学説で，キャッシュアウトは，それ自体として好ましくないといった意見がそれなりに根強くあったと思うのです。

平成17年の会社法制定で私はそのような意見はもはや成り立たなくなったと思いますが，しかし今でも学説では主張されています。そういう立場から見ると，やはり現金対価のときは厳しい手続が必要であって，株対価のときはそうではないのではないかということになります。私はその立場には反対ですが，そういう学説を参照すれば，そういう主張も一応，学術的な裏付けはある形で議論する要素があったように思います。

後藤 大分，無理な主張である気がしますけれども，どっちだとしても。

石綿 前者について，一般にどこまで認識されているかは分かりませんが，後者の点については，ご指摘のとおりだと思います。実務は，株式交換が導入されたときに，なしくずし的にキャッシュアウトを開始したわけですが，その際にいろいろな法的リスクがあるのではないかと考えて，相当，慎重な手続を経るようにしたわけです。実務の一部には，その頃の議論の影響がいまだに残っているように思われます。

藤田 キャッシュアウトがそれ自体として好ましくないという話は，そもそも対価が公正か否かにかかわらず，キャッシュアウトしてはいけないという結論につながるのに対して，今問題にしているのは，対価の公正さを確保するために一定の手続でやりなさいという議論をする際に，対価の種類によって差をつける必要があるかという話です。そうなると，キャッシュアウトそれ自体についての消極的な評価は，論理的にはつながらない気もするのですけれどもね。ただ，キャッシュアウトについては，やたら厳しく考え，従来型の組織再編には甘い立場の学説があるかもしれず，そういう立場からは，その結果手続も違うべきだという主張もあるのかもしれません。実際，会社法の制定の前後でも，キャッシュアウトの導入と買取請求権の内容の変更を結びつけたような議論があったのですが，その辺の残滓が今なお感覚としては残っているのかもしれません。

　もしそうだとすると，本指針がそういう発想を拒絶したとすると，考え方の整理としては影響は大きいかもしれません。今の拡張について，どの点でも感触があれば伺いたいのですが，もしないようでしたら次に移りたいと思います。

2. 非公開会社への適用

藤田 今の話に比べたらかなり細かな問題なのですが，適用範囲に関して，若干検討を続けたいと思います。1つは，非上場会社が適用範囲から外されている点です。本指針では，株式が不特定多数の投資家によって分散保有されており，株主利益の確保がより問題となりやすいという理由から，適用範囲を上場会社に限定すると言っているのですが[8]，逆に，非上場会社なら，この指針で言われているようなことは意識しなくていいとか，守らなくていいというように受け取られると，これはまたそれでいいのかなという気もしないではありません。実務的には，非上場会社でも本指針の考え方を及ぼしていくことになるのでしょうか。

石綿 非上場会社においても，通常は，M&A指針が参照されていくことになると思います。ただし，非上場会社の場合には様々なケースがあり得ます。例えば，全株主の同意の下に取引が行われることも少なくないわけでして，その場合に，本指針を参照する必要があるのか否かは，当然議論の余地があるわけです。そういう意味では，非上場会社の場合にも，M&A指針の参照の要否を検討することを前提として，本指針の参照を不要とするような具体的な事情がどの程度あるのかということを考えていくことになるだろうと考えています。

藤田 受け止め方としては，非上場会社にはいろいろなバラエティがあるから一律に適用するということはしないけれども，本指針の考え方を適用してもおかしくないようなケースというのは幾らでもあるということでしょうか。

石綿 そうですね。

角田 本指針の前の時代から，有価証券報告書を提出している非上場会社はTOB規制がありましたので，非上場会社の非公開株のTOBを受け付けるという仕事が証券会社でありました。上場会社用の公開買付届出書様式に合わせて準備するので，結果としてプロセスも一部援用しているみたいな形も昔からありましたし，今後もあるのではないかなと。

後藤 逆とまでは言わないのですが，非公開会社であると少数株主が搾取さ

---

8) 本指針1.5 a)および b)参照。

れやすいという状況はむしろ強いはずですので，ガイドラインの適用といったときに，後のほうで出てくる公正性担保措置を全部適用するかというと，それは確かにバリエーションもあるでしょうし，ちょっと違うかなという気もするのですが，利害対立がある状況で何を考える必要があるかという指針の前半で書かれているような考え方は当然当てはまるべきであるように思います。非公開会社についてマーケット・チェックというと，何をするのかなという気もするのですが，そうであるとするとMOMが必要になるというような形でのこの指針の意義は，否定できないのではないかという気がしているのですが。

藤田　非上場会社は本指針の適用外だから，指針に書かれていることは一切やらなくてもいいという形で理解されるべきではなく，どう適用するかは是々非々で個別に考えていくことになるというわけですね。非上場会社については，そもそも情報の偏在がない株主である可能性もあるし，そういう場合だとあまり厳しいことは言わなくてよい等，状況が多様なので個別に考える必要がある。

加藤　最近の『商事法務』に掲載されていた東京地裁と大阪地裁の商事事件等の概況（2209号28頁，2210号13頁〔いずれも2019年〕）によれば，非上場会社では買取請求権等が行使された場合の買取価格の算定のルール自体が異なっているように思います。テクモ事件最高裁決定やジュピターテレコム事件最高裁決定と異なり，裁判所は手続の公正さに着目することなく，いきなり価格を算定するという実務が紹介されていました。裁判所の意識が変わっていかないと，部分的にであれ，この指針が非公開会社の取引を行う際に参照されることはないと思います。

藤田　セイコーフレッシュフーズ事件最高裁決定（最決平成27・3・26民集69巻2号365頁）でも，裁判所はナカリセバ価格ともシナジー分配価格ともはっきりさせないまま，いきなりDCF法による株価算定の是非の議論を始めていたりします。非上場株式の価格算定になった途端，従来型の株式評価論の世界にいってしまう傾向が裁判所にはあるかもしれません。そうすると，そういう裁判所に対して，公開会社と同様の発想を持ち込めというには相当努力が必要かもしれません。

田中　ジュピターテレコム事件の最高裁決定は，非上場会社とか，さらには

非公開会社にも射程が及ぶかというのは，1つの論点としてあると思うのです。同決定自体は，何も上場会社に限定していないので，自然に考えれば射程が及ぶということになるのですが，ただ，非上場で，しかも実態的にもあまり株式が流通していないような会社ですと，支配株主がレピュテーションリスクとか，そういったものを気にする動機があまりないし，メディアカバレッジも小さいために，実務を通じて支配株主と従属会社ないし少数株主との間の取引の公正さを図るには，支配株主側のインセンティブが小さい可能性があると思います。その辺りのところに配慮しないで，上場会社で一般的に行われているプラクティスを形式だけ行って，それで買収価格は公正である，だから価格決定手続においても実際の買収価格をもって買取価格としてよい，というような形で同決定が使われると，かなり危険なのではないかと思っています。決定文を自然に読めば，確かにジュピターテレコム事件最高裁決定は非上場会社にも適用されるのですが，その場合の公正な手続というのはかなり厳しく見ていかないと，やりたい放題というか，それに近いものになりかねないと思うのです。そういう意味でも，公正な手続というのはこの指針に書いてあるようなものであって，それが実質的に履践される必要があるのだということを学説も主張していくべきですし，裁判所もそういうことに気を付けていただくというのは大事だと思います。

藤田 非上場会社にも，いわばプリンシプルベースでこの指針の適用をしろということでしょうかね。それについては，一般論としては，多分多くの方が賛同するのではないかと思います。具体的にどういう適用の仕方かということになってくると，いろいろ個別事案での判断によるということになるのでしょうけれども。

3. M&A 取引ではない事例への適用

藤田 本指針が直接はカバーしていないものとの関係で，非常に重要な注が置かれています。本指針の注2を見ると，利益相反構造と情報の偏在が問題となるような他の取引類型あるいは会社法上の行為についても利益相反関係が存在するため，「このようなM&Aの公正な在り方についてもさらに議論が深まることが期待される」と書かれていまして，具体的には，買収防衛の決定，もう1つは大株主等に対する第三者割当増資について明示的に言及さ

れています。さらに議論が深まるというのは，おそらく本指針で書かれているような何らかの措置をとることで条件の公正さを担保しようという方向での議論を意味しているのではないかと想像されます。

　このうち，買収防衛のほうは，今までも利益相反的なことを意識して，実務的にも買収防衛策の発動についてはそれなりの手続を踏むように配慮してきたような印象はあるのですけれども，支配株主を相手にする第三者割当増資について，この指針で示されるような考え方が応用される，書かれている公正性担保措置がそのまま全部適用されるのではないにせよ，同じような発想が要求される，例えば特別委員会を置いてやらなくてはならないといった意識は，私が知っている限りはあまりないような気もするのですが，実務的には，抵抗なく受け入れられていくものなのでしょうか。

角田　うろ覚えなのですが，買収防衛策の発動に社外の方が関与するというのは，買収防衛策を認める株主総会での賛否をアドバイスする議決権行使助言会社のルールに入っていたように思いますので，もともとそれはかなり意識した形でできていたので，これによってもあまり変わらない。

藤田　買収防衛はそうでしょうね。

角田　大株主等に対する第三者割増当増資についてあまり記憶がなくて，アスクルから Yahoo! JAPAN を運営するヤフー株式会社に第三者割当増資したケースは，親会社ではない会社を割当先としていましたし。

藤田　親会社に限らず，ある程度以上の大きな持分を有する主要株主への第三者割当についてはどうでしょうか。

石綿　まず，大株主に対する第三者割当増資においても，本指針が参照されることはあるとは思います。ご承知のとおり，第三者割当増資の発行価格によっては，既存株主と引受株主との間の価値移転の問題がありますので，構造的な利益相反が存在し得ますし，情報の非対称性の問題もあるため，本指針が参照されるケースは出てくると思います。一方で，本指針に記載されている公正性担保措置を上場子会社の完全子会社化の場合と同様のレベルでやらなければならないとすると，今までの実務からすると，大変な問題になる可能性も否定できないとは思います。

　また，第三者割当増資が行われる場合には，日本証券業協会の自主規制で，原則として決議直前日の株価に10%の範囲内でディスカウントしてよいと

いうルールの範囲内で実務が運用されてきたわけですが，本指針がそのような実務運用にどのような影響を与えるのかはよく分からないように思います。もしかしたら，これからはプレミアム増資のような話も出てくる可能性も否定できないと思います。

　一方で，実際の世界において考えますと，支配株主に第三者割当増資をする場面としては，支配株主が何か持分を増やしたい積極的な理由があると言うよりは，子会社のほうが資金繰りに窮していて，救済してもらうべく増資を行うことが多い印象があります。

　また，増資は，キャッシュアウトにより少数株主が排除される場合と異なり，増資後も少数株主が直接の株主として残ることになりますので，増資後，企業価値が増加していけば，その企業価値の増加分を少数株主も持株割合に応じて享受することができますし，増資による株式の取得割合も，比較的限定的であることも多い印象もあります。これら増資の特殊性を総合的に勘案していくと，本指針を参照するに際しても，比較的柔軟な形で参照されることが多いのではないかと推測しております。ただ，先生方がどう考えられるかは，是非ご教示いただければと思います。

藤田　ほかの先生方どうぞ。

飯田　実務について伺いたいのですが，第三者割当増資や会社との取引などのときに，東証の企業行動規範で，例えば社外取締役等の意見を取る，もしくは株主総会決議というステップが既にあります。その延長線上として，例えば社外取締役の意見を取るというのであれば，それは事実上特別委員会を設置しているのと同じだと言えば，スムーズに本指針の考え方は取り込めそうに思うのですが，東証の企業行動規範というのは，必ずしもそういうものとしては受け止められていないのでしょうか。

石綿　延長線上にあるというのはおっしゃるとおりだと思いますが，東証の企業行動規範は，独立社外者からの意見取得を求めているだけですので，わざわざ特別委員会を設置せずに，独立社外取締役個人の意見や，独立した第三者算定機関のフェアネス・オピニオンによって対応することが多かったように思います。今後は，特別委員会を作って，そこで承認を得るということが行われるケースが出てくる可能性があるとは思います。

飯田　逆に言うと，利益相反問題があるから，そこに対応する必要性がある

というような意識でやっていると言うよりは，東証から要求されているから満たしているのですという感覚なのでしょうか。

角田 利益相反に限らないのではないでしょうか。例えばさっきのアスクルとヤフーの事案は，親会社を作り出すような第三者割当増資でした。古くは王子製紙による買収提案のときに北越製紙が第三者割当増資を三菱商事にしたというのも，買収から逃れるためもあるのでしょう。株主総会を求めるまではいかなくても，経営陣だけで決めるのはよくないという点が先に東証の念頭にはあって，親会社との利益相反ということではなかったような記憶があるのです。

後藤 特別委員会は第三者割当には重すぎるかもしれないのですが，MBOとか親会社との組織再編以外の普通の友好的な組織再編一般においても，経営陣が保身を考えている可能性はないわけではないと思います。本指針の射程外だとは思うのですが，この場合には一般的に特別委員会は必要ないとしても，株主にとって最も有利な条件が得られるように交渉すべきであるという，この指針の背後にあるプリンシプルは友好的買収一般の場合にも当てはまるように思います。この場合に取締役会が具体的に何をすべきかと言うと，今のお話で言えばマーケット・チェックをやるというのに非常に近いことだと思うのです。

　そうしますと，第三者割当についても，本指針のプリンシプルが及ぶべきであるというか，及んでいったほうがいいなという気がしているのです。ただ，本指針の射程かと言うと，ちょっと違うと言われてしまうかもしれませんが。

角田 イギリス，アメリカでは第三者割当に関するもっと厳格なルールがあったように思います。特定第三者への増資という株主の力関係が大きく変わる際には，経営者が新しい与党株主を作りたい場合や，親会社や取引先と利害関係を有しているケースがあり得て，株主に代わって，それを判断するという制度として導入されたのかもしれません。

後藤 最初にありましたけれども，これが第三者割当だと結局取締役会の判断で基本はできるということを前提にした場合，差止めがどの範囲で及ぶかと言うと，少し組織再編とは違った世界になるとは思いますが，しかしベストプラクティスは何ですかと言われたら，この指針の考えは及ぶのではない

かという気がするのです。本指針を「応用する」ということの意味次第だとは思うのですが。

田中　本指針を作った研究会の発足時には，MBO や支配株主の買収だけでなくその周辺の部分も，メンバーの意識には上がっていたと思います。具体的に言うと，アメリカであれば，レブロン義務の射程に入るような買収取引です。もともと，デラウェア州法では，MBO という独自の行為類型があるわけではなく，MBO のうち，取引時点でまだ支配権を取得していない経営者が買収をするケースだとレブロン義務の基準で司法審査され，既に支配権を有する経営者が買収者になるケースだと entire fairness の基準で審査されるという形になります。

　でも，日本は出発点として MBO がまず具体的な事件で問題になったということもあって，利益相反のある買収類型に着目してその規律を図るという形になった。今回，利益相反のある買収であれば，支配株主と少数株主間の取引でも当然利益相反があるのだから，そこまで拡大しましょうという話になったのですけれども，アメリカで言うレブロン義務の射程に入る取引，つまり，新たに支配権が取得されるという行為類型については，とりあえず今回は主たる対象から外したと言うか，支配株主と従属会社との間の取引でさえ，抵抗があったので，そこまで拡張するので精一杯と言うか，それ以上は残された論点という感じだと思うのです。

石綿　実務の立場から申し上げておくと，支配株主，もう既に支配を有している会社が，増資を引き受ける積極的なニーズというのはあまりないことが多く，子会社が資金繰りに窮して親会社に泣きつき，親会社がやむなく救済的に引き受けるといったことが少なくないと思うのです。

　そのような場合に，救済してもらう子会社において，特別委員会を設置して，親会社とガンガン交渉し始めたら，親会社としては驚いてしまうわけです。つまり，増資の場合は，従属会社にとっての取引の必要性が高いケースが多いので，その点を勘案しながら公正性担保措置の必要性を柔軟に考えていかなければいけないという気がします。

藤田　主要株主への増資にもいろいろな類型があって，救済的な増資の場合と，そうではないものがあり，両者であるべき規律は異なるということは確かでしょうね。

後藤 それは，そのとおりかと思いますが，そういう状況にある会社に手を差し伸べてくれる人は，そもそも特殊な関係がある場合に限定されるので，マーケット・チェックをやると言っても，強気に出られるわけではない以上，それでもしようがないという形で整理するのであれば，このフレームワークで理解できると思うのです。

　このマーケット・チェックを，手続的に，ただやらなければいけないものと捉えてしまうと，重くなるというのは非常に理解できるのですが。

田中 日本の法令や判例の立場も，必ずしもはっきりしないところがあります。例えば，アートネイチャー事件（最判平成27・2・19民集69巻1号51頁）は，引受人がオーナー経営者であったため，アメリカであれば当然，支配株主と従属会社との間の取引ということで，entire fairness の基準の下に司法審査されたと思うのです。でも，裁判所は表向き，そういう利益相反的な要素は見ていないかのような判決をしている。もっとも，事案の結論を見ると，一審，二審では取締役の責任が認められているわけで，裁判所としても，本件は引受人がオーナー経営者なので取引の公正は厳しく見なければいけないという考え方があったのではないかと思うのです。それが，最後に最高裁で結論が引っ繰り返ったわけですが，あれも一種の救済的な出資の事案であって，今となってはアートネイチャーの業績は非常によくなっているかもしれませんが，出資の当時は先行きは何とも分からないような状況だったという，そういうところも勘案したのではないかと思っていて，それは石綿さんが言われたような考慮があったのではないかと思うのです。

　ただ，そういった考慮は，アートネイチャー事件の判示部分には現れていなくて，言わば裁判所の内心に隠れてしまっていて，具体的な法理として出ていないのです。こういうことからすると，日本では法理自体が未発達になってしまっているのではないかと思います。

　理想的なことを言えば，第三者割当増資であっても，支配株主と従属会社との間の取引である以上は，fairness の審査に係るのだけれども，その fairness の審査の中で子会社は資金を必要としていて，緊急性の高い案件だということを，fairness の判断において裁判所が十分に勘案するというような形で法理が形成されていくことが望ましいと思います。

藤田 田中さん，後藤さんが言われているのは，理論的にはそのとおりなの

でしょうね。さっきも完全子会社化については，同じ問題がありながらキャッシュアウト取引とは随分違った法理が発展してきた歴史があるということが言われましたが，有利発行規制はもっとそうなのかもしれません。有利発行の発行価格の公正さというのは，資金調達の規制として独自の判例法理が発達して，それをベースに日本証券業協会の自主規制が作られ[9]，そういう中で，利益相反構造という切り口から横断的に考察しなければいけないという意識は生まれにくかったのかもしれません。

　最初のほうで，田中さんが，市場価格が信用できないことがあって，情報の偏在があるときは市場価格が過小評価されていることを利用する取引すらあるということを指摘されましたが，そういうことを言い出すと，日本証券業協会のルールのように，市場価格に依存したような形式ルールには問題があるということになってもおかしくないのだけれども，あまりそのようには意識されてこなかったですね。

　今回の指針，あるいはその背後にある考え方がそういう点を問題視するということになると，従来の会社法の考え方の根幹的なところに揺さぶりを掛けていくということになります。それが，どのような影響があるのかは，なかなか面白いところですね。この問題に対する私自身の立場ははっきりしているのですが，こういう問題意識が今後の学界にどのように浸透していくだろうかという意味でも興味があります。

加藤　私も今の藤田さんのご意見に大変共感します。第三者割当増資を含め株式の発行価格の決定で問題となるのは，結局，既存株主と新株主との間における企業価値の分配ですよね。このように考えると，株式の発行価格の決定においても，公正な取引条件はどうやって決まるべきかという発想も必要だと思います。今回の指針は，公正な手続を通じて取引条件の公正さを確保しようとする発想に依拠していると思いますが，その一方で，有利発行か否かについて，学説や裁判例は客観的な価格自体の正しさに拘りすぎているように思います。株式の発行についても，M&Aと同じく，極端な場合を除き，公正な条件で行われなければならないという方向に議論が進んでいくことが

9）日本証券業協会「第三者割当増資の取扱いに関する指針」（平成15年3月11日一部改正）。

望ましいと考えています。

藤田 ここまでの研究者の意見はほぼ同じようなのですが，その他の方もご意見ございますでしょうか。

神田 2点いいですか。1点は既に指摘があったことなのですが，第三者割当というのは支配株主に対して実施すると言うよりは，救済を求めるために支配株主でない人に助けてもらって，その結果その人が50％超を取得するというようなケースが多々あったように感じます。ソニー＝アイワ事件もそうだったと思います（ただし倍額増資でしたが）。

したがってというか，東証のルールも主として希釈化というほうに重点があって，平成26年改正会社法206条の2も，新しく50％超の人が出てきますというのを典型的な場合として想定しているので，そういうことがあると思います。

もう1つは，仮に定義はともかくとして大株主というものが既に存在していて，そこに第三者割当をする場合がどうかということなのですが，考え方からいけば同じ話だと私も思うのですが，ちょっと記憶がはっきりしないのですが，江頭憲治郎先生が，第三者割当は別だというようなことをどこかに書いておられたように記憶しています。会社にお金が入るからという理由だったと記憶します。あまり学界では議論されていない論点かなと思います。

藤田 第三者割当の理論とか新株発行の理論として固まってしまったというのが，これまでの学界の議論のされ方の特徴なのでしょうね。

田中 第三者割当増資の場合，発行会社の従前の株価を払込金額として新株発行をすると，増資により生じるシナジーが，対象会社の従前の時価総額と新規の出資額の割合に応じて，対象会社の既存株主と出資者の間で分配されることになります。江頭先生のお考えは，そういう比率でシナジーが分配されるなら基本的に公正だろうという考え方で[10]，これは，さっき話題になった，組織再編において両当事会社の従前の株価の比率に応じて組織再編比率を決めれば基本的に公正だろうという考え方と同じなのです。ただ，そこは組織再編の場合と同じで，厳密に考えていくとそんなことは言えないので

---

10) 江頭憲治郎『結合企業法の立法と解釈』（有斐閣，1995年）226頁〜229頁。

はないかということになってきて，すると第三者割当増資においても，企業価値を厳密に算定して，さらに特別委員会を入れて交渉しなければ駄目ではないかという話になるかもしれない。しかし，それについては，具体的な事情に応じて，特に，発行会社が緊急に資金を調達する必要性があるといった事情をきちんと勘案すれば，この状況下ではもっと緩い手続の下で発行条件を決めることが認められるのだといった議論も成り立ちうると思います。そうしますと，第三者割当増資の場面でも，やはり利益相反があるときはその存在を認識した上で，ケースバイケースで柔軟な処理をするというようになっていくことが大事だろうと思います。

藤田　シナジーの分配も客観的に企業価値に応じるべきであるという議論をする学者は少なくないのですが，公正な条件は独立当事者間の交渉の結果決まるものだという発想からは，交渉力によって取り分が変わっても全然おかしくなく，企業価値に比例していなくてはならないといったことにはならない。ところが，あまりそのように考えない形で，組織再編直前の企業価値に比例しているのが「公正な比率」だとする学説が発展してきた。これに対して，本指針のような考え方を敷衍していくと，支配株主への第三者割当や組織再編一般についても横断的に独立当事者間価格をもって公正な条件と考えるようになるはずなのです。ただ今後，そのような一般性のある形で指針が受け止められ，機能していくかどうかは，よく分からないですね。

　第三者割当に議論がかなり集中しましたが，その他の典型的にこういう発想が応用されそうな取引というのはどういうのがありそうですかね。ほかに思い付くものはないでしょうか。

後藤　経済産業省で別途やっていたCGS研究会（コーポレート・ガバナンス・システム研究会）第2期で，グループ内でのもう少し規模感の小さな，直接取引をしたりするような場合についても議論していましたが（経済産業省「グループ・ガバナンス・システムに関する実務指針」〔2019年6月28日〕）[11]，どこまでやるかという問題を差し置くと，基本的な発想は多分一緒になってくるように思います。

---

11) 本指針注9で引用。

藤田　潜在的には，そういう方向に進んでいく可能性はありますね。もちろん，マーケット・チェック等は，今の類型にはあり得ないですけれども。

石綿　実務的には，支配株主が株を売却するような局面で本指針を参照するのか否か，そもそも支配株主による従属会社の買収ではなく，MBO でもない，単なるキャッシュアウトを行うときに，本指針を参照するのかといったところが，今後，論点になっていくだろうと思います。

　支配株主が株式を売る場合は，支配株主の利益は，一般株主の利益と共通している面があるのに本指針を参照する必要があるのか，そもそも構造的利益相反がない単なるキャッシュアウトについて公正性担保措置が必要か，などといった議論は出てくる可能性がありまして，ここら辺りは，これから悩ましい問題だと思っています。

Ⅲ. M&A 指針の基本的な考え方

1. MBO 指針から継承した基本原則
——特にユニゾホールディングスへの公開買付けをめぐって

藤田　本指針の意義のところで随分時間を取ってしまいましたが，先に進みたいと思います。まず，MBO 指針で取られた基本的な考え方は，今回も維持されています。基本的な考え方は，2 つの原則からなります。すなわち，「第 1 原則：企業価値の向上望ましい M&A か否かは，企業価値を向上させるか否かを基準に判断されるべきである。第 2 原則：公正な手続を通じた一般株主利益の確保 M&A は，公正な手続を通じて行われることにより，一般株主が享受すべき利益が確保されるべきである」ということです[12]。企業価値の向上があるか否か，つまり全体のパイを大きくしているか否かで望ましい M&A か否かを判断するということと，取引によって生じた余剰の分配の問題については，公正な手続を通じて一般株主の利益を確保する，何が正しい価値かを算定するということではなくて適切な手続をもって価値を分配するという考え方です。さらに，その前提となる M&A に際して実現される価値についての基本的な概念整理も，そのまま引き継いでおります。

---

12) 本指針 2.3。

まずは，これらをそのまま維持していることについて，少し議論したいように思います。と言うのも最近，第1原則を援用して，対象会社取締役会がかなり高額の買収オファーを拒絶することを正当化しようとするような事例が現れてきているからです。これはマーケット・チェックのところでもまた議論できるかもしれませんが。

角田　そもそも，この企業価値というのは，ファイナンス理論でやっているようなエクイティと債務の時価評価を足した企業価値を意味するのかどうかから始める必要がありますね。

藤田　本指針1.5 e）で，「企業価値とは，会社の財産，収益力，安定性，効率性，成長力等株主の利益に資する会社の属性またはその程度をいい，概念的には，企業が生み出すキャッシュフローの割引現在価値の総和を想定するものである」と，はっきり定義されています。つまりファイナンス理論的な意味での企業価値です。

角田　そうなると，従業員の云々というのは，キャッシュフローに影響を与えない限りは影響がないということですかね。

藤田　ただし，例えば従業員の利益を切り捨て，従業員から株主に利益移転がなされることで高額の公開買付価格が実現している場合に，株主の利益と従業員の損失を足し算するとマイナスであるというケースは，論理的にはあってもおかしくないのです。実際にも，アメリカのM&Aブームの時代にはそういう例があったと主張している学術論文もあります[13]。そういうケースだと言えるのであれば，高いオファーを拒絶するということは，第1原則と相容れる主張です。ただ，特定の事件でそう言えるかどうかは全く別問題です。

　最近，ユニゾホールディングスの公開買付けをめぐって，対象会社が買収者からの高額のオファーに対して本指針の第1原則を引き合いに出して拒絶するという対応をしています。2019年9月に同社が公表した「当社への買収提案に対する対応の基本方針」の中で，本指針の第1原則を援用しつつ，

---

13) Andrei Shleifer and Lawrence H. Summers, Breach of Trust in Hostile Takeovers, in Alan J. Auerbach, eds., *Corporate Takeovers: Causes and Consequences*, University of Chicago Press, 1988, pp. 33-56.

92

「当社の企業価値にとって，その源泉であり，かつ，重要なステークホルダーである当社の従業員の雇用が確保された上で，従業員にとって働きがいのある企業であり続けることが極めて重要である」と述べ，こういう条件を満たさないおそれのある買収には賛成できないことを表明しています[14]。この事件の事案について，公開情報の範囲で結構ですので，どなたか簡単にご紹介いただけないでしょうか。

石綿　私は，ある買収者サイドの代理人をしているため利害関係を有しておりますが，現時点（2019 年 10 月 18 日現在）における公開情報の範囲内で，簡単にご説明します。本件では，7 月 10 日に，HIS が，ユニゾホールディングスの同意を得ずに，ユニゾホールディングスに対する公開買付けを公表しました。

その後，ユニゾホールディングスにおいては，16 のスポンサー候補者にアプローチをしまして，その中からフォートレスの買収 SPC であるサッポロ合同会社——以下単に「フォートレス」と呼びますが——をホワイトナイトとして選定いたしまして，8 月 16 日にフォートレスの公開買付けを公表するとともに，それに対する賛同表明を行いました。フォートレスの公開買付けは，同月 19 日にスタートし，24 日に HIS の公開買付けは失敗に終わったわけです。

そもそもユニゾホールディングスの市場株価は，本件前は随分安く推移しておりまして，HIS の公開買付け前は，2000 円を下回っていたのですが，HIS が 3100 円を買付価格として公開買付けをスタートした後は，むしろ HIS の買付価格を上回る水準で，市場株価は推移しました。その後，フォートレスが 4000 円で公開買付けを開始いたしますと，ユニゾホールディングスの買付価格は 4000 円を超えて，4000 円をさらに上回る価格で推移をしていくことになります。

そのような中，9 月 17 日付けでブラックストーンが 5000 円の買付提案を出しました。この買付提案は，かなりきれいな提案でして，自己資金のみを用いる，法的拘束力のある真摯な提案であり，かつ独禁法と外為の届出とい

14）「当社への買収提案に対する対応の基本方針について」（2019 年 9 月 27 日付リリース）（https://www.unizo-hd.co.jp/news/file/20190927_1.pdf）参照。

った最低限の条件しか付されていない実現可能性の高い提案でした。

　その提案の中で，9月27日までに回答してくれというように期限を切っていたこともありまして，ユニゾホールディングスは，27日にブラックストーンの提案に対する意見というものを公表するとともに，フォートレスに対し，今まで賛同表明を撤回し，留保に変更するという公表をいたしました。その理由としては，ユニゾホールディングスとして，独自に「企業価値」を定義し，株主の共同の利益と狭義の企業価値を合わせて広義の企業価値と呼んでいるのですが，それはさて置くとして，狭義の企業価値と言っているもの自体も，その源泉である重要なステークホルダーである従業員の雇用が確保された上で，働きがいのある企業であり続けることを重視し，そのための仕組みが採用されている必要があると主張しました。9月27日の段階で，この要件を満たすことが必須の条件であると主張し，8月16日の段階で行ったフォートレスに対する賛同意見表明を変更してしまったのです。

　その仕組みの具体的な中身というのがポイントで，合意の当事者，フォートレスとユニゾホールディングスとの間に合意書があったわけですが，それは2者間の契約であり，この9月27日の段階では，ユニゾ従業員持株管理会社という会社を新たに作りまして，ユニゾ従業員持株管理会社を加えた3者で契約を締結しなければいけない。そして，その買収提案者の取り分と出口の時期，方法を合意書に明示して，出口の時期，方法を従業員持株管理会社が選択できるようにしなければいけない。その買収後，買収者の退出までの間，例えば合併をしたり，分割をしたり，事業譲渡したり，ないしはスポンサーとの間の取引をするようなことも，従業員持株管理会社の同意を得なければならず，そのようなことを合意書の中に書かなければいけないと主張しました。

　フォートレスは，もともと従業員の雇用は維持するということを法的拘束力をもって約束をしておりました。ブラックストーンのほうは，この公表を受けて再度提案書を出し直して，法的拘束力をもって，従業員の雇用を今まで以上に保証することを確約すると提案しました。加えて，従業員において，将来の企業が成長した場合のアップサイドを享受できるようなインセンティブプランを提示し，加えて，買収者の株式を一部従業員に付与するということとも公表しました。

しかしながら，ユニゾホールディングスのほうはそれでは足りないとして，本日（2019年10月18日）現在，この提案に賛成をしておりません。結局，買収提案者のイグジットの時期・方法を従業員持株管理会社が選択できるような合意が結ばれないと自分たちは賛成しないと主張して頑張っているというのが現在の状況です。

角田　読者のために分かりやすく言うと，敵対的な買収を仕掛けられた会社が，通常のM&Aとして買収される際に適用される条件でホワイトナイト探しをしました。その中のホワイトナイトと合意に達して，買収されることに賛同しましたが，敵対的買収者の公開買付けが失敗してしまった途端，それまで付していなかった，従業員に事後で譲渡を約束するような条件を追加した。言わば，従業員に将来渡すための過渡的な，ミドルリスク，ミドルリターンのような取引を許容する人以外とは取引をしないと取引の様態を大変更して，それに合致しないオファーは全て断ると方針を変え，断り続けて現在に至るというまとめ方でよろしいでしょうか。

石綿　はい。本指針との関係では，ユニゾホールディングスは，会社が検討すべきことは株主共同の利益と企業価値であるとして本指針に言及しているのですが，企業価値の定義については，本指針とは異なる概念を創出し，独自の世界に入り込んでおります。

藤田　ありがとうございました。以上が事案の概要ですが，本来本指針の適用がないような買収に関して，あえて今回取り上げるのは，ユニゾホールディングスが，公開買付けに賛同するか否かをめぐる基本的な考え方に関連して，本指針を明示的に引用しているからです。このような本指針への言及をどう受け止めたらよろしいのでしょうか。

角田　企業価値が一般名詞でもあり，人が様々な印象を抱くもので，もっと緩い，雑然とした共同体全体の利益みたいなことを思い浮かべる方が大多数な状況で，第1原則が残ったことによって転用されてしまったのかなと。

石綿　私自身は，第1原則を残したことが問題と言うよりは，第1原則で触れられている企業価値という概念が正しく理解されていないことが問題なのではないかと思っています。

藤田　確かに第1原則は，経済学でいう効率性基準そのものなので，これを正面から否定することは，かなり難しいですね。

角田 ただ，日本人が普通に企業価値と聞いた場合に，そう思い至る方が，それは会社の独立取締役の方も含めてですけれども，十分いらっしゃるのかなという問題はあります。

藤田 この企業価値という言葉の通俗的な受け止められ方という問題は確かにありそうですね。

田中 今回指針では，企業価値を最初に定義しています。これは MBO 指針時代にあったかは分かりませんが。今回の指針では，その冒頭部分で，本指針で用いる用語の意義についての説明があり（1.5），その中の e）で「企業価値」の意義の説明があって，特にその後半部で，「企業が生み出すキャッシュフローの割引現在価値の総和」を想定していると述べられています。ですので，完全にファイナンス理論で用いられる企業価値と同じだと思います。

藤田 企業価値の定義は，MBO 指針や MBO 報告書自体には書かれていないのですが，企業価値研究会の報告書その他の経済産業省の文書では引き継がれてきた概念ですね。まず経済産業省・法務省「企業価値・株主共同の利益の確保又は向上のための買収防衛策に関する指針」（企業価値防衛指針）（2005 年 5 月 27 日）2 頁では，Ⅰ定義 6 で「会社の財産，収益力，安定性，効率性，成長力等株主の利益に資する会社の属性又はその程度をいう」と書かれていました。ただ，これがやや曖昧で恣意的に解釈されるおそれがあるために，冒頭で述べた企業価値研究会報告書「近時の諸環境の変化を踏まえた買収防衛策の在り方」では，「『指針』〔企業価値防衛指針のこと〕及び本報告書における『企業価値』とは，概念的には，『企業が生み出すキャッシュフローの割引現在価値』を想定するものであり，この概念を恣意的に拡大して，『指針』及び本報告書を解釈することのないよう留意すべきである」（1 頁注 2）として，あくまで企業ファイナンスでいう企業価値であると釘を刺しています。本指針の定義は，両者をつなげる表現になっています。

田中 これは，別にファイナンス理論によっているからというわけではないのですが，上場会社も営利企業である以上は，従業員の利益を大切にすると言っても，それはやはり株主，つまりエクイティホルダーにとってプラスになる限度で大切にするということでなければならないと思います。従業員の雇用を維持することも，それによって従業員のやる気を引き出すこと等により，将来的に株主のためにキャッシュフローを生み出すから，その目的に資

する限度で雇用を大切にしようということではないかと思います。何が何でも従業員の雇用を確保する，それが企業価値だという考え方は，私は別にファイナンス理論を持ち出すまでもなく，社会的にも受け入れられない考え方ではないかという感じがします。

　特に，日本社会はそうだと思いますが，例えば正規従業員の雇用を確保するというのは，決していいことばかりではなくて，それによって非正規従業員が割を食うとか，あるいは新規採用が減少するといった形で新規の従業員が不利益を受けるといったことがありうるわけですから，こういう雇用絶対確保という考え方自体が，冷静に考えたときに，当然に望ましいものなのかという疑問を持ちます。そういう意味で，ことは「ファイナンス理論対日本文化」のような構図ではないと私は思っているのです。

藤田　そもそも，第1原則は，M&A指針の枠組みの中では，これ自体を裸で取り出してきて特定のM&Aの攻防に使える道具なのかという疑問もあります。第1原則は指針の前提となる基本的な哲学ですが，具体的な指針はその後に書かれている。そしてマーケット・チェックとの関係で，本指針3.4.4は，「対象会社の企業価値の向上により資する買収提案と，一般株主が享受する利益（買収対価）がより大きな買収提案とは，通常は一致するものと考えられるところ，例外的にこれらが一致せず，一般株主が享受する利益がより大きな買収提案が他に存在する中で，対象会社の企業価値の向上により資すると判断する買収提案に賛同する場合には，対象会社の取締役会および特別委員会は，その判断の合理性について十分な説明責任を果たすことが望ましい」としている。先ほどのユニゾホールディングスの公開買付けとの関係で参照されるべきルールがあるとすれば，まさにここで書かれている十分な説明責任を果たしなさいという部分であって，第1原則を抽象的な形で持ち出し高額のオファーを拒絶することを正当化するのは，本指針の内容とも相容れないような気もします。

神田　3点ほどあります。1点目はご議論の点とは直接関係ないかもしれないのですが，2007年のMBO指針を作ったときに，どちらを第1原則にしようかということについて最後のギリギリまで迷って，藤田さんはそのときにも中心的な役割を果たされたのですが，当初の案では第2原則が第1にあったのです。MBOなのだから，企業価値は当然だと。ただ，当時はまだ十

分に企業価値の考え方が定着していなかったので，やはりロジックを重視してまず企業価値向上があって，しかし MBO の場合は公正でないといけませんねということで今の順序としました。また，その前に企業価値防衛指針というのがあったわけですが，あれは企業価値一本なのです。その指針との連続性などもあって，企業価値が最初で，公正は 2 番目という順序としました。

　今回，12 年経って，本指針の策定にあたり逆転させましょうかということはあったのですが，そこはやはり順番を変えなければいけないほどの強い理由もないしということで，維持されたという経緯があります。これが 1 点目です。

　2 点目ですが，従業員の利益を主張するというようなことは予想されていて，注 68 において「一般株主が享受する利益がより大きな買収提案が，ステークホルダー（例えば従業員）の取り分を減らして株主の取り分を増やすものである場合，自らの経営能力を過信する……」とあるのです。「このような不一致が生じ，一般株主が享受する利益がより大きな買収提案と対象会社の企業価値の向上により資する買収提案とが異なり得る」と指摘されています。

　それで，これは先ほど藤田さんがおっしゃった例外的な場面なのかもしれないのですが，こんなに早くこういう実例が出てくるとは思わなかったのですが，なかなか難問ではないかなというのが 2 点目です。

　3 点目は，結局，経営者のほうは A のほうが企業価値が高まると言っていて，相手のほうは B のほうが高まると言っているので，誰が決めるのですかという話だと思うのです。決める候補は 3 つで，1 つは取締役会，もちろん特別委員会の諮問を経て決める取締役会であり，もう 1 つは株主総会，そしてもう 1 つは裁判所ですよね。

　アメリカだったら，指針ではなくて，会社法上，従業員の利益は一定の範囲では考慮してよいとされていますから，利益相反がある場合は特別の上乗せルールとはなりますが，最終的には裁判所が一定の条件の下でレビューをするという形だと思います。

　日本は，裁判所へ行くと取締役会で決めましたというのでいけるのかは微妙なところで，そうするとやはり株主に聞いてみるかねと。それで，もちろん最後に裁判所が控えているということなのでしょうけれども，どうも結局

は Who decides の問題になって，誰が決めるのですかということになるような気がします。そうすると，ちょっと指針を超えている話かなと。会社法の話かなという気がするというのが3点目です。

藤田　第1原則，第2原則自体は，MBO指針で既に書かれていたのですが，そのときは両者の関係についてはほとんど書かれていませんでした。本指針は，注20でこの点に踏み込んで，第1原則と第2原則の関係につき，第2原則を守っていれば，自然と第1原則は満たされることが普通であるとして，さらに，それが実現しない例外的な場合まで具体的に書き込んであります。そして，例外というのは非常に限られていることが示唆されているという点は重要だと思います。

　神田さんの言われた Who decides の問題は，非常に重要だと思うのですが，ユニゾホールディングスのケースのような形で，高額のオファーに賛成しませんが，それは企業価値最大化という本指針の考え方に沿っていますという主張がなされ，それが本指針の真意と違うとしたら，その事件で株主が決めればいいという話と別に，本指針に対する誤解を生むのが危惧される点です。実際，フィナンシャル・タイムズの記事では，ユニゾホールディングスが本指針を援用していることが紹介されているのですが[15]，外国の投資家から，経済産業省は高額の買収提案があっても企業価値を損ねるから反対するという主張を広く認める指針を作ったのかと思われると困るのです。

　繰り返しですが，第1原則として企業価値基準は確かに書いてあるのですが，注20等を踏まえると，株主利益は最大化しているが企業価値は損ねているという主張は，そうたやすく認める趣旨ではないはずなのですね。最後は株主が決めるということを否定しているわけではないので，今回のケースが違法だという問題になるかと言うと，そう簡単ではないのかもしれないのですが，対象会社による第1原則の援用の仕方にはちょっと気持ち悪さが残ります。

田中　さっき言ったことがミスリーディングにならないように付け加えますと，ユニゾホールディングスの事件については，石綿さんもおっしゃったと

---

15) 前掲注5)参照。

おり，買収者は別に買収後に大規模なリストラクチャリングを計画している
わけではないので，そもそも「雇用の維持か株主利益か」という対立軸であ
るわけではない。むしろ対象会社は，従業員の雇用をエクスキューズにして，
買収者の買収後の行動を非常に制約しようとしていて，買収者がその制約条
件を呑めないということを理由に買収提案自体に反対しているように見えま
す。本指針の作成に関与したメンバーの 1 人として言えば，このような形で
本指針が利用されることは，私は全く想定していなかったです。

　マーケット・チェックの話題になったときに言ったほうがいいかもしれま
せんが，対象会社がマーケット・チェックをするときに，買収者が到底呑め
ないような条件を出して，その条件が呑めない買収者は最初から候補から排
除するとか，あるいは後出しでその条件を出して，買収者とは取引はしない
ということだと，それは有効なマーケット・チェックと言うことはできない
だろうと思います。

藤田　ありがとうございました。この点は，マーケット・チェックのところ
でも再度細かく議論をしたいと思います。

2. 公正な手続に関する 2 つの基本的な視点

藤田　それではその先に進みたいと思います。今お話しした 2 つの原則につ
いては，MBO 指針を維持しているのですが，本指針では新たに 2 つの視点
が示されています（2.4）。取引条件の形成過程において独立当事者間取引と
同視しうる状況が確保されること，一般株主による十分な情報に基づく適切
な判断の機会が確保されることです。この 2 つの視点を提示し，かつ後で出
てくる公正性担保措置のところで非常に丁寧にリファーし，この視点から各
措置の機能を説明しようとしているのが，MBO 指針ではなかった新たな要
素です。

　各公正性担保措置が，これらの視点でうまく説明できているかという点は，
それはそれで別途検討すべきですが，そもそも，この 2 つの視点はどういう
位置付けで置かれているのでしょうか。考え方についての非常に重要な意味
のある整理だという見方もありうるかもしれないのですが，例えば，神田さ
んは手続の各論につなぐ橋として，中間項としての視点で分かりやすく読ん
でいただくためのものと言われておりますね[16]。私の誤解かもしれません

が，これは2つの視点は説明の便宜のためのキャッチフレーズというふうな位置付けで，あまり理論的な重きは置かないような理解だと思いますが，どう受け取ったらよろしいのでしょうか。

神田　おっしゃるとおりのような発言をその座談会でしたのですが，私は，分かりやすさという意味でこの視点が2つあるのは非常にいい，その意味では発言したとおりだと思います。そういう意味では視点は重要だと思いますけれども，危惧するのは，視点が一人歩きするとちょっと怖いなと思ったのです。これは言葉を変えて言いますと，うまく文章を書けるかという問題があって，最後まで「てにをは」に迷ったという事情があります。1つ例を挙げますと，例えば視点1は独立当事者間取引と同視しうる状況とありますが，理論的にはともかく，これが一人歩きするとちょっとどうかなと思うのは，キャッシュアウトは要は価格の問題なので高いほうがいいに決まっていると思うのです。100円というオファーと120円というオファーがあったときは，特別委員会は120円を取るべきだと私は思うのです。独立当事者間だったら100円で済むのだという，だから120円は取りませんという選択肢はないと思うので，だから，視点1は，このことを排除する趣旨ではないとは思いますが，視点1をうまく文章にできないという問題があると思うのです。もちろん言っていることはおかしくはないのですが。

　視点2も同じで，一般株主による十分な情報に基づく判断の機会の確保と言えば，それは正しいのですが，私などはやはり本当に迷った場合は株主に聞くしかないでしょうという立場なので，MOM条件の支持派なのですが，しかし，今回の指針は株主に聞かないこともあると。そうしますと，後の各論のほうで大事なのは，1つは特別委員会が大事ということで，もう1つは情報開示ということが「等」で書いてありますが，透明性の向上と私は呼んでいるのですが，その2つが非常に重要で，ほかの個別の措置ももちろん必要に応じて重要ですが，視点が文章としてうまく書ききれていない面があります。ですから，視点が重要でないと言うつもりは全くないのですが，これだけが一人歩きすると危険なので，個別の措置を理解するための橋渡しのよ

16）神田秀樹ほか「〔座談会〕公正なM&Aの在り方に関する指針の意義と実務」商事法務2206号（2019年）31頁〔神田発言〕。

うな感じで読んでいただくといいのではないですかと。発言した趣旨はそういうところにあります。

藤田 例えば，特別委員会の機能を説明するときに，少しでも独立当事者間に近付くように交渉力を高めましょうというのは，説明としては分かりやすくていいし，基本的な発想そのものがおかしいわけではないけれども，独立当事者間価格という言葉を抽象的に受け止め，それで値段を決めるのだと言われると，変な読み方をする人が出てくるかもしれないという趣旨ですね。ほかの方はどうですか。今まであまりはっきり明晰に書かれていなかったことが書かれたという意味では，それなりにインパクトはあるようにも思うのですが。

石綿 本指針が提示した視点は，将来的に，実務に相当のインパクトを与えるものだと思います。私は，これまでの日本のM&A法制の発展において，経済産業省が策定した指針といったソフトローが果たしてきた役割は大きいと考えております。アメリカは，実務的な論点について裁判官がクリエイティブな提言をすることも少なくなく，M&Aのルールについて具体的な買収類型ごとにきめ細かい判例法が形成されておりますが，わが国の裁判所はそこまで積極的なルール形成を行いません。そのような中，経済産業省のように一定の信頼感のある組織が，企業や株主・投資家，学者の方々，投資銀行，弁護士その他の実務家などのコンセンサスを形成し，新しい基準を提言をしていくと，裁判所を含む関係当事者がその基準に依拠しつつ，実務を形成していくことができるようになるため，実務が非連続的に発展していきやすいと思います。特に，今般のM&A指針の示した視点は，様々な公正性担保措置を横串で刺して整理するのに便利な普遍的な表現が用いられているため，裁判所や実務家によって，参照されやすい類のものであるように思います。したがいまして，私は本指針の視点は，今後，日本の取締役の行為規範にもつながりうる重要性を有しているものと受け止めています。

藤田 もしそうだとすると，神田さんの危惧もそれなりに考慮する必要があるということになるでしょうか。つまり「独立当事者間価格」と言葉が使われるようになればなるほど，使い方を誤らないような実務的な配慮が必要だという意味ですが。それとも，実務で誤解が生じるおそれはそれほど心配しなくてよいでしょうか。

石綿　本指針は,「企業価値を高めつつ一般株主にとってできる限り有利な取引条件で M&A が行われることを目指して合理的な努力が行われる」(2.4) というふうに書いてありますが, 120 円のほうが 100 円よりも有利な取引条件ですから, それを取るべきであると通常の実務家は解釈するのではないかと考えておりますが。

神田　それは有り難いことです。

角田　10 年以上前の話ですが, 専門家が作成した株式価値算定書のレンジの中に入っている価格でさえあれば, 今の議論ですと独立当事者間価格レンジに入っているなら, そのレンジの低いほうの価格で, 大した交渉や工夫, 専門家評価以外の説明なしに売ってもよいんだというような意思決定の仕方をされる人たちも少なからずいらっしゃいました。それに対しては, 独立当事者と同視される状況や交渉をサポートする手法が整理され, できる限り有利な取引条件追求の努力ということは明確に打ち出されているので, よろしいのではないかという感じがします。

後藤　むしろ, そうとしか読めないように感じています。

田中　私もそんなに神田さんがご懸念されるようなことは起きないのではないかと思います。独立当事者間取引というのは, それぞれの当事者が自分の利益のために交渉するということですから, 120 円という提案がテーブルに上がっているのであれば, 当然それは取るべきというふうになるのではないかと思います。

　私はどちらかと言うと, この「独立当事者間取引」という表現は, 前向きに評価したいと思っています。この表現は, ジュピターテレコム事件最高裁決定を踏まえて, もう少し明確にする意味があると思います。ジュピターテレコム事件最高裁決定では,「意思決定過程が恣意的になることを排除するための措置」という言い方をしているのですが, 私は少しその表現が気になっていました。「恣意性」さえ排除すればもういいのかというような, 何かとても緩い基準を呈示していると捉えられかねなかったと思っています。それに対し, 本指針のほうは, 独立当事者間取引という, 私のようにアメリカ法を研究している者からすると腑に落ちる基準を出してくれたので, そこはよかったと思っています。

　それから視点 2 で,「十分な情報に基づく」ということを強調したことも

かなり意味があると思います。アメリカでは，判例法で，取締役の信認義務の内容として，株主に対して「重要な事実の完全な開示」が要求されます。この開示義務の適用として，具体的な事案において，裁判所が，この事実は重要だから開示しなさいという形で介入を行うわけです。同じことを日本の裁判所ができるかと言うと，なかなか難しいと思います。日米には，そういう法的土壌の違いがあるので，単にフェアに取引しなさいと言っただけでは，何が求められているのかよく分からないところがある。そこで，本指針の中で，もう少しブレイクダウンした視点を持ち込んだというのは，私は肯定的に評価していいと思っています。

加藤　私も，視点1や視点2があることによって第3章以下の内容が分かりやすくなっている気がします。特に指針自体は，第3章で掲げられている公正性担保措置を全て使用することを求めているわけではなくて，対象会社が適切な措置を選択して組み合わせることを想定しています。このような仕組みになっているからこそ，対象会社には，ある公正性担保措置が必要なのかどうかを判断する際に，指針の指針という言い方は少し変かもしれませんが，指針の根底にある考え方を踏まえて判断することが期待されています。それが2.4に掲げられている基本的な視点であると思います。先ほどの神田さんの懸念を私なりに理解すると，アメリカで取引の条件が entire fairness でなければならないという場合，フェアディーリングとフェアプライスがその構成要素として挙げられることが一般的ですが，両者は個々に独立した要件ではなく，取引の条件が entire fairness であるか否かは一体として判断されるということと関連しているように思います。確かに，本指針もフェアディーリングに重点を置いていますが，究極の目的は，取引の条件を entire fairness とすることだと思います。このような視点の重要性は，もしかしたら注20で示されているのかもしれません。

後藤　今の点だと，むしろ視点1がそれこそフェアプライスというか，できる限り有利な取引条件イコール，フェアプライスですという考え方を示しているのではないですか。後のほうだけ見ると，視点2は措置を取っておけばいいのねというので，レンジを取って特別委員会を置けばいいのでしょうということになってしまいかねませんが，そうではなくて，目的はあくまで独立当事者間取引であり，そう言えるために交渉をしろということですという

104

のが，視点1で表されているものと読んでいました。まさかここまで踏み込んで書くなんてと思ったところもあります。

　先ほどの適用範囲の話との関連で言うと，この指針のプリンシプルみたいなものはむしろここなのかなという気がしているのです。企業価値の概念でそれを誤解されると，もっと誤解されかねないというのはあるのかもしれませんが，むしろここが重要なのだということを強調したほうがいいのかなという気がします。

藤田　独立当事者間取引という概念は，研究者の間ではよく知られた観念だと思いますが，どこまで日本の法律家一般が共有しているかということはあるかもしれません。あまり共有されていないとすると，一時的な誤解がいろいろなところで起きそうだという懸念は確かにあるかもしれない。そういう誤解の中で企業価値に基づく分配でもいいといった神田さんのような懸念があるのでしょう。だからと言って，独立当事者間価格という発想が間違っているわけではなく，こういった視点を本指針に書いたことの意義を積極的に評価すべきではないかというのが，多くのご意見だったのでしょう。私も『ジュリスト』の特集の論文では，この視点が示されたことの意義を強調しました[17]。

　ところで田中さんは，ジュピターテレコム最高裁決定の判旨を，より明晰で普遍性を持った形で定式化されたと言われたのですが，ほかの方も，本指針の2つの視点は，ジュピターテレコム事件の枠組みを再定式化したようなものと理解しておられますか。もしそうだとしたら，2つの視点の関係はどう理解すればいいでしょうか。独立当事者間価格を目指すのがゴールだと考えると，視点1がむしろメインで視点2はそのための手段の1つというように理解することも考えられます。後藤さん，先ほどの発言はそういうふうにも聞こえたのですが。

後藤　視点2が大事でないというわけではなく，取締役会が交渉した値段を株主が承認するわけですが，株主は結局何がいいか分からないので，取締役会がちゃんとベストを尽くしたことを前提として，その結果だけ見て，そ

17）藤田友敬「『公正なM&Aの在り方に関する指針』の意義」ジュリ1536号（2019年）19頁，同・本書13頁参照。

れを受け入れるかどうかを判断するのだとしますと，あくまで最後に決める
のは株主であるとしても，事前にまず取締役会が本当にベストを尽くしたこ
とが必要であるというのが視点1で，それを株主がちゃんと情報を持って確
認できるというのが視点2で，両方合わせて初めて株主の決定がちゃんとさ
れているということになるのかなという気がします。

藤田 株主の決定がないと進めないようなディールなら，今の説明がよく分
かるのですが，買収者側が議決権の3分の2超を持っていれば，少数株主が
反対しても，支配株主側は自分の設定した条件で強行できるわけですよね。
その際には視点2にはどんな意味があるのでしょうか。

後藤 そうですね。

藤田 またジュピターテレコム事件最高裁決定は公開買付けの強圧性を排除
するような方法を要求していますが，これは視点2と本当に一致しているの
ですかね。

後藤 視点2は，MOM条件が入った場合には，それが条件になるとすると，
そこに読み込まれていくのだとは思いますが。

藤田 逆にMOM条件が入っていないとすると，支配株主が存在していれ
ば，いくら説明しても株主は拒否権はないことになります。そういう場合に，
株主の理解を得るための説明は何のための説明なのかという疑問が出てきま
す。そうなると，視点2というのも，実はその存在意義がよく分からないと
ころがあり，さらに視点1と視点2の関係はどうなのか，ジュピターテレコ
ム事件最高裁決定は，利益相反排除措置と適正な公開買付けとを両方並列で
書いているけれど，論理的に両者がどういう関係なのか，そしてそれをリフ
レーズすれば本指針の視点1，視点2のようになるのかよく分からない気も
します。このように本指針の掲げる2つの視点は，それ自体を読むともっと
もらしいのですが，理屈を詰めると実はよく分からない点が結構あるような
気がします。

後藤 ジュピターテレコム事件最高裁決定の強圧性の話が仮に入ってくると，
それは視点1の中に，公開買付けの中の評価が取り込まれていくと，何か一
体化するようなときもあるのでしょうけれど，これはやはり取引要件によっ
て1と2の機能の組み合わせ方が少しずつ変わってくるということですね。

藤田 仮にジュピターテレコム事件をこの視点と合わせてみると，ジュピ

ターテレコム最高裁決定の最初のほうで言っているのは視点1で，後半の公開買付手続のほうは，情報開示をちゃんとしていることを前提に視点2に対応しているようにも思えるのですが。

後藤 それはそうですが。

飯田 視点1と視点2がセットで独立当事者間取引などと呼ばれる公正な手続になる。公正な手続の構成要素を分析的に見るならば視点1，視点2と分けられるというように私は考えていました。その立場から見ると，今申し上げた内容が記載されていると読めます。もっとも，後藤さんがおっしゃるように，視点1はどちらかと言うと各取締役会がやること，視点2は株主の判断と分かれているようにも読めます。

石綿 本指針は，利益相反構造と情報の非対称性という問題意識の下に策定されておりますので，視点1は前者に対応し，視点2は後者に対応しているのではないかと私は考えております。視点2の一般株主による適切な判断の機会の確保については，まず，非公開化取引においては，公開買付けに応じるか否か，ないしは総会でどういう議決権を行使するかというところで，一般株主の判断が求められることが通常であると思います。もっとも，常にそのような判断が求められるかと言うと，そうではないわけですが，その場合にも，株主には，会社法上，株式買取請求求権や損害賠償請求権などの救済策が与えられておりますので，その種の会社法上の救済手段を行使するか否かというところで，株主の判断が必要になってくると思います。したがいまして，別にMOMがなかったとしても，視点2には意義があると私は理解しています。

藤田 適切な救済を適切に行使することを可能にすることまで視野に入れるなら，視点2の機能は非常に広くなることになりますね。また，適切な救済が与えられることを前提にすると，条件も当然慎重になってくるという意味では，確かに言われたように読むのが正しいかもしれません。

石綿 そうですね。もう1つ興味深いのは，本指針の後半に，一般株主への情報提供の章があり，情報開示の充実が求められておりますが，ここで言っている情報開示というのは，公表だけではなくて，裁判所における開示も含めたものとして考えられているということです。つまり，本指針が言う「情報開示」は，プレスに記載されたもののみならず，裁判所で開示されるもの

も含めております。視点2は，そのような文脈の中でも捉えることもできるのかもしれません。

藤田 そうだとすると，視点2の読み方に注意しなくてはなりませんね。開示と言うと，公開買付けに応じるか否かの決定のため必要な情報についてのもののようにも読まれがちですが，もっと広い意味で捉えるべきだということでしょうか。

田中 視点2は，一般株主の判断が適正に行われるということを内容にしているのですが，それは，その人（一般株主）に当該の取引をするかどうかの決定権があって，その権限に基づいて決定するというよりは，もう少し広いものが意図されていると思います。つまり，取引に際して常にMOM条件を付すことを要求するなら，取引をするかどうかは一般株主が決定するということになるのですが，今回の指針では，ホールドアップの問題にも配慮して，そういうふうにしなかった。ただ，たとえMOM条件が付されていなくても，やはり一般株主の多数の賛同を得ているということは大事だと思います。実務的にも，MOM条件を付さない場合にも，一般株主の賛同をできるだけ多く取りに行こうとすると思うのです。そのように，実際の取引では，一般株主は必ずしも決定権を持っているわけではないのですが，やはり公正さの判断においては，法的なものだけでなくて，社会的に受け入れられるかどうかということも大事だと思いますから，そういうものとして，なるべく一般株主の多くの賛同を得るべきだということがあって，その判断を適正にするための十分な情報開示というのが視点2だと思います。

　それと，この視点の考え方としては，石綿さんがおっしゃるとおりで，利益相反に対応していくというところに視点1の重要性があって，視点2は，利益相反の有無にかかわらず，上場会社だと一般株主は情報不足の問題に直面しているので，それを解消するのが視点2の考え方で，一応，緩やかにM&Aにおける2つの課題——利益相反と情報非対称——に対応しているということではないかと思います。

藤田 なるほど。

飯田 そうしますと，ジュピターテレコム事件最高裁決定の枠組みから一歩先に進んだのが視点2ということになりますね。

藤田 そうなりますね。

飯田 視点１も一歩先に進んではいると思いますが，全体的に先に進めたものという評価がこの正しい読み方ではないかと思います。

藤田 ２つの視点の意味も位置付けも，改めて考えるといろいろ理論的に重要な点がありそうですね。今後の本指針の運用の上でも，これらは大切な話だと思います。いろいろご議論ありがとうございました。

Ⅳ. 公正性担保措置

1. 総論

藤田 それでは公正性担保措置に移ります。公正性担保措置が，本指針の一番中核になるものです。総論的なことから確認しますと，常に全部の措置を要求するという趣旨ではないことがはっきり書かれています。各公正性担保措置の位置付けも，強く要求する必須に近いものもあれば，そこまで強くないのもあるということで，これも非常に明確に書き分けられています。

　各措置の内容は後で確認するとして，理論的には，本指針の定める公正性担保措置を守ったらどうなるのかという話と，守らなかったらどうなるのかという両方の問題があります。価格決定の裁判などにおいて，どの程度どういう形で効いてくるかという話になるのだと思います。これは先ほどの石綿さんの話ですと，裁判所もこれは相当価格決定の判断には入れてくるという見込みでしょうか。

石綿 はい。ただし，過渡期の案件と，本指針が公表された後に開始された案件とで，裁判所における取扱いは異なるとは思います。過渡期の案件については，裁判所として本指針の要請を求めるのには躊躇すると思いますが，将来的には，本指針を勘案することになるだろうと思います。

藤田 守っていればかなりの確率で，公正な価格と尊重してもらえる公算が高くなると思ってよろしいですか。つまりセーフハーバー的な効果ですが。もちろん，形ではなくて実質として守っているというのが大前提ですが。

石綿 私はそのように考えてはおります。

藤田 守っていなければどうなるのでしょうか。いろいろなパターンがあるような気もしますが。

石綿 「守っていない」というか，最初のところで「常に全ての公正性担保措置を講じなければ公正な取引条件の実現が担保されないというわけではな

い」（本指針 3.1.1）と書かれておりますので，この程度の措置を講じたことをもって，取引条件の公正さを担保するための手続として十分だったか，という議論になるのかなという気がいたします。

藤田　「守っていない」というのは，当該案件でとられた措置の全体評価として，十分ではなかったと評価された場合ということですね。

石綿　はい。

藤田　ここで挙がっている公正性担保措置とは全く別の要素を持ち出して，M&A 対価の公正性を主張することも，別に排除されるわけではないですよね。

石綿　それはありうるとは思います。例えば，支配株主とは別に大株主がいるようなケースにおいて，支配株主と大株主との間でかなり激しい交渉が行われ，それにより公正な価格が合意されたような場合などにおいては，仮に対象会社レベルにおける公正性担保措置が軽かったとしても，結果としては公正な取引条件が実現されていることはありうると思います。

藤田　主要従業員と取締役がみんな応じているオファーだったら，公正性担保措置は緩くても通るということもあるかもしれません。典型的な内部者が喜んで応じているオファーだというケースですが。

石綿　内部者はいろいろな動機を持ちうるので，それだけでは結構厳しいかもしれませんが。

田中　内部者は，買収後の関係（取引関係や雇用関係）を維持するということも込みで，買収オファーに応じることがあるので，利害関係のない一般株主とは必ずしも利害が同じではないという点は，注意する必要があると思います。ただ，そういう特別な関係を持たない株主，例えば，買収後はその会社との関係を絶つものとしている大株主がいて，その大株主と，（支配株主または経営者である）買収者がしっかり交渉した上で買収条件を決めたのだとすれば，それは取引の公正さの判断において重視される可能性はあると思います。

石綿　先ほどの藤田さんのご質問に対する回答ですが，公正性担保措置が全体として十分ではなかった場合には，裁判所が当事者の合意を尊重せずに介入せざるを得ないことがあるという点は，多分，争いはないのだとは思います。問題はその先にあり，では裁判所が介入して公正な取引条件を定めると

きに，裁判所としてどのように公正な取引条件を定めればよいのかが分からないという問題があるわけです。このような問題は，事後的な場面で議論しているから生じるわけで，これが事前の差止めの場面であれば，裁判所は，自分で価格を定める必要もないわけですから，特に躊躇なく，差し止めるという判断ができるような気がします。幾ら本指針に沿っていないとは言っても，事後的に裁判所がステップインしてできることにも限界がありますから，事前に差し止めて当事者にもう1回冷静になって考えてもらうとか，プロセスをやり直してもらうといった選択肢のルートを残しておかないと，なかなか本指針を実務に徹底していけないのではないかと思っています。

藤田 事前に差し止めるルートをもっと広く認めよという主張は実務的に共感を得てもらえますかね。条件に対する不満で差し止められたりするようになるなら影響が大きすぎて困ると言われませんか。

石綿 そのように考えている実務家もいるとは思います。米国デラウェア州のレブロン義務も差止めの文脈で使われているとも言われておりますし，日本でも，事前の差止めのルートを広げていかないといけないのではないかと個人的には思ってはおります。

田中 平成26年会社法改正のときに，組織再編の差止めのルールを入れるかどうかが議論されたときに，実務家の方が，日本はアメリカとは違うと。アメリカだと，裁判所で差止めが命じられれば，買収者と対象会社で再交渉して，もっといい条件で買収合意をするのだけれど，日本だと，裁判所で差し止められたら，もう金輪際やらないということになるから，対象会社の株主にとってかえって不利になるでしょう，という意見があったのです。そういう議論もあったので，結局，略式以外の組織再編については，対価の不当性は差止事由にしなかったし，またこれは解釈論の余地があると思いますが，一応，部会では，取締役の善管注意義務違反は差止事由ではないというふうに整理したわけです。それについては，やはり石綿さんみたいに先進的なお考えをお持ちの実務家の方が，差止めによる解決に積極的な意見をおっしゃっていただけるといいと思います。法解釈としても，対価の相当性が差止事由にならないというところは，今さら解釈で改めるのは難しいかもしれませんが，善管注意義務違反が差止事由にならないというほうは根拠が相当怪しくて，今後，解釈で改められる可能性があると思います。それから，情報開

示の不備についても，善管注意義務違反を根拠にする等の形で，差止事由になりうるのではないかと思っています。そのような形で，アメリカのやり方を採り入れる可能性は残っているかなと思います。

　ただアメリカと違うのは，公開買付けの差止めですね。これについては，日本では明文の規定がないと難しい。それについては，何か立法的な手当てがいるのかもしれません。

石綿　その点は，次回の公開買付規制の改正のときに手当てをしたほうがよいのではないかと私は思っております。現在の公開買付規制は，平成18年改正がベースになっておりますが，それから13年経っておりますので，そろそろ見直すべきタイミングに来ております。その際に差止めを入れていったらよいのではないかと思います。

角田　あと，もう少し条件変更を合理的な範囲で可能にする改正ですかね。

石綿　そうですね。わが国の撤回条件の厳格さは，本当に大きな問題です。

角田　TOB価格と受取配当額を合計したものが株主が受け取る対価だというのが，なかなか日本では理解されなくて。

田中　公開買付けの条件変更が難しいために，そういうもの（対象会社による多額の配当）がすごい買収防衛策になってしまうのですよね。

藤田　この辺りは，TOB法制そのものの見直しにつながるのかもしれませんが，そういうことが真面目に議論されるためには，事前の救済のほうがかえって望ましいかもしれないという発想が，実務家の間で広くシェアされる必要があるかもしれません。私は石綿さんの感触が非常に特殊だとは思っていなくて，実は同じような意見を何名かの実務家からも聞いたことはあります。キャッシュアウトのコンテクストだけではなくて，組織再編でも，差止めで事前に争われたほうが，後で大量の株式買取請求が来たりするよりはよいという議論を聞いたこともあります。確かに，事後的な救済に偏重してしまう建付けは再考する余地があるのかもしれません。貴重なご意見をありがとうございました。

　なお実務における受け止め方として，本指針に対しても，こういう形で公正性担保措置をいろいろ書かれてしまうと全部を置かないと何か心配だから過重になるということが，研究会でも繰り返し言われました。実務的にはどういう感触ですか。

石綿 それには理由があります。MBO 指針においても，「いずれか」の実務上の工夫を採用しなさいと書いてあるに過ぎず，「全て」とは一言も書いていなかったのです。また，「実際の案件に応じて上記の対応を組み合わせる等して工夫する」（MBO 指針 5(5)図②＊）といったように記載されており，逆に言うと，組み合わせないことがあることを当然の前提としていたのです。そうであるにもかかわらず，実際，MBO 指針後実務がどのように形成されたかと言いますと，MBO 指針で「工夫」と書いてあったものは，基本全部やるというようになりました。その経験があるものですから，今回の指針も，相当注意しないと，全部やらないといけないという形で実務が形成されていく可能性があるということが危惧されたのではないかと思います。

藤田 本指針だと，全部必要ではないですと明示的に書かれていて，それでもまだ心配なのですかという気もするのですが，例えば特別委員会のメンバーとなった社外取締役等は，書かれている措置が 1 個でも欠けていたら後で問題とされかねない，必要がないとことを説明するのが面倒くさいから，必要な措置だけを自覚的に選ぶのはやはり大変だと思うものなのでしょうか。

石綿 MBO 指針のときは，求められる「工夫」も厳しいものではありませんでしたので，実務は MBO 指針に記載された工夫を基本的に全部することができたわけです。ところが本指針は MBO 指針よりも前進しましたので，本指針に記載されている措置を全部やるというのはかなり大変だと思います。実際，現在行われているプラクティスを見てみても，積極的なマーケット・チェックや MOM 条件などは必ずしも履践されておりません。その意味では，本指針に記載された公正性担保措置に関しては，全部やらなければいけないという形で実務は受け止めないし，社外取締役等も同様ではないかと思います。

藤田 公正性担保措置について厳しく書くとかえって取捨選択するようになるということだとすれば，逆説的で面白い現象ですね。

加藤 MBO 指針の後の，特に下級審裁判例の中で，申立てをしてきた株主側が，MBO 指針に書かれてあることが行われていないから手続が公正ではないという主張をし，裁判所の側も MBO 指針に書かれていることが行われているかどうかを重視してきたということを，実際に東京地裁の商事部の方から聞いたこともあります。そうすると，裁判所の方が，例えば MBO 指針

の報告書と同じく，本指針の本体を読んでいただいて，その趣旨に従って手続を運用していただくことができるかというのも重要になるのではないか。つまり，個々の事件の特徴から離れて，本指針に依拠しているか否かという形式にのみ焦点があたることを避けた運用が望まれます。

藤田　誰がどう気を付けるべきなのか，分からないところもあります。MBO 指針だって全部講じないといけないという趣旨ではないことはちゃんと書かれていたのにもかかわらず[18]，あらゆる措置を講じるようになってしまった。石綿さんが言われたように，今回は各措置の要求水準が高いからそこまでいかないでしょうと楽観できるのかもしれませんが。

加藤　MBO 指針は簡略化された形，すなわち，チェックボックスという形で定着してしまったのではないかという気がするのです。MBO 指針の場合は，報告書の実質的な内容があまり重視されてこなかったのではないでしょうか。

藤田　MBO 指針自体は読まずに，チェックボックス付きのポンチ絵で理解したつもりになった横着な実務の弊害ということですか（笑）。

加藤　そうです。

田中　ただ，MBO 指針については，私も石綿さんと同じような考えを持っていて，あれはもともとそんなに厳しい要求はしていないので，むしろこのくらいは守ってくださいということがあったと思います。実際に，MBO 指針の文言を引用して，当該の M&A 取引は公正とは言えないとした判例があったわけですが（レックス・ホールディングス事件最高裁決定），MBO 指針の比較的緩やかな内容からすると，そういう扱いをされることにも一定の理由があったと思います。これに対し，今回の指針は，特に積極的マーケット・チェックの部分と，MOM 条件については，かなり表現に手を入れて，これらは常に求められるわけではないということを強調した上で，特にマーケット・チェックについては，間接的マーケット・チェックも選択肢として

18）MBO 指針 5.(5)（「(2)(3)及び(4)の工夫は必ずしも全てを実行する必要はなく，いずれかの実務上の工夫を採用することで，MBO の透明性・合理性は高まると考えられる。」なお，(2)は「意思決定過程における恣意性の排除」，(3)は「価格の適正性を担保する客観的状況の確保」，(4)は「その他」を指す）。

あるということまで書きました。これで，積極的マーケット・チェックを常にやらなければならないと読まれることはないのではないかと思います。

　他方で，もうこれは過去の話になったかもしれませんが，上場子会社を親会社の株式を対価にして完全子会社化するような取引の場合，割と最近まで，もうほとんど市場価格だけで条件（合併や株式交換比率）を決めてしまっていて，一応，証券取引所規則に従って第三者の意見を聴取してはいますが，それも各当事会社の株式の市場価格の比率に基づいて条件を決めているから公正だろうと言っているだけで，実質，それ以外のことは何も考慮しないで条件を決めているようなものがあったと理解しています。私は，そのタイプの取引は，この指針が出た後にやると相当危ない，裁判になったときに不公正と評価される危険が相当あると考えたほうがいいのではないかと思っていますが。

藤田　なるほど。MBO については書いてあることを全部を何でも守れという話と違って，本指針では MBO とそれ以外の利益相反構造のある買収取引との間の区別がなくなったということをもっと自覚しろ，そうなると自ずと必要な措置を取捨選択していかなくてはならなくなるだろうから，MBO 指針の下で見られたチェックボックス式の運用というようなことになる危険は少なくなったのかもしれません。

2. 特別委員会

（1）　特別委員会の位置付け・設置時期・構成

藤田　それでは，具体的な各論に入っていきましょうか。まず特別委員会です。これは一番重視されている公正性担保措置ですけれども，本指針の位置付けは従来の実務の意識とは違った性格付けで特別委員会を捉えているという理解でしょうか。それとも，比較的常識的なところが書かれているということになるのでしょうか。

石綿　従来の実務においては，特別委員会の役割について，交渉型と諮問型という 2 つの大きなカテゴリーがあり，そのうちどちらでもよいと受け止めている実務と，アメリカなどに準じて交渉型に近づけなければいけないと考える実務とに，大きく 2 つに分かれていたと思います。今回の指針の結果として，完全に交渉型になったわけではないかもしれませんけれども，純粋な

諮問型では駄目だという認識がかなり広がってまいりましたので，大分交渉型に寄って来ているという印象はあります。

藤田　交渉型，諮問型という区別もありますが，そもそも特別委員会の果たすべき目標，検討すべき内容が客観的な公正な株価かということでなくて，株主のためによりよい条件を引き出すことにあるという認識は，従来の実務にはあったのでしょうか。

石綿　それについては，実務はかなり分かれておりました。その点を意識していた実務家も一定数いましたが，全く意識しない実務家もおりました。

角田　先ほど申し上げたように，株式評価算定書のレンジの中だったらどこでもいいのだというような取締役会や第三者委員会と，そうは言ってももうちょっと頑張ろうよという方の違いは以前も存在しました。

藤田　そうなると，少なくとも特別委員会の目標の捉え方については，従来かなりの差があったものが，1つに収斂させようとしていることに重要な意味があるということになるでしょうか。

石綿　そうですね。

田中　私は，判例（ジュピターテレコム事件最高裁決定）が用いている「第三者委員会」という言い方に違和感があったのです。「第三者」と言うと，何か，誰の立場にも付かないよという感じで。そこはそうではない，委員会は一般株主側に立つのだと思いますから，そこを明らかにしたのはとても重要だったのではないかと思います。

藤田　特別委員会とは中立的な立場なのではなくて，株主の側に立つ存在でなくてはならないということについては，研究会の比較的初期の段階で，確かSneider委員が強調されていて[19]，私もそれに同調しました[20]。その後研究会では，委員の間でも共通認識があったと感じているのですけれども，従来の実務家が全員必ずしもそういう意識がなかったとすれば，大きな意識変革につながる話かもしれませんね。

石綿　大きいと思います。

藤田　設置時期も，この点と関連させて考えるようになったわけですが，こ

---

19) 第2回研究会（2018年12月7日）議事要旨7頁〜8頁［David A. Sneider委員発言］。
20) 第2回研究会（2018年12月7日）議事要旨12頁［藤田友敬委員発言］。

ちらは具体的な違いが出てくる話でしょうか。

石綿　変わってきていると思います。

藤田　設置の目的の理解が変われば，変わってこなくてはならないのでしょうね。とは言え，設置時期がアメリカほど早くはならないでしょうか。

石綿　いえ，少なくとも私が知る限り，設置時期については，アメリカと比較してそん色ないと思います。

藤田　同じぐらい早くなるということでしょうか。

石綿　私の知る限り，早いと思います。

角田　設置されないと何も始まらないに近い状態ですからね。

藤田　そうなると，少なくともこの点については，根本的に従来の実務が変わることになりますね。

石綿　変わりますね。

角田　特別委員会ができるのを，親会社側でずっと待っていた案件もありました。

藤田　そうだとすると，特別委員会の役割についての考え方に関しては，頭の整理のみならず，現実的なインパクトが非常に大きいことになりますね。

石綿　大きいと思います。最近は提案が出る前に作っているケースが出てきています。親会社から正式提案が来る前に，柔らかい打診があった段階で設置するという実務も現れ始めている。

藤田　今，角田さんや石綿さんの言われたようになってきているとすると，従来とは特別委員会の意味が全然違ってきそうです。従来は，ディールができた後で最終的に第三者の目でチェックして公正な条件と言ってもらえればいいという発想の特別委員会もあったような気もするのですが，そういうやり方は，既に実務では過去のものになりつつあるということですか。少し驚きました。

　次に，特別委員会の委員構成について，社外取締役，社外監査役，第三者の社外有識者の順に，はっきり序列を付けましたね。研究会の委員の中ではこういう意見が比較的多かったと思いますが，それでも委員の中にも，例えば社外監査役の位置付けが低過ぎるといった意見をおっしゃる方もありました[21]。この辺りの感触はいかがでしょう。

石綿　私としては，序列については，本指針の整理に賛成です。ただ，実際

の案件においては，社外取締役の独立性について何らの問題もないということとは必ずしも多くなくて，一定の関係を持っていたりすることがあり，そのときに，どのくらい独立性に傷が付いていたら，もうその社外取締役を使うのを諦めて社外監査役なり社外有識者に切り替えていくのかという点の見極めがとても難しいという印象を持っています。

　つくづく日本は狭いコミュニティだなと思いますが，上場子会社を持っている親会社は，実に多くの会社やプレーヤーと取引をしていることがあるのです。そうすると，その親会社との関係がない人を探すこと自体がとても難しいことがあります。そのときに，企業が一般的に定めている社外役員の独立性の基準，例えば，売上高の2%といった基準で切ってしまっていいのか，などということが問題となります。また，親会社の取引関係などについては，対象会社レベルでは情報を有していないことも少なくなく，早目に特別委員会を作ろうと思っても，社外役員の方が所属している会社と親会社との取引関係の確認ができずに困ってしまう，などという問題が生じております。

藤田　それは，本指針の序列付けが問題なのでしょうか。むしろ，社外取締役の中から，案件に対して本当の独立性のある者がなかなか探せないということから来る難点でしょうか。

石綿　序列付けがなければ，少しでも独立性に問題がある場合には，独立性が高い人を外部から選べばいいという判断になるのですが，序列付けができたことによって，独立性に少々の傷が付いていても社外取締役を社外監査役や社外有識者よりも優先して選ばなければいけないという問題が生じております。そういう必ずしも両立しない要請が生じた結果として，独立性をどの程度求めるのかがシビアな問題となっております。

藤田　確かに，そうなるでしょうね。

角田　独立性以外では，あのとき議論した独立取締役の資質というのがあって，必要とされる能力とか経験，識見みたいな問題は，これから試されていきますかね。

藤田　専門的知識は，一部の委員の社外有識者から選ぶことで補充してもよ

21）第5回研究会（2019年2月22日）議事要旨20頁［武井一浩委員発言］。

いというのが本指針の発想ですね。

角田 専門的知識というより，株主の代わりに重要な意思決定に関与できる資質や経験でしょうか。先ほど話題になったユニゾホールディングスの社外取締役の経歴について外国人から聞かれ，元裁判官と元警視総監と，オーナー系未上場会社の元社長と同業の2人のエグゼクティブだけど，上場企業に経営者レベルで携わったことはない経歴に見えると言ったら，クレージーと言っていました。

藤田 そうすると，心配なのは，あまり専門的知識や経験のない社外取締役ばかりで特別委員会を構成しておいて，本指針の考え方に完全に沿ったものです等と言われかねないことでしょうか。実質的な交渉や関与ができる人材なのかどうかも，本来は判断要素のはずなのですけれどもね。

神田 感想をよろしいですか。私の感触は，必ずしも研究会の多数と一致していなかったかもしれなくて，うまく言えないですけれども，今のお話に関連して日本の常識・世界の非常識みたいなところは，もう少し変えていったほうがいいのではないかという感じを持っています。感じを持ったというのは自分で持ったというよりも，海外のヘッジファンドだけでなく，多くの方と話をする機会が最近多いのですが，特別委員会は全然信頼されていないのです。それはなぜかと言うと，誰が選んだのですかという話になります。そのときにアメリカの話をすると，全員社外取締役で，誰が選んだのですかという話は実質の話としてはあるのですが，形式の話としては株主が選んでいるのです。だから，株主が選んだ形を取っている取締役・監査役のほうがいいのではないかと。本当に選んでいるのは誰ですかという問題はあるけれども，あなたの国でもそういう問題はありますということで話は噛み合うということが1つあります。だけど日本人の伝統的な感覚からすると，むしろ全然違う独立した第三者が検討するのだという議論は十分ありうると思います。ここは難しいところで，私の感じでは順番は本指針の順番でいいかなと思いますが，背景としてそういうふうに感じました。

　もう1点，こういう仕事は自分で全部やる必要はないというのが私の持論です。アドバイザーを雇えばいいわけで，全部自分でやるのは無理です。もちろん自分のエキスパタイズがある部分は自分でやってもいいのですが。そういう実務が形成されることを私としては願っています。

藤田　監査役が序列を下げられていることに対して批判する人もいて，その理由の１つは，例えば買収防衛の発動についての委員会等でも，社外監査役を入れていたり責任者にするのはよくありますね，何でM&Aについては違うんですかと言うのです。機能が違うからと割り切っていいのか。それともそもそも買収防衛でも，社外監査役はあまり望ましくなかったということなのでしょうか。

石綿　私は，買収防衛のところも，この序列だと思っています。

藤田　そうだとすると，従来の実務全体に対するかなり強い批判を含むと考えるべきなのですかね。従来，社外性というのは強調されたけれども，取締役・監査役間の序列付けは，強調されてこなかったという印象なのですが。

石綿　「強い批判」とまで言うかは別にして，確かに，一般的にはこれからイシューになっていくのかもしれません。少し話が脱線しますが，昨今は，特別委員会のアドバイザーの独立性も悩ましい問題です。例えば，上場子会社を有する日本の大企業は，ほとんどの日本の主な証券会社と取引関係があります。そうするとその上場子会社の特別委員会において，独立した大手の証券会社を選ぼうとしても，選べない。日本は，アメリカよりも市場が小さいですので，マーケットのプレーヤーの数が限られています。ですから，あまり厳しく独立性を求め過ぎてしまうと有能なアドバイザーを使えなくなってしまう。一方で独立性の要求も無視できませんので，選択肢が限られている場合に，どこまでの独立性を求めるのかは，悩ましい論点になってくると思っております。

藤田　今の話は，特別委員会もさることながら，財務アドバイザーのほうで，より深刻な問題になりそうです。

石綿　そうですね。ちょっと脱線してしまいました。

角田　むしろ弁護士不足のほうが深刻です。弁護士不足と言うか事務所不足。

藤田　こういう案件に適切に対応できる事務所が，現実的には限られてくる。

角田　限られてくるでしょうね。

加藤　あと１点，構成の話で本指針ではあまり明示的に書かれていなかったのですが，何人ぐらいにしたらいいかということがあると思います。アメリカでは２人とか，確か１人でも特別委員会としては認められるという実務になっていると思います。もちろん，それは望ましくはないということですが，

委員会のイメージとしてどれぐらいの規模なのかというのは，あまり指針の
ときに議論していなかったという気がしています。3人くらいは必要である
気はするのですが，取引の規模にもよる気もします。

藤田 「委員会」と言うと，普通は3人以上というイメージがありますけどね。

石綿 実務感覚としては，3人以上という印象はあります。

飯田 自ら交渉しに行くということだと3人いないとまずいという考え方は
ありうるかとは思います。ただ，神田さんのお話にもありましたけれども，
実働部隊は別であってもよく，実際はアドバイザーに交渉してもらえばよく，
そのプロセスを特別委員会がコントロールできていればよいので，必ず3人
いなければいけないわけではないと思います。

藤田 そうだとすると，特別「委員会」という表現を使ったことで，1人だ
とまずいのではないかという印象を与えしまったことは，望ましくなかった
のかもしれません。

(2) 特別委員会の委員の職務・報酬

藤田 次に少し細かなことですが，特別委員会の委員の職務というのをどう
法的に性格付けるかという話があります。例えば社外取締役が，M&A条件
について交渉しても社外性を失わないことは，会社法改正[22]で保証される
ことになりましたが[23]，監査役については明文の規定がありません。社外
監査役である特別委員が交渉を行った場合をどう考えるかという問題があり
ます。またこれらと関連して，特別委員会の委員報酬についても，役員報酬
に加えて割り増しを払うことをどう考えるかという問題があります。割り増
しを払うことに対しては批判も耳にすることがあります。取締役がその職務
を遂行したからと言って別途報酬をもらうのはおかしいとう批判です。特別
委員会の職務は，取締役・監査役の職務との関係でどう整理されるべきでし
ょうか。本指針もはっきりさせていない点です。明確に整理しておいたほう
が将来的には望ましかったのでしょうが，研究会でも整理できなかった難し
い問題ですね。

石綿 どう整理するのかは先生方のご意見も伺いたいのですが，実務的には

---

22) 本座談会後，令和元年12月11日法律第70号により会社法が改正された。
23) 令和元年改正会社法348条の2。

悩ましい問題です。例えば，特別委員会の委員としての社外取締役に支払う報酬は，安全サイドに立って，株主総会で認められた取締役の報酬枠の範囲内にとどめるべきかという論点があります。そうすると，取締役の報酬枠にあまり余裕がない会社などでは，限られた枠の範囲内で特別委員会の職務を遂行してほしいという話にもなりえます。また，株主総会の招集通知の取締役選任議案や事業報告などに，特別委員会の委員として受領した報酬についてどう記載するのかという論点もあります。それを取締役の職務遂行の対価として払われたものと整理するのか，それとも別途委託説的に整理するのかによって，記載方法が変わってきうるわけです。ただ，別途委託説に立ってしまって何も開示しなくていいとまで言い切れるかは，議論の余地があるところです。

田中　この問題，先生方の中で異なる意見もあるのかもしれませんが，私は，以前から別途委託説のように構成すればいいと考えています。もともと特別委員会の委員としては，社外有識者が結構多かったわけで，社外有識者ができることを社外監査役ができないのはおかしいし，社外監査役ができることを社外取締役ができないのはもっとおかしいと思います。ですから，それはできる（委員として活動できる）という前提で理論を立てなければならない。そういうふうに考えたときに，監査役に関しては，基本的にいろいろなことが別途委託でできるということが，裁判例で認めていたわけです。実質的に考えて本当にいいのかどうかはともかくとして，監査役が弁護士として会社を代理したっていいし（最判昭和 61・2・18 民集 40 巻 1 号 32 頁），さらに手形の取立委任を受けてもいいと認められている（大阪地判昭和 33・1・21 下民集 9 巻 1 号 52 頁）。監査役の場合，使用人にならなければいいので，業務執行機関の指揮監督を受けないという点が大事なわけです。だとすれば，特別委員会の委員として，経営陣から独立した立場で買収者と交渉するというのはむしろ適切なので，それは使用人として活動しているわけではないだろうと，だからできるということです。監査役の場合，監査役の職務に，特別委員会の委員として交渉することが入るというのはちょっと考えにくいので，そこは別途委託として構成するしかないと思います。そこから，社外取締役も同じように別途委託を受けていると考えることができる。そうすれば，社外取締役が委員としての活動（交渉を含む）ができないと考える根拠はないだろ

う，ということです。

　今回，会社法改正でセーフハーバー・ルールが入るわけですけれども，あれは別途委託説を否定したものではないと思っていますから，法改正後も，法律関係を考える上では基本的に別途委託でいいと思っています。そうなると，報酬がどうかということですが，別途委託なのですから取締役の職務の執行ではない。したがって，委員としての報酬は取締役の報酬規制にかからないと思います。ただ，従来も判例で，使用人兼務取締役の使用人報酬分については，株主をミスリーディングさせないように，あれに関しては使用人報酬分が含まれていませんということを開示する必要があると解されており（最判昭和60・3・26判時1159号150頁），これと同じような考え方ができるという気がしています。石綿さんがおっしゃったように，委員の報酬に関しては，取締役の報酬に当たるかはともかくとして，開示する方向にあるというお話です。それは，一般株主に対する情報開示という観点から，大変結構なことだと思います。ただ，それは取締役の報酬として開示するのではないと思います。実際，社外取締役の特別委員会の職務に関しても取締役の職務だと整理すると，では監査役も同じなのかという問題が出てきます。社外監査役が委員として交渉したときに，それは社外監査役の職務と考えるのはさすがに無理があると思います。社外監査役については別途委託と解さざるを得ない。そうすると，同じ委員として同じ活動をしているのに，社外取締役と社外監査役では違う解釈をするということに，果たして合理性があるか。実際上の考慮としても，石綿さんがおっしゃるように，事前の報酬枠が余裕を持って取られているとは限りませんし，また，本来，取締役報酬は株主が決めるというのが法の建付けであるにもかかわらず，予め余裕を持って枠を取っておいたほうが法的問題が少なくて済むというのも，些か妙だと思っています。また，委員としての報酬がお手盛り的に多額に決められるおそれがあるということが，理論上は考えられるのかもしれませんが，社外取締役についてはあまり気にするようなリスクでないと思います。基本的に，取締役の報酬そのものではないと解し，株主総会の決議なしで払えることにして，ただ，株主にとっての適正さの確保ということで，取締役の報酬とは別に，特別委員会の委員としての職務としてこれだけ払っていますと開示すれば，よろしいのではないでしょうか。

石綿 最近，スチュワードシップ・コードの影響などもあり，議決権行使を機関投資家が積極的に行うようになって，取締役が，取締役の職務の対価としての報酬以外の金銭を会社から受領している場合には，それのみをもって取締役選任議案に反対するという機関投資家もいます。そうすると，別途委託説に立つと厳密には特別委員会の委員としての報酬は職務執行の対価ではないということで，取締役の職務執行の対価以外の支払いがあるという旨の開示をすると，ある程度理解のある機関投資家であれば，これは特別委員会の職務としてやったわけだから，いいに決まっているとなるはずなのですが，そこら辺についてあまり理解のない機関投資家ですと，一律，取締役の職務執行の対価以外のお金が払われているので反対に回るリスクがないかということが懸念されたりします。また，特別委員会の審議対象となっている取引が未だ公表されていないような場合には，情報管理の観点で支払いの理由を説明することが難しく，実務的には悩ましい問題です。

神田 個人的な感想ですが，報酬のほうについては，私もよく分からないですけれども，私が一般株主だったら，特別委員会の委員の報酬ぐらい開示してほしいと素朴に思いますね。それは職務執行の対価であるとかないとかいう問題ではなく，特別委員会の委員として仕事をして会社から報酬を受けるわけです。ですから，別に個別でなくて結構で総額でもいい。ただ，そういう制度があるのかどうかよく分からない。それが1点です。

　それから，田中さんの前段のほうで私は結論には賛成なのですが，結構難しい問題があると思っています。田中さんも説明されたように，監査役と取締役の違いですね。というのは，別途委託説と言っても会社の業務の執行を監査役に委託することは私はできないと思います。例えば営業本部長になってくださいとか工場長になってください，指揮命令はしませんと，ちょっと分かりやすくするための例として。結局のところ，どこかに線があって，私にも線引きの基準は分からないから，従来，社外取締役がやるべきものは全部セーフとしてはどうでしょうかなどと言ってきたのです。だけど，今回の会社法改正で，取締役についてはセーフハーバーを設けましょうと。だとすると，結論は私も賛成なのですが，別途委託説という場合に，原理論として会社の業務の執行と呼べるような内容のものも全部委託できると言うのはちょっとどうかなと思うのですが。どうなんでしょうか。

藤田　別途委託説については，私も同じ感想を持ちましたね。

田中　特別委員会の委員の報酬は開示したほうが望ましいと思いますけれども，そうするためには取締役の報酬と言わないで，特別委員会の委員としての報酬と言ったほうがいいわけです。というのは，委員には社外有識者もいるわけですし，また，委員の活動は社外監査役の職務かと言われると，困ってしまうわけですから，特別委員会の報酬という形で開示するのが望ましいと思います。そうするために必ず法令上の根拠が必要なのかということであって，そこはベストプラクティスでやれるのではないかと思います。工場長をする場合はどうか，というのは私も悩んだ部分なのですが，従来の議論でも，使用人とされるには，指揮監督を受けるということのほか，日常的，継続的にやるというものがあったと思います。まるっきり指揮監督を受けることもなく工場長として会社の業務を恒常的にやった場合は，継続性という観点から使用人になるとも考えられますし，また，そういう場合は業務執行をしたと解することもできると思います。ただ，1回きりの行為であれば，何の指揮監督もなく，いかなることもやれるかと言うと，ちょっと難しいところがあると思います。普通であれば事業であって，社外取締役にやらせる理由が何もないようなケースだと別途問題になるかなと思います。

藤田　監査役とのバランス論については，株主のためによりよい買収条件を引き出すため努力するというのは，監査役の法律上の職務とは言えないので，これを委託するのは，社外有識者への委託と同じで，別途委託という構成しかないし，そうすることも可能でしょう。先ほど田中さんが挙げた，監査役が弁護士として会社を代理したり，手形の取立委任を受けたりするといったことも，いずれも監査役の職務範囲外の行為を受任する例です。だから別途委託という構成を認めやすい。監査役の独立性を害しないかということだけ注意すればよい。取締役も同じ構成で考えることができるかが問題です。特別委員会の職務は基本的には取締役の職務執行の範囲内に含まれるでしょうから。

神田　はい。社外取締役も業務執行はしない。その点では同じですね。

藤田　特別委員会のメンバーとなっても，直接買収相手方等と交渉しない限り業務執行には該当しない。そういうことをしない通常の特別委員会の業務を行うことは，取締役の職務の範囲内です。取締役の本来の職務に属するこ

とについて「別途委託」するというのが気になります。こういう構成がとれるという話を押し進めていくと，別に社外取締役に限らず，社内取締役についても，特定の業務執行の別途委託が可能だということになっていきます。本来，取締役としての本来の職務範囲に含まれることを別途委託的に構成することを認め出すと歯止めがなくなってくる気がします。監査役については職務から外れているものをやるわけなので，まだいいような気はしますけれども。

田中　ただ，一方で，いろいろな事業をアウトソーシングしているのです。あの人たちは業務執行者なのですか。

藤田　例えば，どういう例ですか。

田中　事業をアウトソーシングしますでしょう。そのとき，アウトソーシングした主体は会社の業務を執行しているのですか。

藤田　しているのではないですか。

田中　している。

藤田　ええ。

神田　業務という概念が難しいですよね。主語が会社ですから。

田中　それだと，手形の取立委任を受けた監査役は業務を執行している。

神田　さっきの例と同じで，どこかで線は引かれる。別途委託説できれいに説明できることかと言われると，むしろ，さっき田中さんが実質を説明した，継続的でないとか，そういう要件が幾つかあるような気がするのですが。使用人の行為に相当しないとか。

藤田　取締役の職務に含まれうる行為を個別に別途委託することを認めていくと，特別委員会以外でもいろいろな業務執行の委託が個別の取締役にされるようになって，それを全部取締役の職務執行ではありませんとすると，報酬規制をはじめいろいろなルールとの関係で大きな穴が空いてしまいかねない気がします。例えば，従来予想もしていなかったような新たな重大案件が会社に発生して，一部の取締役が多大な労力を費やした場合に，「取締役報酬を決定した際には，こんな仕事は想定されていなかった。しかし，追加報酬を払うにはもう株主総会で決議された枠は一杯です。そこで新たな案件について特に働いた取締役には，別途委託という構成をとって仕事をしてもらうことにして，それに対して追加報酬を払います。これは総会決議の必要な

役員報酬とは別です」といった便法を，簡単に認めるわけにはいかないでしょう。仮に特別委員会のメンバーである社外取締役については，こういうことが可能であるとすれば，どういう理屈で違いを説明するか考える必要があります。

田中　やはり別途委託の限界がある。

藤田　あるはずだと思いますね。

田中　別途委託として許されるためには，継続的に委任を受けてはならないという要件があると考えられること。それから，なぜ，ある業務を指揮監督を受けない人に任せようとするのかという点で，委託をしようとする取締役（経営者）の側の善管注意義務の観点からの制約があると思います。実際にはそういった部分で歯止めが効くと思いますし，そもそも，社外取締役に会社の事業活動を任せようという会社が本当にあるのかという点を考えた場合，別途委託説に問題があると言っても，実際にはそれほど大きな問題にならないのではないかとも思っています。

藤田　また委員全員に支払われる報酬の開示というのは，役員報酬の規制とはまた別に，こういう大きなディールなので，これだけ特別委員会にお金を使いますということを開示させるのが望ましいかもしれませんが，これはそもそも役員報酬の開示とは別な種類の性格の開示として必要なのでしょう。

神田　本指針では透明性のところには書いてなかったですかね。

石綿　本指針 3.6.2.1 e）には，「委員の報酬体系に関する情報」と記載されております。あくまで「報酬体系」の開示で，金額までの開示は求められていない。これはタイムチャージですとか固定額ですとか，そういう開示です。

藤田　インセンティブに着目した開示だから，そういう書き方になってしまうのですが，インセンティブだけではなくて，総額のほうも透明性の観点から問題にしてもおかしくないと思います。

田中　そこで整理されるならいいのですが，最近も，ある弁護士から，役員報酬とされると枠の範囲でしか払えないことになってしまうので，現実的にどうかと思いますというご意見をいただきました。取締役の職務の執行ですと言ってしまうと，どうしてもそうなってしまいますから，その辺りは柔軟な解釈ができたほうがいいのではないかなと思っています。

藤田　枠の話だけについて言うと，過渡的な問題という気もしますね。将来

的にはそんなことも考えてアローワンスは持っておきなさいという受け止め方もできるでしょう。

加藤 枠の取り方なのですが，通常の報酬と一緒に枠を広げると言うよりは，別の枠を設けることが望ましいように思います。まず，会社法361条1項1号の決議として，異なる複数の枠を設定することは可能なのでしょうか。

藤田 個別にやるのは自由でしょう。

加藤 会社法上，何ら制約は存在しないのでしょうか。

田中 できないという根拠は何もないですが，実務上，やれるか。

石綿 実務上，取締役の通常の報酬枠とは別枠で株式報酬用の枠を作ったりはしております。

加藤 確かに，株式報酬を新たに付与する場合には，株主総会の決議がなされていますね。

石綿 あれは株式報酬と言っても金銭債権ですので，その枠を別途作る。

加藤 報酬の種類によるということでしょうか。

藤田 性格で分けるというのは，実務的にもそれほど違和感はないということでしょうか。

加藤 確かに，性格が異なる報酬については別枠を決議するという実務が既に存在するので，問題はないのかもしれませんね。

神田 それよりも枠と言う場合に，毎年決議すべきではないですか。

藤田 それは報酬決議一般に当てはまる問題ではないでしょうか。

神田 多分そのとおりです。一遍決議したらそのままというのはどうかと思いますね。

加藤 会社法改正の成立によって，報酬等に関する株主総会決議の内容は開示されることになりますね。

藤田 毎年決議するのだったら，ますますその都度やればいいようにも思えますが。

田中 来るかどうか分からない買収提案のために，その枠を取るか。

神田 確かにそういう問題は出てきますね。

田中 嫌がられることもあるのではないかと思います。

加藤 枠の決議も毎年要るということになりますか。

藤田 現在の報酬決議の発想からすると要らないですね。

石綿 今は要らないです。

神田 ただ，それはあくまで今ある条文の解釈論です。だから，加藤さんがおっしゃるように別枠でもし取るなら，今，田中さんがおっしゃったように，来るかどうか分からない，こういうことが起きるかどうか分からないので，そういう説明をした上で株主総会の承認を事前に取るかでしょう。多分，望ましいのは委員会のほうでの開示でしょうかね。

田中 アメリカだと，取締役の報酬も法律上は取締役会が決められるので，こういう問題が出てこないのです。後は開示だけの問題になる。

飯田 業務執行についての議論の前提は，例えば社外取締役が取締役会の過半数を占めている会社で，M&Aの場合には特別委員として頑張ってもらうという前提で選ばれているとか，例えばM&Aの経験が豊富であるという人が社外取締役として何人か選任されている会社とか，そういう会社は今のところ日本にはまだないということだと思います。現在の社外取締役の報酬は，そういうことに対する対価が全く支払われていないことが前提だと思います。それが現在の状況だと思いますが，将来的にそうでないタイプの会社と言うか，アメリカ的な会社が出てきたときには，まさに社外取締役の職務として，そういう交渉をする役割として選ばれている，それも含めて報酬を受けていますというケースが出てくると思います。そうすると，現在は別途委託説で救っていくのがいいと思いますが，将来にわたって維持してよいか躊躇があります。もちろん，そういうM&Aのプロを社外取締役に選任する会社は指名委員会等設置会社に移行すれば問題はないとも言えますが。

田中 1つには，今回の会社法改正によって，取締役の職務の執行として行う場合でも，改正法を満たしていれば業務執行でないので，したがって，委員としての活動も職務の執行ですということで取締役の報酬として払うことも構わないことになるわけです。ですから，社外取締役に関する限り，特別委員会の委員としての活動をどのように扱うかについては，会社に選択肢がある（別途委託としてもよいし，取締役の職務の執行としてもよい）と解することになると思います。ですから，石綿さんが言われた，社外取締役が別途委託を受けていると言うとネガティブに反応してしまう投資家がいるという点については，私は，そういう投資家の対応が合理的とは思えないけれども，もしそういう問題があるのだとすれば，改正法の規定に基づいて，委員とし

ての活動は取締役の職務の執行と構成し，報酬についても取締役の報酬として払うということは，差し支えないことになると思います。ただ，社外監査役だとちょっと困ってしまうのです。社外監査役の場合，会社のほうで監査役の職務だと構成しようとしても，本当に職務と言えるのだろうかという問題が依然としてあると思います。

(3) 委嘱事項の在り方

藤田 特別委員会について，ほかに何か論点はございますか。

石綿 ちょっと伺ってみたいのですが，先生方は，特別委員会に対する委嘱事項はこうあるべきという点についてご意見は持っていらっしゃいますか。

藤田 委嘱事項というのは，例えばM&Aをやるか否かの点も含めて委嘱事項でしょうか。

石綿 シティグループが日興コーディアルグループを買収するときに日興サイドで特別委員会を設置したのですが，その際に，私がアメリカの弁護士に，特別委員会に対する委嘱事項を何にしようかと言ったら，アメリカでは，取締役会がその取引を承認することをレコメンドするか否かを決めるのが特別委員会の職務だと言われ，グローバルスタンダードに合わせようということで，その助言に従うことにしました。今でも私は，最終的な委嘱事項は，その公開買付けに賛同するか否かを決定して取締役会に答申（勧告）することと整理しています。その結論を導くための考慮要素として，この指針の第1原則なり第2原則を考える，交渉権を付与して交渉してもらう。そのような枠組みで捉えております。

　ただし，実際の実務はそこはばらけていて，この指針における第1原則，第2原則そのものを委嘱対象としているケースも見られます。ここら辺について先生方は何かお考えがあるか伺ってみたかった点です。

藤田 皆さん，どうでしょうか。

神田 個別のケースで私は違うと思うので，そういう意味で質問に答えられなくて申し訳ないですが，研究会で一番議論されたテーマの1つに，最後に「ノー」と言える権限という問題がありました。諮問委員会が「ノー」と言えるかというのは大事で，というのは，言えないとすると答えないで終わると思います，「イエス」と言わない場合には。ですから，委嘱事項は本当に交渉もするということになると，ケース・バイ・ケースになるような気がし

ますが，どうなのでしょうか。交渉権があって諮問型のものが出てくるのですか。

石綿　交渉権があれば，特別委員会の類型としては，交渉型だと思います。特別委員会が「ノー」と言う上で，私の申し上げた委嘱事項が馴染みやすいような気がしているのです。つまり，その取引を取締役会が承認することをレコメンドするか否かについて，レコメンドしないと言えば「ノー」だと思います。

神田　なるほど。

田中　10年ぐらい前，イギリスにM&Aの調査に行ったときに，イギリスでは，取締役会は，株主に対して応募をレコメンドするかどうかが問われるのだと。その際に，実際にあった事案として聞いたのは，その買収提案は，全然，企業価値を上昇させるものでない，はっきり言って毀損する，駄目だと取締役会は思っているけれども，もう大株主2人が拘束力のある応募契約を結んでしまっていて，この公開買付けは成立するのが確実になってしまったと。そうすると，一般株主がこの会社に残っているのはまずいので早く売れと，だから取締役会としては応募をレコメンドするのだと。それが，イギリスの取締役会に求められている行動であるとのことで，私はちょっと驚きましたが，なるほどなとも思ったのです。

　日本の場合，特別委員会の意見は，買収それ自体の賛否と，株主に対して応募を推奨するかどうかということと，2つからなっていることが多いと思います。公開買付けに対する対象会社の意見表明もそうであり，そこからの自然な流れで，特別委員会に対してもそういう2つの事項について諮問される形式になっているのだと思います。そして，これは偶然かもしれませんが，本指針の第1原則と第2原則が，ちょうどこの2つの観点に対応しているようになっているので，その点からも，この2つの点が諮問されているということだと思います。ただ，個人的な意見を言うと，あるいはイギリス的な発想をすれば，特別委員会は，この会社が買収後にどうなってしまうかというのは知ったことではなく，そもそもそういうことは（買収者の将来の行動にかかっているため）委員会には分からない。委員会としては，あくまで，現在のこの会社のポテンシャルに照らして買収価格はフェアであるかどうかということだけが分かることである。だとすれば，特別委員会に対しても，も

っぱら応募を推奨するかどうか，つまり，フェアなプライスかというところだけを諮問することは十分ありうるという気がします。

石綿 私も，取引に賛同するか否かと，その公開買付けの応募を推奨するか否かを判断してレコメンドしてくれという，そういう意味で申しておりました。

飯田 石綿さんのお話は，例えば，特定の買収提案があって，特別委員会を設置したときに，別の人を探すことも含めてディールの適切性とか，価格の適切性なども含めて検討すべしという委嘱をするのか，それとも，相手方はこの人だけれどもというのを前提にした上で，なおその相手方と価格交渉してほしいという言い方にするのか，という辺りの問題ではないかという気がしたのですが，そういうことではないですか。

石綿 そこも実は論点になります。ある案件でXという買収者から提案が来たので，Xによる公開買付けに賛同して応募推奨するか否かを答申することを委嘱したら，その後にYというのが登場して，はたと考えると，取締役会で決議した委嘱事項はXしか書いていなかったということになり，念のため，もう1回取締役会決議をしてYも入れました。もちろん，Xの買収提案についての最初の委嘱事項に基づき，Yの買収提案も検討できるという解釈も可能だとは思いますが，委嘱事項の記載方法として，「Xによる」と記載するのが適切なのかという点は，一応論点だと思います。

飯田 なので，何を諮問するのか，何を委任するのかが問題となったときには，その相手方と取引するのが正しいのかということも含めて，正しい価格は幾らなのかということを委任すべきなのではないでしょうか。それがおそらく独立当事者間取引と同視しうると言うことの意味だと思います。つまり実際には利益相反があるけれども，仮に独立当事者だったならば取締役会が果たすであろう役割と同じことを特別委員会がやるというのは，そういうことを意味しているのではないかと私は考えています。

藤田 株主にとって，よりよい条件を取るように交渉することを特別委員会の役割と捉えるなら，検討事項を恣意的に限定したように思えるような聞き方をすることは，委嘱の仕方としてはまずいということになりませんか。例えば買収相手は××です，それ自体は所与として，価格の妥当性だけ見てくださいというような問い方は，ちょっとまずいことにはならないでしょうか。

どこまで可能性の広がりを予見しなければいけないかという問題はあるかもしれないけれども，今の例ですと，後になって考えると狭過ぎたねという評価になることは十分ありうるのではないでしょうか。諮問の仕方として，特に気になる論点があればそこを強調して，よく検討してくださいという注文をつけるのはいいと思いますが，限られた論点だけ答えろ，後は口を挟むなという諮問の仕方をすると，少なくとも本指針の要求する特別委員会になっていない危険があるような気がします。そういう意味では，石綿さんが最初に言われたような委嘱事項はざっくりしていますが，かえっていい諮問の仕方だという気もします。そして，そんな聞き方をされると困るという反応は，特別委員会のメンバーの反応としてあまり感心できるものではない。特別委員会の役割を正確に理解していればそうはならないと思います。

田中 例えば，ほかにオファーをしている，あるいはしようとしている買収者候補がいるのに，そこを意図的に委嘱事項から外してしまって，Xのオファーが公正かどうかを判断してくださいと言うと確かに問題がありそうですけれども，飯田さんが質問される前の最初の石綿さんの問題意識として，買収前後で企業価値が増加するかみたいな話は，本当に特別委員会に諮問するのに適した事項なのか。本当に特別委員会にそんなことが分かるのか。そもそも買収者は事業計画を出すと言っても限界がある。これは研究会でもよく言われていた話で，諮問しても実態は計画をそのまま追認しているだけにならないかということがあり，後々，特別委員会として責任が取れないようなことは，そもそも諮問すべきではないのではないかという印象もあります。第1原則に関する事項は，諮問すべきでないとまでは言わないのですが，第2原則に関する事項について，つまり一般株主にとってフェアな取引かというところだけを諮問することは，十分考えられると思います。

藤田 そもそも第1原則に関する諮問は，これは買収者の下で企業価値がどうなるかということを判断しないと答えられないので，自分の手持ちの材料で判断する限りは，こういうふうに推測されるという以上のことを言えないはずでしょうし，それ以上のことは求められないでしょう。論理的には，非常に高いオファーをしている以上は，それだけ出せるだけの価値を実現できるのでしょうから，企業価値を高めるものと拝察しますといった意見にしかならないはずです。そういう意見を求めるために聞いてもいいのかもしれま

せんが，そんなことを言わせてもあまり意味はないかもしれません。ただ株主以外のステークホルダーから株主への利益移転が起きるという形で高いオファーが出されており，企業価値自体は下がっているのではないかという疑いがある場合には，第1原則を満たしているか否かは委嘱事項に入るべきでしょう。ただ，これまで散々議論したように，第1原則に引っ掛けて買収に反対するための意見を欲しいがために，そういう諮問をするなら本末転倒ですが。

田中　もともと敵対的買収に対する防衛策として，第三者委員会というのができてきたというところに，日本の第三者委員会（または特別委員会）の特徴的な歴史があります。そのときにフォーカスしていたのは，むしろ第1原則の部分，つまり，（敵対的）買収により企業価値が毀損するかどうかだったわけです。そのことが，友好的だが利益相反のあるM&Aの場合にも，そのまま及ぼされているのではないかという気もするのです。

加藤　発行済株式全部の取得を目的とする事案では，株主にとってよい条件か否かが委嘱事項の中心になるべきだと思います。ただ，上場会社が他の上場会社を買収するが発行済株式全部の取得は目指さない，例えば，51％しか買わないという例がありますが，このような場合にも特別委員会が設置されることがあると思います。実務では，このような場合の委嘱事項は発行済株式全部の取得を目的とする買収と異なっているのですか。

角田　そもそも欧米では部分買付けはほとんどありませんが，財務アドバイザーに何を依頼するかにもつながってくるのかもしれません。1000円の株のTOB価格が1400円です。1400円という株価評価はどうですか？　とだけ諮問されたら，まあ株価としてはよろしいでしょうとなる。一方，51％だけ買う上場維持TOBなんですが，株主は応募すべきかと聞かれると，その手取りを考え，TOB価格で応募できた部分と手残り部分のその後の株価を考えることになります。例えば100株応募しても51株しか買付けされないと，51株をプレミアムが40％付いた1400円，残りの49株はTOB公表前の1000円と1400円の間，上場子会社となった後のシナジーを反映した株価を推定評価して，例えば1100円とブレンドして，結局，株主が手にする価値は1400円×51株＋1100円×49株＝12万5300円。当初の10万円と比べて実際のプレミアムは25％に過ぎないとなります。このような分析まで

依頼する特別委員会だと，部分買付提案における40％プレミアムは足りないが，全株買い付けるなら40％プレミアムでもよい，ではそちらを目指せという交渉になるのかもしれません。

石綿　加藤さんのご質問については両方の可能性があると思います。例えばＹがＺの株を51％買う公開買付けについて，取締役会が賛同すべきか応募推奨すべきか否かについて答申を求めるケースもあれば，上限については言及することなく，ＹによるＺに対する公開買付けについて賛同意見を表明するか，応募を推奨するかについて答申を求めるケースと，両方あるような気がします。

　ただし，仮に50.1％と言及してあったからといって，その部分にそれほど意味はないように思います。50.1％の公開買付けがよいのか悪いのか。よくないのだったら100％になるように交渉すべきですし，それが60％になったら，もう職務の範囲外だから特別委員会として検討を中止しますなどと，そんなふうには考えていないので，実際のところは，そこに数字を書いたからといって大きな違いは出てこないように思います。

藤田　委嘱事項は，完全子会社化等だとまた相当違ってきますか。

石綿　特に異ならないのではないかと思います。

藤田　企業価値を増加させるかと，条件が適切かどうかということですか。

石綿　そうですね。特に本指針が出て以降は。私はいつも，取締役会が公開買付けに賛同し，応募推奨するか否かについて答申してくれということを委嘱事項として，それを検討するに当たっては，第1原則や第2原則を考慮してくださいとしております。

藤田　分かりました。

3. 外部専門家の意見

（1）　法務アドバイザー

藤田　次は外部専門家の意見です。外部専門家としては，財務アドバイザーに重点が置かれていますが，本指針では，法務アドバイザーの選定についても，簡単にではありますが言及されています。法務アドバイザーの役割や機能については，それほど異論がないものでしょうか。

石綿　役割については異論のないところだと思います。問題となるのは，や

はり独立性です。本指針に精通している弁護士が所属している法律事務所が比較的限られていることもあって，その弁護士が独立しているのかという判断が実務的には難しいのです。ここでも，先生方のご意見を伺いたいのですが，昨今上場会社がコーポレートガバナンス・コードの影響などもあり定めている社外役員の独立性基準の基準を，法務アドバイザーの独立性を検討する際に参考にすることができるかという点です。例えば，社外役員の独立性基準は，売上高の2％ないし1％という基準を用いていたりすると思うのですが，法務アドバイザーの独立性を検討する際にそのような基準を用いていくことでよいのか。そういうことについては先生方は，どうお考えになられているのですか。

角田 弁護士の独立性。

石綿 例えば，弁護士の所属する法律事務所の報酬総額の1％ないし2％未満だったら独立していると言えるのか，そういう話です。

藤田 あまり考えたことがないですね。皆さんどうでしょうか。

角田 実務で言うと困っています。特別委員会が自分の弁護士を欲しいと言った瞬間に，親会社は既に事務所を使っていて，子会社も執行側で別の事務所を使っていると，このような案件で信頼できる弁護士事務所というのは，幾つかしかというと語弊がありますが，あまり残ってないところでさらに独立性で減るとなると。また独立している事務所ですと引き受けてくれる方が逆にどのぐらい慣れているかにも恐怖感があります。

石綿 弁護士でも，利益相反構造のあるM&Aの実務に携わっている人は必ずしも多くありません。本指針を理解していない人などもおります。関係者の専門的な能力が不足しており，特別委員会が適切に運営されないという問題は，現実に起きている気がします。

藤田 本指針では注でネガティブリスト的なものが少しだけ書かれていて[24]，ここまで利害関係があると確かにまずいというのは分かるのですが，それさえクリアしていれば問題なくOKですとは，確かに言いにくいですよね。問題自体は分かるのですが，売上高の基準など考えたことがなかった

24）本指針注50。

136

です。

角田 やはり取引からの独立性を満たしていれば，その会社との顧問契約は，まあ，いいかなという。私は横から一緒に闘っているだけの立場ですけれども。

藤田 しかし，買収者との間で長期間顧問契約を結んでいるときは，さすがにまずいでしょう。

角田 それはそうですね。そういうときは多分，買収者というのは親会社でしょうけれども，親会社が長期顧問契約を結んでいる事務所を使ってしまうので多くは起こらないかもしれません。

藤田 そういう事務所は事前に排除されるのでしょうけれどね。

石綿 しかし，大きな会社は，大手の法律事務所のいずれとも取引があることがあります。私が関与した，大阪のある大きな会社の完全子会社化案件では，大阪の大手法律事務所はほぼ全てその会社の顧問先となっており，大阪で企業法務に強い法律事務所は全滅でした。

藤田 それは困りますね。

石綿 そうすると残らないのです。ご承知のとおり，NYSE上場会社においても社外取締役が独立しているか否かというのは，NYSEの基準などで見ていて，NYSEの基準は売上高2％です。もちろん，ほかは該当していないという前提ですけれども，売上高2％というのを援用してきて一定の判断をするというのも，許されないわけでもないのではないかと，実務家としては勝手に思っているのです。

藤田 あまり厳格にやりすぎて，能力がある事務所を選べなくなるぐらいなら，多少の取引はあっても，それを選んだほうがまだましというわけですか。

石綿 そのとおりです。独立性を軽視しているわけではなく，慎重に独立性を評価しようとしておりますが，結構悩ましい論点です。

田中 考えてみると本指針でも，注50では，「法律事務所」ではなくて「弁護士」の利害関係を問題にしてますね。

藤田 そうですね。所属事務所とはなっていませんね。しかし，この注は，同じ事務所でもチームが違えばいいと読む余地もあるのでしょうか。

田中 それだと緩すぎますよね。

藤田 確かに同じ事務所でチームが違うぐらいだと緩すぎますね。

石綿　これは明らかにアウトの場合を書いています。

藤田　大学などでも問題になることがあります。ある学部の先生を社外役員として招聘したいというときに，全く別の学部が寄付を受けていたら，その人は独立性を欠くかという問題です。東大病院（東京大学医学部附属病院）が寄付を受けているからと言って，経済学部の先生が寄付元の企業の社外取締役として不適任だと考えるのはさすがに変だと思います。ただ，例えば寄付を受けている教員が同じ学科に所属していたら，やはり駄目だろうとかいった相場観はありますよね。法律事務所だとどうなのでしょう。

田中　弁護士個人だと，親会社と顧問契約を締結していたら当然アウトですけれども，事務所だと売上高に対する割合などを勘案して許されることもあるかもしれません。もちろん親会社にアドバイスしている弁護士とは違う弁護士を当てるのは当然ですが。ただ，先ほど話題にされた大阪のケースについては，東京の法律事務所を雇えばいいのではないかという気もします。

石綿　それで東京の弁護士を雇いました。でも結構大変でしたね。やはりface to face でやったほうがよいときも少なくないので，特別委員会の委員が皆大阪にいるような場合に，いちいち東京から行けるのかということになって，結構苦労されていたようです。

藤田　いずれにせよ，法務アドバイザーについては，機能とか役割とかいった基本的な考え方について問題があるわけではなくて，もっぱらリソースの問題が深刻だということですよね。

　（2）　株式価値算定書，フェアネス・オピニオン

藤田　それでは株式価値算定書とフェアネス・オピニオンに移りたいと思います。これらの性格について，実務的な観点からご説明いただけないでしょうか。

角田　詳細は本指針そのものを読んでいただくとして，株式価値算定書は，算定書を出すことは平常時でもありますから，必ずしも取引，買収案件と紐付きになったものではなくて，相手の存在を前提とするシナジーなどはそもそも含まずとも作成できる面があります。一方，フェアネス・オピニオンは，取引と紐付きになっていて，取引の財務的な面について公正かどうかということについて財務アドバイザーとしての意見を述べるものです。ただし，相手はいますが，シナジーの金額と分配を明示的に分析したものではありませ

138

ん。

　フェアネス・オピニオンを提出する場合も株式価値や株式交換比率の算定書を提出していますが，平常時の独立評価におけるミニマム手法だけでフェアネス・オピニオンを書くかというと，それはないと思います。例えばプレミアム分析は，平常時の株式価値算定には出てきませんが，オピニオンを出す際の算定では見かけないほうが珍しいでしょう。株式交換などでは，新株発行に伴うダイリューションを補うだけシナジーもしくは株価収益率（PER）の差があって，1株当たりの指標が改善するか否か，改善するのはどのタイミングかというような，直接的に価値，株価そのものに結び付かない分析をしていることも多々あります。買収者側の財務アドバイザーとしては，ベース事業計画に加えてシナジー込み計画を作り，事実上シナジー額を検討した上で，買収価格を設定する場合もあります。しかし，交渉戦略上シナジーの全てを見せるのが得策ではないので，シナジーを相手にフル開示しませんし，結果的に価格がシナジーなしケースの上限内に収まっていることも多くあります。

　弊社も含め，株式価値算定書を提出する際には，案件チームから独立した審査制度を社内に設けるところが多いですが，フェアネス・オピニオンでは，一段上のレベルの審査体制になっていると思います。純粋な評価としてのテクニカル面の審査には差をつけない評価機関でも，オピニオンには自社と顧客，その相手との利害関係に触れる部分があるので，当事者とのビジネス取引関係，自らの独立性も確認して意見を出すプロセスもあると思っていただくと分かりやすいでしょうか。

藤田　そもそも今までの裁判実務で，株式価値算定書とフェアネス・オピニオンの違いなどについて，裁判所がちゃんと理解できていたかというのは，よく分からないところではあるのですが，本指針では，株式価値算定書を必須のものとして当然要求し，フェアネス・オピニオンはそこまで強くは要望していないという形になっています[25]。まず株式価値算定書の位置付けなどは，本指針の考え方で基本的に正しいでしょうか。

---

25) 本指針 3.3.2.1 および 3.3.2.2 参照。

また株式価値算定書をとる意義というのも，やはり交渉の前提としてそれを押さえておかないと交渉がちゃんとされないという位置付けだと思いますが，裁判所はそういう認識で株式価値算定書を見ているのでしょか。専門家の意見だから，客観的価値評価として信用できるため，それを公正な価値と考えてよいという理解だったのかもしれません。そもそもシナジーを反映していない，ということが認識されてなかった可能性もあるので，その辺りの認識が改まってくれると，有り難いと思うのです。

　なお今角田さんが言われたことからすると，フェアネス・オピニオンのほうは，シナジーも意識するということですか。

角田　オピニオンを提出するかどうかには左右されませんが，取引と紐付いているので，シナジーを扱う場面に出くわすことが多いという面があると思います。買収取引があるときに，その買収がもたらすメリットとデメリットを考えないで決める方はいらっしゃらないので，明示的に何億円，1株当たりに直したら何十円という形で見ているかどうかは別として，買手も対象会社もシナジーについては考える，議論すると思います。買収価格は，固く見積もった事業計画のシナジーなしケースのDCF評価のレンジの上限までに収まり，シナジーまで考慮するとアップサイドは結構ある。ストレス的な財務予想になっても，シナジーが達成できればカバーできるのではないかというぐらいなイメージで，算定書のフットボールチャートという帯状のチャートの上で，インタラクティブに価格を議論する上でシナジーが出てくる，意識されることは多いように感じます。

藤田　シナジーを考慮しているとしても，裁判例などで言うシナジーを公正に分配した値段がこうだという発想でも必ずしもないというわけですか。

角田　分配まで厳密に定式化することはないですね。ある案件のときにこれぐらいのシナジーがあるので，どこまでギリギリ買収価格を上げられるかとなり，シナジーを満額払い出すということは実現リスクがある中では買収者の株主に対して説明がつかない。アップフロントで売手に渡すのは固い予想シナジーでも3分の2か4分の3ぐらいが上限ですかね。それで計算すると，このくらいまでの価格で収めて帰ってきてくださいと責任者にお願いしてというようなことはありましたが，その上限もシナジーの分配だけで決めたものではなく，他の手法，違うケースでの計画での位置，1株当たり利益への

140

インパクトも見た上でのものでしたし。

田中　それは買収者側に立った場合ですよね。

角田　買収者側です。

田中　対象会社側だと，そもそも買収後の事業計画を前提にした企業価値は，分からないのではないでしょうか。

角田　買収後に買手によって実現するシナジー金額の精査とそれを用いた交渉に対象会社で多大な時間をかけるかというと疑問ですね。対象会社側のシナジーの議論では，ディスシナジーを先ほどのいわゆる企業価値への減少要素，買収されたくないという原始的心理的拒否感の検証として具体的に金額インパクトとして考えること，買収後に同じチームとしてシナジーをどう実現していくかの実務の議論が，シナジーを価格交渉に用いるよりも多いと思います。対象者側が気にしているのは，自分が公表している事業計画がもたらすであろう価値，これはスタンドアローンでシナジーを含まない価値ですが往々にして実現確度の面から見るとかなりアグレッシブで高い価格をもたらします。このバリューに匹敵するか，望ましくはそれ以上の買収価格なのかという観点が，シナジーよりも先に来るという感じがします。野心的な計画がもたらす価値と同程度な買収価格の実現は，実は現実的な計画，それを反映したであろう現在の株価と比べるとプレミアムであり，シナジーを買手から分配してもらっているから実現した面も含むと暗黙に受け止めているイメージでしょうか。合わせて様々な手法で評価したレンジのどの辺りに位置するか，買収価格で見たマルチプルは同業の市場取引や過去買収事例のマルチプルと比べてどの辺りに位置するのかも気にします。シナジーがこれぐらい出るはずだから半分は分配してくれというような交渉手法もありえますが，説得力その他の面で他の手法よりも効果的かどうかは疑問で，稀だと思います。

石綿　やはりプレミアム水準が重要になりますでしょうか。

角田　代理変数としてプレミアムが十分かどうかは意識します。プレミアムだけを見るわけではありませんが。

石綿　実際の場面では，シナジーを分配しているか，という言葉を用いるのではなく，結局，プレミアムとして十分かというように，皆さん議論をしているような印象はあります。

藤田　プレミアムが十分かというのは，論理的にはシナジーの分配がされているかという意味ですよね。

石綿　そうです。

藤田　プレミアムが十分かというのは，フェアネス・オピニオンの中でも当然考慮されているということでしょうか。

角田　フェアネス・オピニオンや取引を前提とした算定書においてもそうですね。上場会社案件でプレミアム分析をしないことは多分ありませんので。

藤田　これは対象会社側でやる場合でもそうなのですね。

角田　対象側のほうが気にします。買手はシナジーで回収できれば，高いプレミアムでも一応は説明がつきますし。

藤田　その場合プレミアムも，きちんと判断するわけですね。

田中　ただ，その場合のプレミアムは市場価格を基準にしたものですよね。

角田　そうですね。市場価格が正しいかどうか，プレミアムを付すベース価格がそもそも正しいのかという先ほどの問題はあるかもしれません。例えば，現金が評価されているかどうかは，市場株価へのプレミアム水準だけではなく，現金を含む企業価値評価，例えば EBITDA 倍率などでも判断することになると思います。

石綿　海外の人たちと話すときは，スタンドアローンのバリエーションを踏まえて，プレミアムが十分か十分でないかという議論が行われていることが多いように思います。

角田　そうですね。今日付いている株価と同じ価格での身売りに「イエス」と言う人はいないでしょうから，取締役会に同意してもらう，TOB に応募してもらう，株主総会で賛成してもらうために何らかの上乗せは交渉開始の必要条件。分かりやすい上乗せはプレミアムが十分かどうかであり，さらには買収価格を指標とした様々なマルチプルなどが過去案件や同業他社と比してどうなっているかの分析であり，シナジーは，買手がプレミアムを上乗せできる根拠，高いマルチプルを付けられる理由付けとして後ろに隠れていて，取引条件そのものではない。取引条件の理由と言うか背景，根拠に過ぎないシナジーだけをあまりほじくり返しても意味はないと言えばよいのでしょうか。

神田　実態は多少は理解しているつもりなのですけれども，ちょっと伺った

いです。それは，「シナジー」という言葉を使わないまでも，特別委員会の
ほうからすれば，一般株主を代弁するのだから，高いほうがいいわけです。
相手方は安いほうがいいわけですよね。それだけの話ですよね。それで今，
何が公正かということをやっていて，第1原則は何かと言うと，第1原則と
言うよりも視点で言えば視点1で，独立当事者間のところへ落ちればいいと。

角田　むしろ単純に高い価格を得るためだったら，シナジーを四の五の分析
するよりも，単純にオークション状況になって，皆さんに欲しがって競って
いただいたほうが，より激しいマーケット・チェックをするほうが目的達成
には合っているかもしれません。

神田　同じことを言っているつもりだとは思うのですけれども，独立当事者
間であっても，なぜ高い額を払うか，合意するかですよね。

角田　おっしゃるとおりです。

神田　それをシナジーの分配とここでは呼ぶのではないでしょうか。

角田　実務での独立当事者の取引であっても，この人はシナジーがいっぱい
出そうだから，イコールたくさんプレミアムを払えるはずだから，この人か
ら先に当たろう，もっと強く交渉しようというのはよくやっています。

神田　要するに，買う人はなぜ企業の価格より高いお金を払うかという説明
が，3通りぐらいあるのです。例えばアメリカの標準的なテキストによれ
ば[26]，1つは今のような説明，つまり企業価値を高められると。もう1つは
プライベートベネフィットによる説明，つまり会社を買った後で資産を横領
するから，その分たくさん払うと。3つ目は株式取得のスピードアップ。で
すから，今ここでしている話というのは，本指針の「てにをは」はともかく
として，理論的なベースは何でしょうかということを考えているのです。そ
うすると，実務がおっしゃっている話とは整合的なのです。実務は，売るほ
うは「幾らプレミアムを付けますかね」と言っているし，買うほうは特にキ
ャッシュアウトの場合，とにかく特別委員会はより高い価格を交渉している
わけだから，それはアメリカだって entire fairness 基準ならそうなります。
市場価格のようなナカリセバ価格ではありません。だからおっしゃっている

---

26) William T.Allen and Reinier Kraakman, *Commentaries and Cases on the Law of Business Organization, 5th ed.*, Wolters Kluwer, 2016, at 427-428.

こととそんなには変わらないのです。

藤田 そういう意味で言うと,「シナジー」などという言葉で議論をしないというだけで,結局シナジーなるものがあることで留保価格が変わってくる,ここまでなら出せるという限界が変わってくる。相手方はそれを想像するしかなくて,想像しながらできるだけたくさん取れるように交渉するということは万国共通です。ですから,実体が異なるというよりは,シナジーを公正に分配しなくてはいけないという表現の仕方が特異だと思うのです。

神田 そうですね。表現が難しいところですよね。

田中 ただ,実際には私も神田さんと同じように思っているのです。独立当事者間でフェアな取引をすれば,ナカリセバ価格以上のものがもらえる。取引から受けられる余剰のうち幾らかの分け前を普通はもらえるはずです。日本の株式買取請求は,その余剰の部分を差し引いたりはしないというルールです。それは,その点だけを見ればアメリカとは違うかもしれませんが,アメリカの場合は,株式買取請求だけでなく,一般株主の救済のためにはクラスアクションや差止めもあるという点が重要です。もし日本において,シナジーの部分は差し引くのだという処理をするとすれば,日本はクラスアクションもないし,差止めもないのですから,一般株主に十分な救済がないことになるのではないか。そういう点も含めて,私は,日本法においてはシナジー部分は差し引かないのがいいと思います。

　あと,アメリカでもシナジーの概念がないわけではないと思います。特にアメリカの場合,株式買取請求の場合はシナジーを差し引いてくれるので,むしろ会社の側が,シナジーを計算して裁判所に持ってくる。ですから,逆にアメリカのほうが,裁判所がシナジーを計算しているという印象があるのですよ。日本は,一般的な法解釈としては「シナジーを分配しなければならない」と言っているけれども,実際には,買収価格がスタンドアローンの価格のレンジのまあまあ上のほうにあるということと,市場価格を基準にするとプレミアムが付いているということと,それから特別委員会が付いていること,この3つがそろっていると,大体OK（現実の買取価格が「公正な価格」である）,というように今までの裁判例はやってきていると思います。ですので,少なくとも現在の裁判例だと,実務上困ることはあまりないのではないかと私は思うのです。

144

ただ，株式買取請求をする株主の側は，会社法のルールはシナジーを分配するというのだから，「シナジーをちゃんと出して」と主張するわけです。裁判において，株式価値算定書で算定されている価格はあくまでスタンドアローンベースだと，そうするとシナジーについての具体的な算定根拠は特にない，となったときに，特にマーケット・チェックをしないまま決められた取引価格が，果たしてシナジーを公正に分配する価格だと言えるのかという点は，裁判においては，将来的に問題になっていく可能性があるのではないかと思います。

神田　おっしゃるとおりだと私も思います。まだ裁判例はないです。

藤田　本指針が出された効果として，フェアネス・オピニオンを取る方向に行くのでしょうか，それとも変わらないのでしょうか。

石綿　どちらかと言うと，取得する方向に行くとは思いますが，海外で言われているほどの重みを持っては取り扱われない可能性があろうかと思います。

藤田　従来，裁判例はそれほど重点を置いてなかったと聞くのですけれども，この指針のような説明をされると，やはりそれは変わらないということでしょうか。

石綿　いや，従来よりは重視していると思います。

角田　明確になったんじゃないかと。

藤田　何か分からない状態よりは，考え方が分かるようになっただけ，裁判所も受け入れる素地が出てきたと考えていいですか。

角田　お客様がフェアネス・オピニオンを取っているときは，裁判を意識してというよりは，コストをかけて一段高いレベルのサービスを受けて精査を行ったと外部に言える効果を狙っていると感じます。TOBの応募にフェアネス・オピニオンの有無が大きく影響するのかはよく分かりませんが，少なくとも株主が投票するタイプのものだと，実際に機関投資家は欧米の慣習に左右されますので，フェアネス・オピニオンの有無が彼らの投票行動を一部で左右します。そういう観点では，自分の株主に説明する，訴えかける道具の1つとして，裁判所よりは株主を見て取り続けるのではないかと思います。

4. マーケット・チェック

(1) 支配株主による買収とマーケット・チェック

藤田 それでは，次にマーケット・チェックについて考えたいと思います。本指針は，マーケット・チェックについて，必要な場合とそうでない場合について，かなり明確に整理しています[27]。簡単に言うと，買収者が支配株主であるか否かで区別して，前者の場合にはあまり有効性はないから，必ずしも必要ないとしています。本指針の考え方には，基本的に大きな違和感はないと理解してよろしいですか。もっとも本指針は，例外的にマーケット・チェックが機能しうる場合もありうるとしているのですが[28]，現実にはどういうケースが考えられるでしょうか。

角田 MBO は置いておいて，親子とか非常に大きなブロックの株主が支配している場合，その株主が売らない，「事業戦略上必要だから，この価格で100％化できないのだったら，今の上場子会社としてキープします，利益は残念ながら半分流出し続けるけど」という場合には，全てのオファーが成立しないのでマーケット・チェックにあまり意味がない。注 66 にもありましたが，日本にはあまりいらっしゃらないと思いますが，高ければ売るけれども，安ければ買うという投資家のような親会社，上場 PE（プライベート・エクイティ）や商社みたいな親と事業との関連が薄い純粋投資先である上場子会社の場合は，時と場合によっては該当するのかもしれませんが，ほとんどの上場子会社は親会社と密接なビジネス上の関係を有していますし。

　お客さんとお話していても，上場子会社の 100％化などを考えていらっしゃる親会社は，この価格で成立しないのなら，成立させるために自分の株主に迷惑を掛けるような法外なプライスを払う気はないけれども，さりとて売る理由もない，売却はデメリットが多いと考えている例が多いと感じます。上場子会社がグループ全体としての経営数値の足を引っ張っているなら，まず改善を要求して，できないようなら売却の方向になるでしょうし。既に所有している子会社が満足いく結果を出していることと，新たにプレミアムを払って追加投資して完全子会社化した上で投資採算を取るというのは違いま

---

27) 本指針 3.4.3。
28) 本指針注 66。

すので，この値段なら取り込むが，それ以上出せというなら現状維持という判断をされるケースが多いかと思います。

藤田 支配株主による買収であっても，マーケット・チェックに意味がある例はまずないというわけですか。

角田 子会社を売ると決めて動いたのはあっても，完全子会社化の方針から一転して売りに転じたというのは記憶にありません。

(2) 対抗提案への対応の在り方

藤田 関連して気になるのは，マーケット・チェックそのものではないのですが，対抗提案が現れた場合の対応です。本指針は，厳格なレブロン義務を課すような立場ではないのですが，高いオファーを拒絶する場合には，説明責任を果たすことを要求しています[29]。それでは仮に，より高いオファーをリジェクトするとしたら，どのような説明をすれば本指針の趣旨にかなった説明になるのでしょうか。先ほど議論したユニゾホールディングスのケースは，そもそも本指針の適用のある買収ではないですが，あそこでなされた説明は，本指針からはどう評価されるのでしょうか。

角田 拒絶する際は，その高いオファーの実現可能性が問題になるかと思います。例えば主要株主が「絶対売らない」と決めていたら，どんなオファーも絵に描いた餅になる。先ほどのユニゾホールディングスの事案におけるブラックストーンのように，ファイナンスは自分の手元資金であり銀行借入の承認が出るかという不確実性なし，デューデリジェンスも終わった，許認可以外の前提条件はありませんと言われると，そのオファーは無視できないと思います。バイアウト実績も資金規模もないファンドが特に資金の出所も明示しないで，どこかの鑑定士が書いた時価の何倍もするような価格がフェアですからと言って，その下の価格で買収する用意があると出してきたオファーは違いますし。実現可能性は，より高額なオファーを拒絶する，唯一とは言いませんけれども，最も頻繁な理由でしょうね。

藤田 資金面だとか法的な障害によって買収の実現可能性が低いということがオファーを拒絶する正当な理由になることは，おそらく異論の余地がない

---

29) 本指針 3.4.4。

でしょう。本指針が議論しているのも，あくまで「その対抗提案が具体的かつ実現可能性のある真摯な買収提案である」場合についてです[30]。

石綿 実現可能性がないものは，そもそも対抗提案と呼ぶ必要すらないように思います。逆に具体的で実現可能性がある2つの提案があった場合に，価格が低いほうを選ぶというのは，なかなか難しいような気がしています。一方で，マーケット・チェックからちょっと外れてしまうのですが，独立した上場企業に1つの提案が来たときに，それに対して反対する。つまり，2つの提案の中の安いほうを選ぶというのではなくて，上場していた市場株価よりも高い価格のオファーは来たのだけれども，それに反対するというのは多分，ありうるのだろうという気はしています。

角田 今は安いけど将来はすごくよくなるぞと言っても，現金対価ならそこで終わりですからね。価値を高める提案者のほうがシナジーも大きいのでしょうから，プレミアムを上げてもらって提案価格でも並んでもらうように全力で交渉する。上げてくれなかったときに，それでも価値をより増やす相手と言い切れるのか。株対価提案であれば，当初は安い（低い）交換比率で来た提案相手と引上げ交渉し，最終的に公表された後に統合による企業価値増加を市場が織り込んで買収提案した会社の株価が上昇し，比率換算で対象会社株価も上がって，競合していた提案価格を上回ることになればいいので，そうなると確信を持って断言できればよいのですが，簡単ではないです。

田中 神様の目で見ると，120の企業価値を実現できると合理的に見込んで，100のオファーを出している買収者と，本当は100しか実現できないけれども，自信過剰になっていて，150のオファーを出す買収者がいる，というようなケースはありうるわけですよね。そのときに，対象会社の取締役会は，それぞれの買収者の下での将来の企業価値が分かっていて，だから第1のオファーを選ぶというように，すごく取締役会を信頼すれば，そういう選択肢が考えられます。これは，「買収者の自信過剰ケース」というものです。

　もう1つは，「信頼の裏切りケース」というのがある。これは，自信過剰ケースに比べてもさらに，どの程度実際に起こるのか疑わしいように思いま

---

30) 本指針3.4.4。

148

すが，従業員その他のステークホルダーから富を搾取する目的での買収で，そのような買収がされる可能性があることが，事前的には従業員のやる気を損なうから，企業価値を損なうというシナリオです。こういうふうに，理論的には，オファーの価格は高いけれども，企業価値を基準にすると劣っている，ということは考えられます。ただ，今言ったような考慮要素を，対象会社の取締役会に考慮させるのがいいかといえば，もしそれを認めると，実際上は，取締役会がいいと思ったオファーを受けて，嫌だと思ったものは全部拒絶できるようになるから，対象会社の取締役会の裁量権の濫用を防ぐためには，価格が安いほうのオファーを受けるということは，相当制限したほうがいいだろうと思います。いわゆるレブロン義務は，その方向を徹底的に追求したもので，100％金銭買収のオファーの場合，対象会社の取締役会は価格の高低しか考えてはいけないことになる。ただ，その点については，研究会においても，委員の多くに，レブロン義務のところまで徹底するのはある種のためらいがあったのではないかと思うのです。だから，取締役会は価格以外の要素も考慮できる，特に買収後の企業価値も考慮できるような記述に一応なっているのですよね。

藤田　本指針が第1原則として，企業価値基準を採用している以上，買収価格だけで判断しなさいとは言えないでしょうからね。とは言え本指針は，オファーが高額だけれども企業価値は毀損している例外的な状況がそうそうあるとは考えていません。「対象会社の企業価値の向上により資する買収提案と，一般株主が享受する利益がより大きな買収提案とは，通常は一致するものと考えられる」[31]とわざわざ明記しています。さらに「いずれの買収提案が対象会社の企業価値の向上により資するかについては慎重な判断が求められ，企業価値の概念を恣意的に拡大することにより，このような判断を不明確にすることは望ましくない」[32]と断って，そういう主張によってオファーの拒絶を正当化することをたやすく認める趣旨ではない旨，わざわざ釘を刺しています。

田中　とにかく，安いオファーのほうを受けてよいのは例外的であると書い

31）本指針注69。
32）本指針注70。

たわけですよね。

石綿 そうですね。例えば，こういうケースだったら，先生方はどうお考えになられますか。例えば，ある会社が金山を持っています。金というのは，埋蔵量に限りがあります。これをとにかく短期的に最大化しようと思えば，とにかく山を崩して全部採りまくるのが，一番たくさん回収できて短期的に利益を最大化できるのです。しかしながら，日本の鉱山を運営している会社がそういうようにやっているかというと，そうではなくて中長期的に，毎年このくらい採っていくという形で，一定の摂取量を決めています。

世界中の鉱山を短期的に全部発掘して全部取り出すということに全精力を注いでいるかというと，むしろ中長期的に，安定的・持続的に採掘を続けていく。そして地域の住民たちとも良好な関係を築きながら，環境も配慮しつつ，中長期的な観点で経営しているわけです。そこに，例えば中国の企業などが来ていきなり会社を買収してしまって，最短期間で，金を採掘して去っていったとします。こういうケースというのは，どういうようにお考えになられるのかなと思ったのです。

藤田 要するに，短期的に採り尽くしてしまうようなことをする会社は，現在の株価よりもずっと高い値段でオファーできるという前提ですね。

石綿 そうです。それをしてきたときにどう考えるかです。

藤田 それをやっている会社というのは，先ほど田中さんが言われた自信過剰ケースではなくて，そういうことによって利益は上がるという前提ですか。

石綿 埋蔵量は決まっていますから，それをものすごく短期間で採りまくれば，短期的なリターンは大きくなる。

藤田 現在価値に引き直した場合，そういう掘り方をしたほうが，長々かけて少しずつ掘っていくより高い価値を実現できるというのだったら，そういうオファーをリジェクトする正当な理由はないはずですね。

石綿 ないのですかね。しかし鉱業を営んでいる会社というのは，鉱山の安定繰業をものすごく重視していて，1年で採り尽くせるだけ採り尽くして，後は野となれ山となれではなくて，環境問題なども踏まえて，あまり環境に大きな影響を与えないように注意をしながら，一定数量を安定的に採っていくようにしているわけです。

角田 安定操業があるとしたら，むしろ採掘による供給量をコントロールし

て，値段を高く維持しようということ，デビアス・ダイヤモンドみたいに価格設定によるエコノミーの面が大きいのではないのでしょうか。

田中　私も，採り尽くしてしまうほどに供給量を増やすと価格が下落するので，鉱山会社にとっても利益にならないのではないかと思って，これも自信過剰ケースかなと思いました。

藤田　市場の供給まで考えるなら長期的に安定的に供給したほうが利益が上がる——現在価値に引き直してもそうなる——と言えるなら，株主利益を損ねているわけですからリジェクトできるのは当然です。そういうケースだとすれば，これは買収者の自信過剰ケースでしょう。これに対して，石綿さんが「環境問題を踏まえて」と言われたのは，論理的には別の話です。鉱害を発生させる代わりに，株主がものすごく儲かるというビジネスモデルで買収を仕掛けてきた場合に，買収価格は高くてもリジェクトできるかというのは，株主の利益と企業価値の乖離が生じている——鉱害の被害者から株主への利益移転がある——状態で，高い価格のオファーでも企業価値を最大化していないという可能性も問題になる。

　いずれの場合もリジェクトできるとは思いますが論理構造は異なる。

石綿　そういうように考えると，一見，高い価格が出ているように見えても，中長期的な意味で企業価値が下がっているケースというのは出てきうるということですね。

藤田　論理的にはあるかもしれません。

（3）　スポンサーのいる買収か否かの区別

藤田　マーケット・チェックについて，その他に何か論じるべき点はありますか。

田中　以前は，MBO の場合はマーケット・チェックできないと言われる弁護士さんがおられました。つまり，MBO の買収者は，買収後に，経営者と組んでやっていかなければならないのだから，経営者が好きな人でなければ（たとえ高い価格をつけるとしても）買収者にすることはできない，だからマーケット・チェックはできない，という議論です。これはどうお考えになりますか。

石綿　確かに，経営者は自分がやりたいと思わなければ MBO はやらないです。一方で，経営者がやりたいと思ってもできない MBO はあるのかもしれ

ません。

藤田 マーケット・チェックも，環境が変われば，その機能も変わる可能性
はありますね。

石綿 そうですね。間接的なマーケット・チェックが，有効に機能する場面
は出てきていると思います。特に今回のユニゾホールディングスの件は放っ
ておいても，対抗提案がなされているようです。

角田 確かにそうですね。

　経営陣が意中のファンドと組んだ本来のタイプの MBO を取締役会が提案
されたとき，特別委員会が組成されるのでしょうが，どうマーケット・チェ
ックに近い状況，結果としての買収価格を達成するかは悩むところだと思い
ます。情報漏洩すると株価インパクトがあるので，交渉は厳しくやるものの，
他のファンドや買手には接触せず，公表してから GOSHOP という手法の組
合せも，レブロン義務まで求められていない特別委員会には違和感がありそ
うです。往々にして経営陣は創業家で拒否権に近い持分を所有していたりし
ますので，NO と言ったら他のオファーが成立しない，親会社があるマーケ
ット・チェックに近いケースもありますし。こんな条件にとどまるなら他の
ファンドを呼ぶぞみたいなハードな交渉が上手で，取引から独立している財
務アドバイザーを，高く売れたら高くフィーを支払うようなインセンティブ
型の契約で働かせ，間接的マーケット・チェックを阻害しないストラクチ
ャーで，創業家持分を除いた MOM 条件を付すなどで確認することになる
のでしょうか。

藤田 環境としてマーケット・チェックが有効に機能するようになってきた
のだったら，逆にこれをやらない，さらにはマーケット・チェックを実質的
に阻害するようなやり方は，正当と認められなくなってくるのでしょうね。
ただ現実味のないことまですることもない。そうなると今，角田さんの言わ
れたようなことになるのでしょうね。この辺りは，将来的にはこれまでの実
務が変わってくる可能性はあるように思います。

5. マジョリティ・オブ・マイノリティ（MOM）条件

藤田 次は，MOM 条件の設定です。ここでもその存在意義として，「対象
会社株主の交渉力」（本指針 3.5.1）の観点が強調されています。ただ本指針

は，MOM 条件の設定については，「企業価値の向上に資する M&A に対する阻害効果の懸念等も指摘されている」として，かなり慎重なスタンスをとっています[33]。ところで，非常に良く見られる措置であるにもかかわらず，日本ではなぜ弊害が非常に強調されるとかと疑問に思うこともあるのですが，実務の感触はどうなのでしょうか。本当にそれほど弊害があるのか，弊害があるとしたら日本固有の事情なのか，固有の事情があるとすれば制度的なものなのか，関係者の行動様式なのかという辺りについて，感触を伺えないでしょうか。

石綿 この数年，株主アクティビズムが非常に活発になってきております。その運用資産残高も数十兆円という相当な金額に上っております。その中でも，日本は，アメリカに次いで 2 番目にアクティビスト株主が投資をしている市場になってきているとも言われております。これだけ M&A アクティビズムが世界的に活発化している中にあっては，アクティビスト株主が，自分たちが儲けるために買収の公表後に参入してきて，買収を妨害し，M&A がスタックしてしまうケースが出てきております。一方で，日本は，アメリカほどは，M&A が盛んなわけではないので，そのようなリスクがあるとなると，そもそも買収を行うことに躊躇を覚える経営者が少なくないというのが，問題意識としてはあるのかと思います。

角田 さらには，制度上ですが，買取請求によって負けない勝負と言うか，少ししか負けない勝負が簡単にできる面もあります。買収価格より高く株を買い集めても，裁判の価格決定での最大の負けは買収価格で買い取られることですから，とりあえずポジションを作って騒いで失敗してもマイナス分は限定される。また，実現可能性がない，なんちゃってオファーを公表しても相場操縦で捕まっていませんし，提案したなら 28 日以内に正式買収開始するか撤回しろというルールもありません。金利がマイナスなので投資資金が寝てしまう機会損失も小さい。いろいろな意味で，わが国はアクティビストに有利なリングになっているのではないのかというのは実際問題として感じます。

33）本指針 3.5.2。

藤田　弊害は現にありそうだということは，やはり共通の認識のようですね。そして制度的な要因もあれば，マーケット参加者の属性の問題もあるというふうに，いろいろな要素がありそうだということでしょうか。それでは諸外国ではあまり心配しなくていいのはなぜなのでしょうか。

角田　諸外国でも心配不要なわけではありません。日本企業で言えば，エリオットというファンドは，キヤノンが北欧のアクシス・コミュニケーションズを買収したときにスクイーズ・アウトを阻止できる10％強まで買って，親子上場の状況を1回作り出してから3年間その10％の買取価格で勝負するみたいなことがありました。損はしていないんでしょうが，投資期間の長さを考えると十分に儲かったとは言えないかもしれません。

石綿　某大手電機会社の欧州のM&Aも，アクティビスト株主が参入してきた結果，ストップして，もう何年もたっていますよね。

藤田　なるほど，外国でも弊害はあって，日本固有の問題とも言えないということですか。

角田　そうですね。

藤田　にもかかわらず，諸外国の実務ではMOM条件の設定を要求することが多いのに日本は要求できないとすると，それはなぜかということになりますね。

石綿　確かに，アクティビスト株主が多いところというと段々限定されてくると思うのですが，ただ，アメリカは残るであろうということはあるわけです。今後，アメリカで大株主の信認義務が効いてきたりすることはないのですか。また，信認義務以外でも，アメリカのような訴訟社会において，一定の牽制が働くということはないのでしょうか。

藤田　信認義務で抑止できる話かどうか疑わしいと思います。

田中　基本的に支配株主にしか信認義務は課されないですからね。

藤田　5％や10％もっているだけのファンドに信認義務が課されるわけではありませんからね。

角田　アクティビストや機関投資家のフィデューシャリー・デューティーとは少しずれてしまいますが，日本では，強圧性と言うか囚人のジレンマに感度が低い個人株主がこういうシチュエーションに多く参加するのも影響しているかもしれません。TOBに応募して成立させたほうが，不成立となって

株価が低迷するよりも得なシチュエーションになっても応募しなくて，結局，廣済堂とかがそうだったように記憶していますが，成立せずにドスンと株価が落ちたまま，次のコーポレートアクションがないままになっているような面も感じます。

藤田 それは制度的な問題ではなくて，投資家の行動に由来する話ですね。

角田 そうです。外国では，洗練された機関投資家が，囚人のジレンマを意識し，時間価値も意識するから，対抗提案が実現しないと思えば，不承不承でも応募して，もしくは賛成票を入れて成立させてしまうこともその他のM&A参加者は期待できる。一方，わが国では，対抗提案の成立の可能性も精査できない，不成立が自分にとってもどれほど損かという判断が上手にできない，損が限定されたサイコロ博打感覚のような市場参加者の影響をより強く受けているようにも感じます。話せば分かる相手ではなく，話しても通じない，話す関心がない相手にキャスティングボードを握られる恐怖と言うか。

藤田 私もMOM条件を何が何でも入れるべきだと思っているわけではないのですが，諸外国，特にアメリカでは可能な措置が，日本では弊害があるから入れられない原因の説明がよく分からないことが気持ち悪いのです。これは，むしろ研究者のほうが考えなければいけないところかもしれませんが。

角田 難しいですね。アクティビストと言うか，イベント・ドリブンと言うべきか，M&Aを発表してTOBが始まってから買ってくるので事前に予見しにくい上に，洗練度が欧米よりも低い。共通感覚があれば，その人が納得するプライスを意識するとかいろいろ考えようがあるのですが，発表した後にあまり洗練されていない売名型のファンドがやってきて，負けが小さい勝負を前提に騒ぐとなると。

田中 アクティビストが取引をブロックするといったことは，日本だけでなくアメリカにもあると思います。それから，アメリカの場合，事件を見ていると，買収案件が長引く事例がありますよね。カール・アイカーンが介入した富士フィルムの事例とか。

割と1年でも2年でも長引かせる，買収ではそういうことも起こりうるのだということについてアメリカでは慣れているのではないかという気がします。私も，MOMを入れるべきだとまで強く言うつもりはないのですが，日

本の場合，取引を防がれるのに慣れていないと言うか。

石綿　確かに，ブロックされるのに慣れていないと思います。

田中　ええ，海外だと慣れていることが，日本の場合，まだ慣れていないので，非常に問題にされている側面もあるのではないかと思います。もちろん，アメリカは，全般的にM&Aについて余計なコストを掛けている可能性もあるので，アメリカを手本にできるかという問題もあるとは思いますが。

石綿　ただ，この点についても，実務に多少本指針の影響が出始めております。特別委員会として，公正性担保措置が十分かということを判断しなければいけないとなっていますので，そうすると，特別委員会において価格の交渉を行い，これは十分な価格だからMOMはいらないが，この価格であればMOMを付けたほうがいいのではないかとか，そういう議論は実際にされるようにはなってきているようには思います。したがって，少なくとも価格交渉の文脈では，MOMの議論が俎上に上がりやすくなったように思います。

藤田　やや腰が引けたスタンスとは言え，M&A指針がはっきり言及していることは，それなりの影響は与えているということでしょうか。

石綿　それはそうだと思います。

角田　明確化されて，かつ，自由度があるのでメリット，デメリットを考えながら交渉できる素地ができたと感じます。特に親子だとそれなりに仲がいいですから，親側もMOMを容認するのなら，次の強圧性につながるのかもしれませんが，自分以外の株主の過半数がOKと言っていることをもって，その価格で株式併合してスクイーズ・アウトしても，90％に到達していなくても子会社で受け入れやすくなるという案件設計もできるのかもしれません。

藤田　そうですね。あと研究会の中で聞いた議論ですが，パッシブ運用のファンドが応募しないから，買収が成立しなくなるというのは本当ですか。

石綿　それは本当だと思います。

藤田　パッシブ運用のファンドは，例えばアメリカにも幾らでもありそうですが，同じことが問題にはならなのですか。

角田　諸外国では応募するファンドもあるし応募しないファンドもあると思います。日本はインデックスに追随すべしとの原則忠実型が多いというのが

よく言われています。

藤田　だとしたら，そういうパッシブファンドの行動を変えていってもらいたい気もしますね。

田中　逆に，必ず応募するという行動をとっているファンドがあるということは聞きました。

藤田　そうですか。

田中　それはそれでひどくて，特にスクイーズ・アウトが予告される場合は，（上場廃止が予定されているという判断から）当然応募するのだということです。

藤田　それはまた極端ですね。

田中　根本的に，何のためにファンドをやっているのかというところが踏まえられていないのではないかと。

角田　基本的にはインデックス追随が目的なので，例えば，必ず日経225にぴったり沿うことを最高目的としているファンドと，日経225インデックスとは謳っているが，それでも一定の範囲内でインデックスから外れてもエキストラのリターンがあったほうが望ましいファンドの違いがあり，前者は機械的に応募せず，後者は判断して応募する。前者が多いのでしょうか。

田中　そういうことなのではないかと思いますが。

角田　TOBには応募しないが，買収されて上場廃止が決まり東証が正式にインデックスから除外したら何も考えずに売って新しい採用銘柄を買うところはあるように感じます。周りからは「え，こんな値段で売るの，もう少し待っていればスクイーズ・アウトで満額入るんじゃないの」みたいな状況と価格でも売る。

石綿　聞いていると，この辺りもいろいろなパターンがあるようですね。

角田　パッシブファンドだけをもって否定とするまではいかないのですが，それ以外の，参加している投資家の洗練度とか，会社も株主もブロックされること，条件変更や対話になれていなくて感情的になってしまうことなどもあいまって，一律義務付けにいたるのは強すぎる，という感じでしょうか。

藤田　MOM条件それ自体を否定するわけではなくて，義務付けを否定するための考慮要素でしたね。MOM条件の設定は，この辺りでよろしいでしょうか。

6. 情報提供の充実とプロセスの透明化

（1） 事業計画に関する第三者評価機関によるレビュー

藤田　次は，一般株主への情報提供の充実とプロセスの透明化の向上です。もちろん，そのこと自体に一般論として異論があるわけではないのですが，本指針で書かれている開示情報は，今まで開示しなかったようなことも相当含まれています。現在と比べるとかなりギャップがありそうですが，実務的に何か問題がありそうなところはありますか。研究会では，本指針注81が若干もめたところです。

石綿　実務的には，本指針3.6.2.2 a）の特別委員会による事業計画の合理性の確認はいいのですが，第三者評価機関によるレビューを経ているか否かという点は，早速論点になっております。これに対して猛烈に抵抗する財務アドバイザーの人たちがいて，実際にレビューをすることを嫌がっているわけではないのですが，自分たちがレビューをしたと公表して，その責任を取らされることに対してものすごく抵抗していて大変困っています。

　一般に第三者評価機関は，会社が出した事業計画が正しく，自らは独自の検証を行わないことを前提として評価を行っており，そのような趣旨のディスクレーマーを入れるというのがスタンダードになっております。それを当然と思っている人たちからすると，第三者評価機関によるレビューを経てほしいとか，経たということを開示しますと言うと抵抗を示します。

角田　財務アドバイザーは分析とそれに基づく交渉が本業であって，事業計画そのものの品質保証や数字チェックを得意としている会社ではないということもあります。事業計画の詳細な検討は，財務アドバイザーが評価や交渉の片手間に同時にやるものではない。良い事業計画の策定や検証のためには，特別委員会による策定したチームとの確認作業に加えて，事業計画に詳しい会計系やビジネス・コンサルティング・ファームを起用も検討すべきというように文章を変えたほうがよかったのかもしれません。

　レビューという単語は，誰の目も経ないのはおかしいし，何もやっていないのではないので，品質保証まではいかないけれども確認作業は行ったというニュアンスでの選択の結果と思います。弊社も含めて，財務アドバイザーとして事業計画の数値の同業比較などのレビューを行うところはあると思いますが，レビューを超えた品質保証の観点で依頼が来たら，それは本来の財

158

務アドバイザーの業務とは異なり，別の専門家を起用すべきではないですか
と返す会社が多いのだと思います。

田中　レビューを経ているか否かを開示してほしいということですから，経
ていませんという開示もできるはずです。それから，明らかに分かる誤り以
外のものはレビューしていませんとか，そういう方針であるならそれを開示
してくださいと。とにかく，算定機関に一定水準のレビューを要求するとい
うような趣旨ではないはずです。

石綿　何をやったかという客観的な事実を書くようにするという感じですか
ね。

藤田　頼み方次第という気もしますがね。ディスクレーマーはもう通用しな
いという話ではなくて，レビューの中身次第かと思いますが。

田中　ちょっと違う話題になりますが，先ほど，利益相反の関係でアドバイ
ザーの独立性をあまり強く要求すると困ることがあるというお話がありまし
た。アメリカの場合，裁判所が独立性を否定すると言うよりも，利害関係に
ついて開示がされていないという理由で，いったん取引を差し止めて，その
ことを開示させ，株主にそのことを配慮した上で判断させるということにな
りますよね。日本はそういう解決を嫌がると言うか，臭いものに蓋をすると
いう感じがあり，これも開示しなければ株主は気付かず賛成してくれるけれ
ども，開示すると藪蛇になるみたいな発想がどうしてもあるのです。私はそ
このところは根本的に実務に改まってほしいと思うのです。不透明なままで
取引が行われると最終的には信頼が喪失するのではないかと思います。

角田　そのとおりですね。MOM を強制しない背景にも共通するのかもしれ
ないですが，株主が十分に洗練されていないのだとしても，株主の判断能力
を信じていないから隠したほうがよいとなるとお互いに不幸です。

藤田　田中さんの意見からは，レビューを経ているか否かをはっきり言うこ
とが非常に重要だということになるわけですね。

石綿　後は，必ずしも「レビュー」という言葉を使わなくても，どういう行
為をやったかということを開示すればいいという形で解決していくことにな
るかもしれないですね。

角田　私は，自分の部下に相談されたらやったことを書きなさいとアドバイ
スするでしょうかね。「本当に来年から7％売上げが伸びると思ってるんで

すか。それはなぜですか」とあなたは聞くでしょうと。例えば，同業の成長率と比べてどうして，万年業界3位の会社がいきなり1位の伸び率になる理由を質問してこいと。質問した結果，「死んでもやり切ります」しか答えが来なかった。では，この事業計画はそのベースで取り扱うしかないなと内部で整理する。多分，そこまで全部書くのかは別として，そういうやり取りがレビューなのかと思っているのです。

(2) フェアネス・オピニオンにおける公正性の考え方に関する情報

石綿 フェアネス・オピニオンに関する情報で公正性の考え方に関する情報というものがありますが，こういうものをどのように書いていくのでしょうか。

藤田 これは難しいですね。

石綿 これは，実は結構難しい論点です。

藤田 公正性の考え方とは，何を意味しているのですか。

石綿 スタンドアローンかシナジー込みかとか，そういうことなのだろうと思うのです。

藤田 何をベースにどういう判断をしましたかということを書けというのなら，書けるわけですね。それでいいのでしょうか。

角田 それ自体は，フェアネス・オピニオンの文章に大体網羅されていますね。自分が何をやって，何をやらなかったのか，例えば，事業計画は依頼者が修正した計画に依拠して自分では品質確認していない，ということを，ディスクレーマーとするために書いている箇所が相当部分を占めますし。

藤田 そういうことだとしたら，今やっていることと実質は同じでしょう。それに加えて，公正さについての一般的な考え方を展開しろというのだったら大変なことになります。どういう数値を前提にどういうベースのどういうものを算定し，それで意見を表明しましたと書けばいいということなら，あまり負担が変わるわけではないと考えてよいでしょうか。

(3) 実務的な影響

角田 弊社も含めてアメリカでの開示案件も依頼される先は，様々な数値を含む開示の経験がありますし，利益相反関係も開示させられた経験もあるので，負担は当然ありますが，考え方に慣れてはいるかもしれません。依頼者の反対側でのビジネスが，依頼者とその関係者からどう見えるかは，案件の

性質や誰のアドバイザーなのかを踏まえて受任の際に考えますし，フェアネス・オピニオンでも触れる部分があります。

藤田　まあ，その程度なら仕方がないと思われる程度でしょうか。

角田　詳細な開示を求められると，合意直後に開示するプレスリリースではどうしても間に合わない面は出てくると思います。海外の詳細開示は，プレスリリースの一定後のファイリングのほうですし。弊社は，米国関係でやらされていてグローバルに運営していますので，開示義務の範囲に基づいても説明がつくようなビジネスのやり方，手数料の受領方法の選択，お客様へのインフォームと同意取得も既にやっているので，新たにやり方を変える必要はない，でも開示は大変だけどなあという感じだと思います。先ほど紹介したシャクリー・グローバル・グループの案件（本書70頁）で，「第三者算定機関は成功報酬型手数料受領の予定ですが，成立しなかった場合の相応の金額負担は望ましくないため，弊社（依頼会社）の希望として依頼したからです」という趣旨の記載がありました。ここは，本指針における成功報酬の議論を意識して開示されたのではないかと感じます。

藤田　この開示事項は格段に細かくなりましたね。実務的には影響がありそうでしょうか。

石綿　影響があるところだと思います。

藤田　ただ，将来的には，このレベルに収斂していくということで間違いないのでしょうか。

石綿　そうかもしれません。ただ，ここに書いてあることも，先ほどの話ではないですが，裁判所で開示されるものも含めた情報開示だと思います。プレスに全部書いていなくても，最終的に裁判所で開示されればいいという整理だと理解しています。一方で，裁判所で開示をすればよいからと言って，何でも裁判所での開示を求められると，結局裁判が非常に長期化し，当事者の負担が過大になることになります。その辺りのバランスが適切に図られることも必要です。

（4）　現在の取引所の開示ルール

藤田　その他，情報開示に関して，何かありますか。

石綿　少し脱線します。東証のルールで少し変だと思うのは，上場会社が上場子会社の株式にTOBをやる場合などに，株価の算定書を出さなければい

けないとなっている点です。上場会社の中には，人様にお金を払ってバリュエーションをもらわなくても，自分でバリュエーションして買収できる人は幾らでもいます。東証のルールがあるゆえに，わざわざ第三者評価機関を雇って買収者が算定書を出さなければいけないというルールになっています。あまり合理性が感じられないように思います。

角田　公開買付届出書で買手のバリュエーション，算定書を添付させられるルールもありますね。

藤田　対象会社についてはどうなっているでしょうか。

角田　対象会社の算定書は添付されません。公開買付けを届出するのは買手なので。

田中　伝統的に，公開買付けの開示規制は，利益相反のある M&A にフォーカスした規制の仕方になっていないので，基本的には，買付者側に開示を要求して，対象会社に対しては，意見を述べたいときには意見を述べさせる，というだけで，それも任意だったというところから始まっているので，そうなのかと思います。

藤田　敵対的買収に対する規制という形でルールを発展させてきたというこれまでの経緯から，買収者にきちんとデータを出させるということにフォーカスが当たりすぎていたのですかね。

田中　規制の体系がそもそも，まずは，買付者に対して規制するということだったわけです。

藤田　今となっては，規制のバランスが悪くなってきている，あるいは，買付者に対して過剰になっているということになるのでしょうか。

石綿　そうかもしれません。

角田　買手における評価の開示となると，不確実な見積もりシナジーを反映した事業計画は外部に見せたくない，シナジーの詳細は事業をどうやるか競合相手へのヒントにもなるので外部に見せたくないという方向が自然な姿です。むしろ，対象会社が，どこまでちゃんと考えて交渉して，結果として株式評価レンジのどの辺りで OK と言ったのか，みたいな情報で詳細を求めるほうが，株主が TOB に応募するのか，総会で賛成するのかについては重要だと思うのですが。

石綿　公開買付規制に関する関東財務局の実務も，関東財務局は買付者とは

話をするのですが，対象会社とは話をしないのです。意見表明の報告書は，対象会社は金商法に従って出すわけなので，本当は関東財務局は対象者と話をしてもおかしくないはずなのですが，日本では，必ず買付者を通じてしか対象者と話さないという実務慣行になっています。こういう実務は，本当はちょっとおかしいと思います。

藤田 本指針で取り扱っている話ではないにせよ，確かに，ちょっと不思議な話ではありますね。

角田 結構，大事な話だと思います。先ほどの TOB そのものを直すとか，親子間や MBO に限らず M&A 全体を見張れるような，裁判とソフトロー以外の仕組みも必要なのではないかということですね。

藤田 それはそうですよね。情報開示はこのようなところでよろしいでしょうか。

飯田 株式価値算定書についての公開買付届出書と意見表明報告書のルールのバランスは悪いと思います。もっとも，公開買付届出書の添付書類として開示されている株式価値算定書は DCF 法について言えばほぼ結論が載っているだけで，資本コストの計算過程や事業計画の具体的な数値は出ていないので，その程度のものは開示してもいいのではないかと思います。東証のルールでは，逆に，MBO 等の場合には対象会社の適時開示として，株式価値算定書の取得が義務付けられ，しかも，株式価値算定書で使用した事業計画の具体的な数値の開示も要求されています。ここだけ見れば，金商法のルールの弱いところを東証のルールで補っているので，結果的に好ましいルールになっていると私は思いますけれども，本来は金商法で体系的に整理するのが本来のあるべき姿だと思います。

藤田 どうもありがとうございました。

7. 強圧性の排除等

藤田 ほかに何か論点はありますか。公開買付けの強圧性の排除は，別に利益相反構造のある M&A に限らず要求されるものなのでしょうけれども，本指針でも触れられています。ジュピターテレコム事件最高裁決定においても，公開買付価格を後のキャッシュアウトにおいても保証せよというのは言われているのですが，本指針では，これに加えて，「特段の事情がない限り，

可及的速やかにスクイーズ・アウトを行うこと」と書いています[34]。それは新しいと言えば新しいのですが，これは実務的に常識的な話なのでしょうか。

石綿 実務的には，合理的な範囲内で速やかにやらなければいけないという認識はありますので，それほどサプライズではないです。

藤田 この辺りはジュピターテレコム最高裁決定の要求している要件に対する上乗せにはなってますね。もちろん考え方が間違っているわけでは決してないですが。

角田 2段階目，TOB成立後にスクイーズ・アウトするのか，上場を維持するのかについて，1段階目のTOBの際に記載しなければならないので，初期の検討段階から応募状況に応じた次の行動を議論し決定しているので，困るほどの上乗せではないかもしれません。親子間案件には実は違う強圧性もあるかもしれません。親会社は子会社に有形無形の支援をしており，人的資源提供，グループでのシェアード・サービスやブランドの無償・低廉利用もある。完全子会社化の初期的議論の際に，子会社があまりに抵抗するようならこれを普通の条件に戻すとかやめるという交渉を持ち出すのはどうかという議論がありました。間違えても，これをM&A，親子間のときに持ち出さないでください，で収まりましたが，本指針では触れていない強圧性ですね。

田中 アメリカではそれもフェアネスの審査の中で考慮していると思います（In re Pure Resources, Inc., Shareholders Litigation, 808 A.2d 421,445（Del. Ch.2002）は，支配株主の行う公開買付けが強圧的でないというためには，支配株主が「報復の脅し（retributive threats）」をしなかったことが必要であるとしている）。

藤田 それは深刻な影響が出ますね。

田中 取引をやめるとかそういう言動があったとか，裁判で認定されることもある（M&Aの場面でなく，株主総会における議決権行使に関してであるが，Portnoy v. Cryo-Cell Int'l, Inc., 940 A.2d 43,73-76（Del. Ch. 2008））。

34）本指針3.7。

飯田 2段階公開買付けの場合，1段階目の公開買付けが成立したならば可及的速やかに2段階目のキャッシュアウトをするのが強圧性の弊害をなくすための現行法で取りうる最良の手法だと思います。ですから，最高裁の文言には出てこないということはともかく，ベストプラクティスとして本指針が掲げることは意義があると思います。もちろん，これは利益相反の有無を問わず，全ての2段階公開買付けに妥当することではあります。また，公開買付けの強圧性と同じように株主の判断を歪めるおそれがある手法としては，1段階で株主総会決議のみでM&Aをするか否かを決定するのだけれども，否決されると対象会社が買収者に極めて多額の違約金を支払う契約になっていている場合や，角田さんがおっしゃるような，否決されるならば親会社は子会社への支援をやめるなどと言っている場合には，株主総会決議で当該M&Aを否決すると株価が下がるので対象会社の株主は不本意であっても賛成票を投じざるを得ないということも論理的には考えられます。こういう場合は，独立当事者間取引と同視できる取引ではなく，交渉過程の公正性は否定されると考えるべきだと思います。

V. むすび

藤田 さて長時間，いろいろ議論をありがとうございました。それでは，最後に，本指針あるいは今後のM&A実務に関して何か一言ずつお願いできないでしょうか。

神田 研究会に参加した者としては，今回の指針がM&Aの実務におけるベストプラクティスの形成に役立ってくれることを期待したいと思います。

角田 MBO指針が定着して実際に使われていく過程で，またM&Aが企業にとって普通の選択肢となっていき，クロスボーダー案件にも多く触れることで，MBO指針では取り上げられてない手法や考え方が一部で知られるようになってきました。一方，わが国では個別の保護策について判例が積み上がっているわけでもなく，M&Aを横断的にリアルタイムで見る団体や官庁もありませんので，何を考えるべきで，何を無視してはいけないかなどを参加者にあまねく理解してもらうのは難しいとも言えます。本指針が，M&A一般にも有益なプラクティスと選択肢を整理して，多くの皆様に提示し判断に使われることで，裁判や監督官庁による強制を待たずとも，よりよいプラ

クティスが実際に広がることに期待し，実務者としても，その一端を担うべく私自身も肝に銘じていきたいと思います。今日は勉強になりました。どうもありがとうございました。

石綿 本指針は，有意義な提言や示唆に富み，今後，多くの関係者によって参照されることを通じ，わが国のM&A実務を進化させていくものと思います。一方で，実際にM&A指針に沿って実務を進めていく上では，指針策定時に想定されていなかった様々な考慮要素も現れてくるものと思われます。したがいまして，今後適宜見直しが行われて行くことも必要かと思います。いずれにせよ本指針を起点とした議論が深化することにより，わが国において，公正なM&A実務が発展していくことを祈念しております。

加藤 M&Aに限った話ではありませんが，日本企業の株式を保有する海外の投資家の数が増えてくると，日本企業同士のM&Aを対象とするルールであっても，他国のルールを全く無視することはできないと思います。他国のルールをコピーするべきであるということではなくて，国際的に見てあまりに特異なルールを策定するべきではないということです。その一方で，研究会に参加させていただいて，イギリスのシティのようにM&Aに関するルールの運用を担う機関が存在していることは，M&Aを規律する手法の選択肢を増やしてくれるという意味で，改めて魅力を感じました。本指針が実務に与える影響を継続的に観察することによって，M&Aに関するルールの運用の在り方についても研究を進めていきたいと思います。

後藤 今後の実務を考えていく上では，個々の公正性担保措置をどのように実施していくかという点が重要であることはもちろんなのですが，本指針で一番重要だったのは，本座談会の前半で話題となったように，基本的な視点として独立当事者間取引という観点が示され，それによって特別委員会の役割も株主の利益のために交渉をすることにあるということが明確化された点ではないかと考えています。公正性担保措置が形式的な対応で終わってしまうことがないようにするためにも，このような指針の理念は強調しておくべきでしょうし，それを踏まえた実務が形成されていくことを願っています。

飯田 本指針の考え方が実務に影響を与えるとして，どのようなプロセスをたどって影響を与えるのかに興味があります。裁判所が本指針の考え方を取り込むのか，東京証券取引所が企業行動規範や適時開示規則で取り込むのか，

それとも，証券会社や法律事務所が純粋にベストプラクティスとして実施していくのか，今後の推移を観察したいと思います。また，マーケット・チェックの議論と敵対的買収の議論は密接な関係にあるはずですから，買収防衛策に関する議論をも包含するより包括的な整理が残された課題であるように感じました。

田中　カネボウ事件（東京高決平成 22・5・24 金判 1345 号 12 頁）やレックス・ホールディングス事件の頃と比較しても，日本の M&A においては，利益相反を意識し取引の公正を図る実務が格段に進んできたと思います。ただ，対象会社の株式価値算定に関する情報や利害関係に関する情報の開示の点など，まだ改善の余地は残っているのではないかとも思います。今回の指針を契機として，企業価値を向上させる買収が行われると同時に投資家の信頼も確保されるように，M&A の実務が一層進化していくことを期待したいと思います。

藤田　本指針が，実務を変え始めていると伺い，改めてその影響の大きさを感じました。また MBO のような新たな取引ではない，伝統的な実務が存在するような取引についても，本指針の考え方が影響を及ぼしてくるとすれば，会社法全体へ多大な影響を与えることになるかもしれません。それと同時に，今回の座談会を通じて，本指針の運用上の問題だとか，本指針では扱わなかった大きな問題に幾つも気付かされました。この座談会が，M&A の法と実務に関心のある方にとって，何らかの参考になればと思います。本日は長時間どうもありがとうございました。

[2019 年 10 月 18 日収録]

JURIST BOOKS | PROFESSIONAL

公正なM&Aの在り方に関する指針

企業価値の向上と株主利益の確保に向けて

1.1　本指針の策定経緯

　経済産業省は，2007 年 9 月 4 日，「企業価値の向上及び公正な手続確保のための経営者による企業買収（MBO）に関する指針」（以下「MBO 指針」という。）を策定した。MBO 指針は，当時，MBO（マネジメント・バイアウト）について一定数の事例が蓄積され，一定の制度整備も進む中で，MBO に関する公正なルールの在り方として，原則論を含めた考え方の整理と実務上の対応について提示したものである。その目的は，実務上の MBO の公正な在り方を模索することにより，我が国企業社会においてベストプラクティスが形成され，我が国における MBO が健全な形で更に発展していくことであった。

　MBO 指針の策定から 10 年以上が経過した。この間，我が国は MBO を含む多くの M&A を経験し，その中で，公正な M&A についての議論と理解が深まり，これを実現する上で有効な実務上の対応についての知恵が蓄積されてきた。M&A を巡る法制度や上場ルールの改正・整備もされ，判例法理の発展も見られる。また，社外取締役の選任の増加に代表されるコーポレートガバナンス改革の進展や株式保有構造の変化をはじめとして，我が国上場会社を取り巻く社会経済情勢にも大きな変化が生じている。こうした状況を踏まえて，MBO 指針の見直しについて検討する時期に来ているとの指摘がされていた。

　また，構造的な利益相反の問題等が認められる支配株主による従属会社の買収等，MBO 以外の取引類型についても，その意義と課題に関する論点を整理すべきとの指摘もされていた。

　こうした問題意識を受け，経済産業省は，MBO 指針策定後の実務の蓄積や環境変化等を踏まえて，MBO 指針の見直しの要否とその方向性について，公正な M&A の在り方という観点から検討を行うため，2018 年 11 月に，会社法研究者，機関投資家，企業実務家，弁護士等各界を代表する有識者から成る「公正な M&A の在り方に関する研究会」（座長：神田秀樹学習院大学大学院法務研究科教授。委員等名簿は添付 1〔略〕参照）を立ち上げ，2019 年 4 月まで 7 回にわたる開催を通じ，諸外国における法制度や実務，国内外の関係者から提供された意見等も踏まえつつ，我が国における M&A を健全な形で更に発展させていく観点から検討を行ってきた（審議等の経過は添付 2〔略〕参照）。

経済産業省は，同研究会における議論等を踏まえて，MBOおよび支配株主による従属会社の買収を中心に，我が国企業社会において共有されるべき公正なM&Aの在り方として，原則論を含めた考え方の整理と，その考え方に基づいた実務上の対応について改めて提示することとし，ここにMBO指針を改訂し，本指針を策定する。

1.2　本指針の意義

本指針の目的は，MBOおよび支配株主による従属会社の買収を中心に，主として手続面から，我が国企業社会における公正なM&Aの在り方を提示することである。

我が国企業を取り巻く経営環境の非連続的な変化と経営課題の複雑化が進む現在，各企業がM&Aを有効に活用し，ビジネスモデルの強化や事業ポートフォリオの最適化に向けた中核事業の強化を通じて持続的成長を実現させることで，我が国全体として経営資源の最適な配分を実現することの重要性は一層増している。

M&Aは数多くのステークホルダーが絡み合う企業の支配権を巡る取引である。我が国の企業活動や資本市場の更なるグローバル化が進む中，我が国の法制度や社会規範に根差しつつ，国際的に活動する投資家も含む国内外のステークホルダーからの期待にも応え，その理解と信頼を得られる公正なM&Aの在り方を明らかにし，我が国企業社会の関係者の共通認識の形成を図っていくことは，M&Aを実行する上での予見可能性を高めることで企業価値の向上に資するM&Aを促進し，我が国におけるM&Aの健全な発展に資するとともに，我が国資本市場に対する信頼を高め，グローバルな市場間競争の中で我が国企業への中長期的な投資を呼び込む上でも有益である。

1.3　本指針の位置付け

本指針は，MBO指針の位置付けを基本的に受け継ぐものである。

すなわち，本指針で提示する原則論や実務上の対応等は，あくまで，M&Aの公正性を担保しつつ，経済的意義を有するM&Aを発展させるためにはどのような点に留意するのが適切かとの観点から提示するものであり，M&Aに新たな規制を課す趣旨で提示するものではない。本指針は，我が国におけるM&Aが今後更に健全な形で発展していくことを目的として，MBO指針策定後に蓄積されてきた実

務も踏まえ，今後の我が国企業社会におけるベストプラクティスの形成に向けて公正な M&A の在り方を提示するものである。

　また，本指針で提示する原則論や実務上の対応等は，会社法上の明確な位置付けを行うことを直接意図して提示するものではなく，より広範な視点として，公正な M&A の在り方に関して企業社会において共有されるべきベストプラクティスとして位置付けられるべきものである。したがって，本指針は，例えば，第 3 章で提示する各公正性担保措置を講じるか否かと M&A の適法性との関係について整理を行うことを意図したものではない1)。

1.4　本指針の対象と他の取引類型における議論の参照

　本指針は，類型的に構造的な利益相反の問題と情報の非対称性の問題が存在する MBO および支配株主による従属会社の買収をその対象とするものである（下記 2.1.2 参照）。

　この点，両取引類型には該当しない M&A においても，一定程度の構造的な利益相反の問題や情報の非対称性の問題が存在する場合があるとの指摘がある2)。本指針は，基本的には，類型的にこれらの問題が特に大きいと考えられる上記両取引類型にその対象を限定しており，他の取引類型を直接の対象とするものではないが，両取引類型に該当しない M&A においても，一定程度の構造的な利益相反の問題や情報の非対称性の問題が存在する場合には，その問題の程度等に応じて本指針を参照することは，当該 M&A の公正さを担保することに資するとともに，その公正さについて一般株主や投資家等に対して説明責任を果たす際にも役立つものと考えられる。

---

1) 本文記載の M&A の適法性との関係に加えて，本指針は，例えば，第 3 章で提示する各公正性担保措置を講じるか否かと，会社法上の「公正な価格」やこれについての裁判所の審査の在り方との関係や，対象会社の取締役の善管注意義務および忠実義務との関係等について整理を行うことを直接意図したものでもない。もっとも，第 3 章で提示する公正性担保措置が実効的に講じられている場合には，「公正な価格」についての裁判所の審査においても，当事者間で合意された取引条件が尊重される可能性は高くなることが期待され，また，通常は，対象会社の取締役の善管注意義務および忠実義務の違反が認められることはないと想定される。
2) 例えば，大株主等に対する第三者割当増資や大株主等による部分的公開買付けによる実質的支配権の取得においても一定の利益相反の問題が生じ得るとの指摘がある。また，敵対的買収への対応における特別委員会の活用の在り方等についても整理が必要との指摘もある。今後，このような M&A の公正な在り方についても更に議論が深まることが期待される。

1.5 本指針において用いる用語の意義

a) **MBO**（マネジメント・バイアウト）とは，現在の経営者が全部または一部の資金を出資し，事業の継続を前提として一般株主から対象会社の株式を取得することをいう[3]。

なお，MBO には，上場会社における MBO と非上場会社における MBO が存在するが，本指針は，その対象を，株式が不特定多数の投資家によって分散保有されており，株主利益の確保がより問題となりやすい，上場会社において非上場化を目指して行われる MBO に限定している。

また，本指針では，現在の我が国の実務にかんがみ，金銭を買収対価として，まず公開買付けを行い，その後にスクイーズ・アウトを行うことによって対象会社の株式全部を取得する，いわゆる二段階買収の場合を主に念頭に置いているが，一段階目の取引として買収者による公開買付けに代えてまたはこれと前後して対象会社による自己株式の取得を行う場合や，二段階買収ではなく株式併合等の一段階の取引によって対象会社の株式全部を取得する場合も該当し得る。

b) **支配株主による従属会社の買収**とは，従属会社の支配株主が一般株主から従属会社の株式全部を取得することをいう。

なお，支配株主による従属会社の買収には，従属会社が上場会社である場合と非上場会社である場合が存在するが，本指針は，その対象を，株式が不特定多数の投資家によって分散保有されており，株主利益の確保がより問題となりやすい，上場会社である従属会社の非上場化を目指して行われる支配株主による買収に限定している。

買収の方法については，まず公開買付けを行い，その後にスクイーズ・アウトを行うことによって従属会社の株式全部を取得する，いわゆる二段階買収の場合と，株式交換等の組織再編や株式併合等の一段階の取引によって従属会社の株式全部を取得する場合を共に対象としている。また，買収対価の種類についても，金銭を買収対価とする場合と，支配株主が上場会社等である場合にその株式を買収対価とする場合を共に対象としている。

---

3) 企業価値研究会「企業価値報告書 2006 ～企業社会における公正なルールの定着に向けて～」45頁（2006年3月31日）参照。

c) **支配株主**とは，原則として，東京証券取引所の有価証券上場規程に規定される「支配株主[4]」が該当するが，個別の M&A ごとに，本指針の趣旨を踏まえて，構造的な利益相反の問題および情報の非対称性の問題の有無やその程度，他の大株主の存否等を勘案して実質的に判断されることが想定される。

d) **一般株主**とは，対象会社の株主のうち，買収者および当該 M&A に関して買収者と重要な利害関係を共通にする株主を除いた者をいう。

e) **企業価値**とは，会社の財産，収益力，安定性，効率性，成長力等株主の利益に資する会社の属性またはその程度をいい[5]，概念的には，企業が生み出すキャッシュフローの割引現在価値の総和を想定するものである[6],[7]。

f) **取引条件**とは，M&A の条件をいい，典型的には，金銭を買収対価とする M&A における買収価格や，株式を買収対価とする M&A における株式交換比率等が該当する。

g) **公正性担保措置**とは，取引条件の公正さを担保することに資する実務上の具体的対応をいう。なお，本指針では，公正性担保措置のうち，一般に有効性が高いと考えられる典型的な措置を下記 3.2 から 3.7 までで取り上げている。

---

4) 東京証券取引所の有価証券上場規程において，「支配株主」とは，「親会社又は議決権の過半数を直接若しくは間接に保有する者として施行規則で定める者をいう」とされており（有価証券上場規程第 2 条第 42 号の 2），具体的には，次の①②のいずれかに該当する者をいうとされている（有価証券上場規程第 2 条第 2 号，財務諸表等の用語，様式及び作成方法に関する規則第 8 条第 3 項，有価証券上場規程施行規則第 3 条の 2，金融商品取引法第 163 条第 1 項）。
① 親会社（他の会社等の財務および営業または事業の方針を決定する機関（株主総会その他これに準ずる機関をいう。）を支配している会社等）
② 自己の計算において所有している議決権と次のア・イに掲げる者が所有している議決権とを合わせて，上場会社の議決権の過半数を占めている主要株主（自己または他人の名義をもって総株主の議決権の 100 分の 10 以上の議決権を保有している株主をいい，親会社を除く。）
　ア　当該主要株主の近親者（2 親等内の親族をいう。）
　イ　当該主要株主およびアに掲げる者が議決権の過半数を自己の計算において所有している会社等（会社，指定法人，組合その他これらに準ずる企業体（外国におけるこれらに相当するものを含む。）をいう。）および当該会社等の子会社
5) 経済産業省・法務省「企業価値・株主共同の利益の確保又は向上のための買収防衛策に関する指針」2 頁（2005 年 5 月 27 日）。
6) 企業価値研究会「近時の諸環境の変化を踏まえた買収防衛策の在り方」1 頁（2008 年 6 月 30 日）。
7) 企業価値研究会「企業価値報告書～公正な企業社会のルール形成に向けた提案～」（2005 年 5 月 27 日）においては，企業価値は，株主に帰属する株主価値と幅広いステークホルダーに帰属する価値の合計であり，ステークホルダーの会社に対する貢献の向上は長期的な企業価値の向上につながり得るとの整理がされている。

本章では，まず，MBO および支配株主による従属会社の買収の意義と課題に関する論点整理と，買収対価に関する基本的整理を行い，これを通じて，両取引を行う上での尊重されるべき原則と，その原則の実現に向けて実務上の対応を検討する際の基本的な視点を明らかにする。

2.1　MBO と支配株主による従属会社の買収の意義と課題

本指針は MBO および支配株主による従属会社の買収を対象として公正な M&A の在り方を提示しているが，それは，両取引にはそれぞれ経済的意義が認められる一方，それぞれの課題も存在し，公正な M&A の実現を手続的に担保するために特段の実務上の対応を講じることが期待されるためである。

2.1.1　両取引の意義

MBO および支配株主による従属会社の買収には，以下のような経済的意義が認められる。

両取引は，これにより対象会社の株主構成が変更され，その株式が事業内容に通暁した経営者等や支配株主に集中することで，資本市場における短期的利益の実現への期待や圧力から解放された長期的思考に基づく柔軟な経営戦略や，大胆な事業構造改革を伴うビジネスモデルの再構築，機動的な事業ポートフォリオの転換等が実現しやすくなる，株主による経営陣の監視が容易になる等の経済的意義が指摘されている。特に，いわゆる親子上場の場面において上場親会社が上場子会社を完全子会社化する取引については，グループとしての全体最適と上場子会社としての部分最適との緊張関係を解消し，機動的・効率的なグループ経営を実現することでグループとしての企業価値の最大化を図るためにも有効な手段であると指摘されている[8]。

また，企業のライフサイクルの中で，上場を継続することが適さなくなった場合

8）支配株主による従属会社の買収は，支配株主と一般株主との間の構造的な利益相反の問題の解消を図る取引として位置付けることが可能である。親子上場における利益相反の問題については，経済産業省「グループ・ガバナンス・システムに関する実務指針」（2019 年 6 月 28 日）の「6. 上場子会社に関するガバナンスの在り方」参照（https://www.meti.go.jp/policy/economy/keiei_innovation/keizaihousei/pdf/ggs/190628ggsguideline.pdf）。

に，MBO や支配株主による従属会社の買収により非上場化し，各企業の状況に適した資本構成を実現することの意義も指摘されている。

　対象会社の一般株主にとっても，市場株価を超える価格での株式売却の機会が提供される場合には，このような機会が提供されること自体にも意義が認められるとの指摘もある。

　以上のような経済的意義を有する MBO や支配株主による従属会社の買収が有効に活用され，当事会社の企業価値が増加することは望ましいといえる。

2.1.2　両取引の課題

　他方で，MBO および支配株主による従属会社の買収には，以下のような課題も存在する。

　一般に，相互に独立した当事者間で行われる通常の M&A においては，当事会社の取締役が会社およびその株主の利益のために行動すること，すなわち，会社の企業価値を増加させるか否かの観点から M&A の是非を検討するとともに，会社や株主にとってできる限り有利な取引条件で M&A が行われることを目指して合理的な努力を行うことが期待される。そのため，当該 M&A は，当事会社の企業価値を増加させ，かつ，その企業価値の増加分が当事者間で公正に分配されるような取引条件（以下，このような取引条件を指して「公正な取引条件」という。）で行われるものと考えることができる。

　これに対して，MBO および支配株主による従属会社の買収においては，それぞれの取引構造上，利益相反の問題が存在するため，対象会社の取締役が上記のような行動をとることを当然に期待することはできないと考えられる。

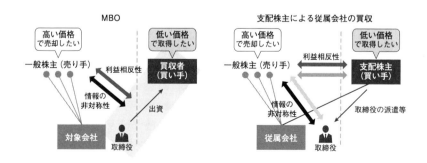

すなわち，MBO においては，対象会社の取締役自らが一般株主から対象会社の株式を取得することとなり，買収対価を低くすることに対して直接的な利害関係を有する買い手としての性格を併せ持つという取引の構造上，当該取締役と株式の売り手である一般株主との間に必然的に利益相反関係が生じることとなる。

　また，支配株主による従属会社の買収においては，株式の買い手と売り手の関係に立つ支配株主と一般株主との間に利益相反関係が生じるところ[9]，支配株主が株主総会における議決権の行使や取締役の派遣等を通じて従属会社の経営に一定の影響力を及ぼし得るという関係上，従属会社の取締役が一般株主の利益よりも支配株主の利益を優先してしまうおそれや，支配株主がそうした影響力を背景に自己に有利な取引条件を一方的に決定してしまうおそれが指摘されている。

　加えて，両取引においては，一般に，株式の買い手である取締役や支配株主は，株式の売り手である一般株主よりも，対象会社に関する正確かつ豊富な情報を有していることから，買収者と一般株主との間には大きな情報の非対称性が存在し，両者間の自主的な情報の移転も当然には期待し難い。

　このように，両取引においては，それぞれに構造的な利益相反の問題と情報の非対称性の問題が存在するため，これらの取引により株主としての地位を失う一般株主の立場から，一般株主の利益よりも買収者の利益が優先され，買収者の情報優位性も利用して一般株主に不利な取引条件で M&A が行われることにより，本来は一般株主が享受すべき利益を享受することができず，これを買収者が享受しているのではないかといった懸念が指摘されている[10]。

　こうした懸念や疑念を払拭するため，MBO および支配株主による従属会社の買収においては，M&A を行うプロセスや一般株主に対する情報提供に際して特段の実務上の対応を講じ，上記の構造的な利益相反の問題と情報の非対称性の問題に対応することにより，企業価値の向上と公正な取引条件の実現が担保されるべきであ

---

9) 経済産業省「グループ・ガバナンス・システムに関する実務指針」（2019 年 6 月 28 日）の「6.1.3 上場子会社の利益相反構造」においては，上場子会社とその親会社との間において①直接取引，②一部事業部門の譲渡・関連事業間の調整や③完全子会社化等が実施される場合には，親会社と上場子会社の一般株主との間に利益相反関係が生じ，その取引条件の設定によっては一般株主の利益が害され得るため，上場子会社における実効的なガバナンス体制の構築を通じ，一般株主の利益に十分配慮した対応を行うことが求められるとされている。本指針は，このような利益相反の問題が最も深刻化し得る上記③の取引類型について，その公正な在り方を提示するものと位置付けられる。

るといえる。

2.1.3 両取引の差異

　MBO と支配株主による従属会社の買収の差異については，以下のような議論がある。

　そもそも，支配株主による従属会社の買収の場合には，M&A の前から既に対象会社の支配的持分を有している支配株主が買収者となるのに対して，MBO の場合には，買収者となる取締役がこのような支配的持分を有しているとは限らないという点において，両取引には構造上重要な差異が存在する[11]。

　また，MBO の場合には，対象会社の取締役自身が買収者となり，買収対価を低くすることに対して直接的な利害関係を有するため，当該取締役と一般株主との間に直接的な利益相反関係が生じる。また，当該取締役は，対象会社の内部情報にも自由にアクセスすることができる。これに対して，支配株主による従属会社の買収の場合には，従属会社の取締役は，買収対価を低くすることに対して直接的な利害関係を有するわけではなく，買収者となる支配株主の従属会社の取締役に対する影響力を通じて，支配株主と一般株主との間の利益相反関係の影響を受け得るにとどまる。また，支配株主といえども，従属会社のあらゆる内部情報を有しているわけではない。加えて，従属会社といえども，上場会社として独立して経営されており，支配株主に完全に追従するわけではないとの指摘もある。このように，MBO と支配株主による従属会社の買収とでは，構造的な利益相反の問題や情報の非対称性の問題の状況も同一ではないと考えられる。

　これに対して，支配株主による従属会社の買収の場合には，買収者となる支配株主の保有する議決権の割合が M&A の前から既に高いため，支配株主が自己に有

---

10) 例えば，一般株主の立場からは，本文記載のような情報の非対称性の下で，対象会社の内部情報に通じた取締役や支配株主により，対象会社の市場株価がその本源的価値と比較して一時的に過小評価されているタイミングを利用して，企業価値の向上の観点からは必要性や合理性に乏しいにもかかわらず，単に自らの利益追求のみを目的として M&A が行われているのではないかとの疑念が指摘されている。とりわけ MBO については，MBO 後に計画されている事業構造改革等は，必ずしも非上場化をしなくとも，上場を継続したまま経営努力を尽くすことにより実現可能なものも多いのではないかとの疑念も指摘されており，このような疑念が払拭されるだけの積極的な意義があるべきとの指摘もある。
11) 取引類型の差異に関しては，注 25) も参照。

利な取引条件を一方的に決定し，従属会社の一般株主の利益が害されるおそれは
MBO に比しても高く，MBO よりも更に厳格に考える必要があるとの指摘もある。
また，支配株主による従属会社の買収は，これにより従属会社の取締役は現在の株
主から監督を受ける継続的な関係がなくなる，いわば最後の取引である点で，この
ような関係が継続する状況下で行われる通常の支配株主と従属会社との間の取引と
は異なり，従属会社の経営の独立性を当然の前提とすることはできないとの指摘も
ある12)。

　以上を踏まえると，MBO と支配株主による従属会社の買収との取引構造上の差
異や，構造的な利益相反の問題や情報の非対称性の問題の状況の差異には配慮を要
するものの，一般に，企業価値の向上と公正な取引条件の実現を担保するために特
段の実務上の対応が講じられるべきであるという点においては，両取引類型間に一
般的・類型的な差異があるわけではないと考えられる13)。

---

12) 本文記載の差異に加えて，MBO（買収に参加する経営者が支配株主ではないもの）の場合に
　は，他に潜在的な買収者を想定することができるのに対して，支配株主による従属会社の買収の場
　合には，他に潜在的な買収者を想定することが実際には困難な場合が多いため，従属会社の一般
　株主が享受すべき利益の源泉が限られるとの指摘がある。他方，MBO の場合には，対象会社は
　他の潜在的な買収者の存在を経営者に対する交渉材料として利用することが可能であるのに対して，
　支配株主による従属会社の買収の場合には，従属会社の交渉相手は支配株主に限定される場合が
　多いため，従属会社の交渉力が弱まる可能性があるとの指摘もある。
　　また，支配株主による従属会社の買収の場合には，従属会社の一般株主は支配株主の存在やそ
　の場合に適用のある法令等の規律を認識の上で株主としてとどまっている点において，対象会社の
　一般株主は対象会社が MBO により買収されることを予期していない MBO の場合とは，リスクの
　発生に関する一般株主の事前の認識や一般株主の保護の必要性に差異があるとの指摘がある。ま
　た，従属会社の一般株主はもともと減価された株価で従属会社の株式を取得していると考えること
　もできるとの指摘や，従属会社は支配株主の信用による利益を享受している面もあるとの指摘，従
　属会社の一般株主の中には従属会社が支配株主に買収されることを期待して株式を取得した者も
　存在し得るとの指摘もある。これに対して，支配株主により不公正な取引条件で M&A が行われ
　るリスクを反映した分だけ従属会社の株価が減価される状態よりも，そのようなリスクから一般株
　主を保護することにより，従属会社の株価がそのようなリスクを織り込まない価格に復する状態の
　方が，従属会社の株式の時価総額ひいては社会の富を損なわないという観点からは望ましいとの指
　摘や，従属会社といえども，そもそも上場し，一般投資家が自由にその株式を売買することができ
　る状態にしている以上は，一般株主の利益を保護することは大前提の責務であるとの指摘もある。
13) ただし，各公正性担保措置の中には，両取引類型間の構造上の差異に起因して，支配株主に
　よる従属会社の買収の場合には，類型的に，有効に機能しにくい，または弊害の懸念が大きいも
　のも存在する。そのような措置に関しては，取引類型の差異を踏まえた考慮を行うことが適当と考
　えられるため，本文 3.2 以下では，該当する箇所において，取引構造上の差異も踏まえて整理を行
　っている。

2.2　買収対価に関する基本的整理

　以上のように，MBO および支配株主による従属会社の買収においては，企業価値の向上と公正な取引条件，すなわち企業価値の増加分が一般株主に公正に分配されるような取引条件の実現を担保するために，特段の実務上の対応が講じられるべきであるが，このような実務上の対応の在り方を検討する前提として，M&A に際して実現される価値や，一般株主が享受すべき利益についての考え方を明らかにすることが有益である。そこで，次に，これらについての基本的な概念整理を行う。

2.2.1　M&A に際して実現される価値についての概念整理

　M&A に際して実現される価値は，理論的には，（a）M&A を行わなくても実現可能な価値と，（b）M&A を行わなければ実現できない価値[14]の 2 種類に区別して考えることができる。

　そして，上記(a)および(b)の価値はいずれも全ての株主がその持株数に応じて享受すべきものであるが，これらを一般株主がスクイーズ・アウトされる形態でのM&A について理論的・概念的な整理を行うとすれば，まず，上記(a)の M&A を行わなくても実現可能な価値は，一般株主を含む全ての株主がその持株数に応じて享受すべきものであると考えられる[15]。他方で，上記(b)の M&A を行わなければ実現できない価値については，M&A によって一般株主はスクイーズ・アウトされることとなるものの，一般株主もその価値のしかるべき部分を享受するのが公正であると考えられる[16]。

---

14) MBO の場合には，理論的には，それ自体では企業結合等の場合のような相乗効果（いわゆるシナジー）は発生しないが，一般株主が存在しなくなることによるコスト削減効果（一般株主との利害調整コスト，開示コスト等の削減）や，インセンティブ構造が変化したことに伴い，MBO において人的な資本を拠出する経営者等の努力により創出される価値等が(b)の M&A を行わなければ実現できない価値に含まれると考えられる。また，経営者が投資ファンド等と共同で行う MBO の場合には，投資ファンド等の支援による経営の効率化や，投資ファンド傘下の他の事業会社との間で創出されるシナジーも(b)の価値に含まれ得ると考えられる。
15) 例えば，多額の含み益を有する遊休資産を売却するのみで得られる利益等は，M&A を行わなくても実現可能な価値であり，本来的には買収者が独占すべきものでなく，全ての株主が享受すべきものであると考えられる。また，M&A 後に他社と事業提携等を行うことにより実現することが想定されていた価値についても，概念上は，M&A を行うことによって実現する事業提携なのか，M&A を行わなくても可能な事業提携なのかで区別することができ（実際の判別は困難であるが），後者の場合には，当該価値は本来的には買収者が独占すべきものでなく，全ての株主が享受すべきものであると考えられる。

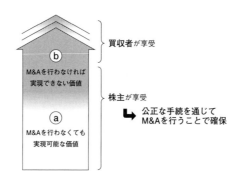

2.2.2　実際の事案における整理

　以上のように，M&A に際して実現される価値についての概念整理をすることが可能であるものの，実際の事案においては，上記(a)および(b)の価値を客観的かつ厳密に区別・算定することや，M&A 公表前の市場株価が(a)の価値をどれほど反映しているかを判別することは困難である[17]。加えて，(b)の価値についても，一般株主が享受すべき部分には一定の幅があると考えられ，その分配の在り方について一義的・客観的な基準を設けることは困難である。そのため，上記の理論的な概念整理から直ちに，実際の事案における妥当な買収対価の算定方法を導くことや，市場株価と比較して「プレミアムが何％以上であれば公正である」といった一義的・客観的な基準を設けることは困難である。

　したがって，買収対価等の取引条件自体について何らかの一義的・客観的な基準

16）会社法上，組織再編における株式買取請求手続における株式の買取価格は「公正な価格」と定められており（会社法第785条第1項等），同価格は，①組織再編によって企業価値の増加が生じる場合には，組織再編が公正な条件で行われ，それによって，当該増加分が各当事会社の株主に公正に分配されたとすれば，基準日において当該株式が有する価値をいい，②組織再編によって企業価値の増加が生じない場合には，組織再編を承認する株主総会決議がなかったならば基準日において当該株式が有していたであろう価格をいうと解されている。組織再編以外の方法によるキャッシュ・アウトの場合に裁判所が決定すべき価格についても，同様に解されている。

17）M&A を行う前から保有している既存の経営資源を活用して実現可能な価値は，実際には実現されていない場合であっても，(a)の M&A を行わなくても実現可能な価値に含まれると考えられる。この点に関連して，本来，(a)の価値は，MBO や支配株主による従属会社の買収により非上場化をする前から十分に実現していくことが期待されるものの，上場を継続している間には十分に実現されていない場合も少なくなく，このような状態を前提に株式市場の価格形成もされているとの指摘がある。

を設けることは適当とはいえず，取引条件の公正さを担保するための手続（以下，このような手続を指して「公正な手続」という。）の在り方について指針を示し，こうした手続を通じて M&A が行われることにより，一般株主が享受すべき正当な利益（以下，このような利益を指して「一般株主が享受すべき利益」や「一般株主利益」等という。）が確保されるべきものと考えられる。

2.2.3　買収対価の種類

買収対価が金銭である場合には，M&A 後に実現される上記(b)の価値のうち対象会社の一般株主が享受すべき部分は，取引時点で現金化され，一般株主に交付されるのに対して，買収対価が買収会社の株式である場合には，対象会社の一般株主は，取引後に買収会社の株主としてその株式の保有を継続する選択肢が提供されるため，その株式の保有を通じて(b)の価値を享受することができると指摘されている。

もっとも，買収対価が買収会社の株式である場合であっても，株式交換比率等の取引条件が公正でないとき，すなわち対象会社の一般株主が交付を受ける買収会社の株式の数が不足するようなときは，対象会社の一般株主が取引後に買収会社の株式の保有を通じて享受することができる(b)の価値は大幅に減少するのであり，その意味では，取引条件の公正さは買収対価が金銭である場合と同様に問題となるため，公正な手続を通じて M&A が行われることにより一般株主利益が確保されるべき点において，買収対価の種類によって差異が生じるわけではないと考えられる[18]。

2.3　M&A を行う上での尊重されるべき原則

以上の整理を踏まえると，まず，M&A において尊重されるべき原則として，以下のような原則論が導かれる。

18）また，買収対価が買収会社の株式である場合であっても，対象会社の規模が買収会社に比して小さい場合には，対象会社の一般株主が取引後に買収会社の株式の保有を通じて享受することができる(b)の価値は大幅に希釈化されたものになるとの指摘や，対象会社と買収会社の投資対象としての性格の差異や，一般株主の投資方針等によっては，対象会社の一般株主が取引後に買収会社の株式の保有を継続することを当然の前提とすることはできないとの指摘もある。

第 1 原則：企業価値の向上

望ましい M&A か否かは，企業価値を向上させるか否かを基準に判断されるべきである[19]。

第 2 原則：公正な手続を通じた一般株主利益の確保

M&A は，公正な手続を通じて行われることにより，一般株主が享受すべき利益が確保されるべきである。

いずれの原則も，MBO や支配株主による従属会社の買収の場合だけでなく，通常の M&A 一般にも当てはまるものであるが，第 2 原則は，特に MBO と支配株主による従属会社の買収において重要なものであると考えられる。

そして，両原則は，まず第 1 原則を満たした企業価値の向上に資する M&A であることを前提に，これを実施するに当たっては，第 2 原則に則り，公正な手続を通じて行われることにより一般株主利益が確保されるべきであるという関係に立つものと考えられる[20]。

2.4　公正な手続に関する基本的な視点

以上のように，MBO および支配株主による従属会社の買収は，第 2 原則に則り，一般株主利益を確保するために，公正な手続を通じて行われるべきである。このような公正な手続を構成する実務上の具体的対応が公正性担保措置であり，MBO および支配株主による従属会社の買収においては，個別の M&A における具体的状況（構造的な利益相反の問題や情報の非対称性の問題の程度，対象会社の状況や取引構造の状況等）に応じて，公正性担保措置を講じることが望ましい。公正性担保措置には様々なものがあり得るが，それらはいずれも，以下の視点から公正な取引条件を実現するための手段と整理することができる。

---

19) 支配株主による従属会社の買収の場合には，第 1 原則は，グループとしての企業価値を向上させるか否かという観点から判断することも想定される。
20) 企業価値を向上させるか否かの判断は実際には容易でないが，M&A が公正な手続を通じて行われ，第 2 原則を満たす場合には，対象会社の取締役会や特別委員会があえて企業価値の向上に資するものでない（よって，M&A を行わなければ実現できない価値が想定されず，これが一般株主に分配されることもない）M&A に賛同することは通常は考えにくいことから，当該 M&A は企業価値を向上させるものであり，第 1 原則も満たすものである場合が多いと考えることができる。

視点1：取引条件の形成過程における独立当事者間取引と同視し得る状況の確保

　対象会社において M&A の是非や取引条件の妥当性についての交渉および判断が行われる過程（以下「取引条件の形成過程」という。）において，M&A が相互に独立した当事者間で行われる場合と実質的に同視し得る状況，すなわち，構造的な利益相反の問題や情報の非対称性の問題に対応し，企業価値を高めつつ一般株主にとってできる限り有利な取引条件で M&A が行われることを目指して合理的な努力が行われる状況を確保する[21]。

視点2：一般株主による十分な情報に基づく適切な判断の機会の確保

　MBO および支配株主による従属会社の買収においては，買収者と一般株主との間の情報の非対称性により，取引条件の妥当性等について一般株主による十分な情報に基づいた適切な判断（インフォームド・ジャッジメント）が行われることが当然には期待しにくいことを踏まえて，一般株主に対して，適切な判断を行うために必要な情報を提供し，適切な判断を行う機会を確保する。

21）　視点1は，取引条件の形成過程において対象会社側で講じられる公正性担保措置を検討する際に問題となる視点であり，基本的には対象会社にとっての視点となる。すなわち，取引条件の形成過程において，買収者側で，自らにとってできる限り有利な取引条件で M&A が行われることを目指して合理的な努力が行われることは通常の M&A の場合と同様であり，視点1はこのことを否定する趣旨ではない。視点1は，このことを前提に，対象会社側でも通常の M&A と同様に，企業価値を高めつつ一般株主にとってできる限り有利な取引条件で M&A が行われることを目指して合理的な努力が行われる状況を確保することにより，全体として見て M&A が相互に独立した当事者間で行われる場合と実質的に同視し得る状況を確保し，そのような状況の下で取引条件の交渉および判断が行われることを通じて，取引条件の公正さを担保することを意図するものである。

　以上の原則と基本的視点を踏まえて，本章では，MBO および支配株主による従属会社の買収における公正性担保措置のうち，一般に有効性が高いと考えられる典型的な措置を 3.2 から 3.7 までで取り上げ，その機能や望ましいプラクティスの在り方を提示する。

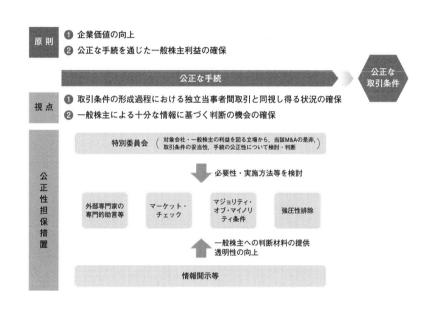

3.1　総論

3.1.1　公正性担保措置の位置付け

　本章で提示する各公正性担保措置は，いずれも，一義的・客観的な基準を設けることが困難な取引条件の公正さを手続的に担保するための手段と位置付けられるものである。

　したがって，各公正性担保措置の実施は，MBO および支配株主による従属会社の買収において公正な取引条件を実現するための必要条件ではなく，常に全ての公正性担保措置を講じなければ公正な取引条件の実現が担保されないというわけではない22)。

　すなわち，個別の M&A における具体的状況に応じて，いかなる措置をどの程

度講じるべきかが検討されるべきものであり，また，講じられる措置を全体として見て取引条件の公正さを担保するための手続として十分かどうかが評価されるべきものである。

3.1.2　個別の状況に応じた適切な措置の選択の必要性

　現実の M&A は多様であり，個別性が高い。すなわち，MBO や支配株主による従属会社の買収といえども，実際の形態は一様ではなく，その内容により構造的な利益相反の問題や情報の非対称性の問題にも程度の差が生じ得る[23]。また，実際の M&A においては，一般株主への配慮の必要性が異なり得る特段の事情がある場合もある[24]。

　そして，公正性担保措置の位置付けが上記 3.1.1 のようなものである以上，その適切な組合せも，個別の M&A の多様性に応じて多様なものとなり得る。

　したがって，個別の M&A において，その具体的状況に応じて，事案に即した適切な公正性担保措置を判断し，実施することが重要となる[25]。その際，個別の M&A において一定の措置が有効に機能しない，または弊害が懸念され，当該措置

---

22) 更にいえば，公正な取引条件は，本章で提示する各公正性担保措置を講じることによってのみ実現されるわけではなく，これらの公正性担保措置を講じることによらずとも，公正な取引条件が実現され，大半の一般株主から納得が得られる場合もあると考えられる。

23) 実際の MBO には，現在の経営者が自ら対象会社を買収する場合もあれば，他の出資者（投資ファンド等）と共同で買収する場合もある。例えば，オーナー経営者等の「取締役兼株主」が，経営者としては残るものの，自ら保有する株式についてはその多くを，当該 MBO を機に手放すような場合等には，当該経営者はむしろ株式の売却者側の性質が強く一般株主の立場に近い場合も想定し得る。このように，経営者以外の出資者の関与の有無・役割の主従，MBO を行う経営者が保有していた株式の処分方法や MBO における出資比率等によって，経営者が MBO に対して有する経済的利益の程度，ひいては構造的な利益相反の問題の程度には差異が生じ得る。

　また，支配株主による従属会社の買収においても，支配株主が保有する従属会社の議決権の割合（過半数に満たない場合から 3 分の 2 以上に至る場合まで幅があり得る）や，支配株主と従属会社との関係（支配株主と従属会社の人的関係・取引関係，事業分野の異同，支配・従属関係の形成経緯等により，従前より従属会社の支配株主に対する依存度が強い場合もあれば，ある程度独立して経営されている場合もある）等に応じて，構造的な利益相反の問題や情報の非対称性の問題の程度には差異が生じ得る。

24) 例えば，企業の再生局面における M&A には，当該企業の状態によっては，株主が享受すべき利益が存在しないような場合もあると考えられる。また，MBO において，対象会社に大株主や親会社等が存在し，かつ，総体としての株主と買収者との合理的な交渉が成立する場合には，経営者が不合理に MBO を行うことや不当に低い価格で MBO を行うことがそもそもできない場合も存在すると考えられる。

を講じることが困難な場合には，他の措置をより充実させることによってこれを補い，全体として取引条件の公正さを担保するという観点も重要である。

そして，事案に即した適切な公正性担保措置を判断するに当たっては，構造的な利益相反の問題の存在にかんがみ，買収者等からの独立性の確保された主体が，利益相反に関する重要な事実関係を把握した上で実質的に関与することが重要となる。

3.1.3　実効的な機能発揮の重要性

公正性担保措置を講じた外形が整えられても，各措置が有効に機能していなければ，公正性担保措置としての意味はない。形式上講じられた公正性担保措置の数よりも，実効的に講じられた措置が全体として果たす機能の実質が重要となる。

3.1.4　望ましいM&Aが阻害されないことの重要性

企業価値の向上に資するM&Aが公正な手続を通じて行われることは，M&Aに際して実現される価値が一般株主にも付与されることを意味し，一般株主の利益にも資するものである。

したがって，企業価値の向上に資する望ましいM&Aに対して阻害効果を及ぼし，または当事会社が過度に委縮することは，一般株主にとってもまた望ましいことではない。M&Aの関係者には，企業価値の向上に資するM&Aが一般株主の利益に配慮しつつ積極的に行われる健全な資本市場の発展に向けて，リスク回避に傾くことなく，費用対効果の視点も含めてバランスのとれた対応をとることが求められる[26]。

---

25) 本文2.1.3のとおり，MBOと支配株主による従属会社の買収とでは，構造的な利益相反の問題や情報の非対称性の問題の状況は同一ではない。もっとも，この点に関する議論を踏まえると，構造的な利益相反の問題と情報の非対称性の問題に対応し，公正な取引条件の実現を担保するために事案に即した公正性担保措置が講じられるべきである点において，両取引類型間に一般的・類型的な差異があるわけではなく，個別のM&Aにおいて取引類型の差異に起因して生じる固有の事情については，適切な公正性担保措置を判断するに当たって考慮すべき具体的状況の一要素として位置付けることが適当と考えられる。

26) 例えば，社外取締役を含む特別委員会の委員は，自らの善管注意義務に照らし，本指針を踏まえて適切な手続の下でその職務を遂行している限り，通常は，損害賠償責任等の法的責任を負う事態に至るものではないと考えられる。

3.2　独立した特別委員会の設置

3.2.1　機能

　特別委員会は，構造的な利益相反の問題が対象会社の取締役会の独立性に影響を与え，取引条件の形成過程において企業価値の向上および一般株主利益の確保の観点が適切に反映されないおそれがある場合において，本来取締役会に期待される役割を補完し，または代替する独立した主体として任意に設置される合議体である。

　特別委員会は，独立性を有する者で構成され，重要な情報を得た上で，企業価値の向上および一般株主の利益を図る立場から，M&A の是非や取引条件の妥当性，手続の公正性について検討および判断を行うことにより，取引条件の形成過程において，構造的な利益相反の問題および情報の非対称性の問題に対応し，企業価値を高めつつ一般株主にとってできる限り有利な取引条件で当該 M&A が行われることを目指して合理的な努力が行われる状況を確保する機能を有する（視点1）。

　このように，特別委員会は，基本的には，買収者および対象会社・一般株主に対して中立の第三者的な立場ではなく，対象会社および一般株主の利益を図る立場に立って当該 M&A について検討や判断を行うことが期待されるものであり，そのような意味で特別委員会が有効に機能した場合には，公正性担保措置として高く評価されると考えられる[27]。

3.2.2　役割

　上記 3.2.1 の機能を果たすため，特別委員会は，①対象会社の企業価値の向上に資するか否かの観点から，M&A の是非について検討・判断するとともに，②一般株主の利益を図る観点から，（ⅰ）取引条件の妥当性および（ⅱ）手続の公正性について検討・判断する役割を担う。

　このうち，②（ⅰ）取引条件の妥当性については，（a）買収者との取引条件に関する協議・交渉過程において，企業価値を高めつつ一般株主にとってできる限り有利な取引条件で M&A が行われることを目指して合理的な努力が行われる状況を確

27）MBO や支配株主による従属会社の買収において設立される特別委員会は「第三者委員会」等といわれることもあるが，本文記載のとおり，基本的には，買収者および対象会社・一般株主に対して中立の第三者的な立場に立つのではなく，対象会社および一般株主の利益を図る立場に立つという点において，例えば企業等に対する中立性が求められる企業等不祥事における第三者委員会とはその位置付けを異にする点に留意する必要がある。

保すること，および(b)取引条件の妥当性の判断の重要な基礎となる株式価値算定の内容と，その前提とされた財務予測[28]や前提条件[29]等の合理性を確認することを通じて，検討することが重要である。また，買収対価の水準だけでなく，買収の方法や買収対価の種類等の妥当性についても検討することが重要である。

また，②(ⅱ)手続の公正性については，当該 M&A における具体的状況を踏まえて，全体として取引条件の公正さを手続的に担保するために，いかなる公正性担保措置をどの程度講じるべきかの検討を行う役割を担うことも期待されている。

3.2.3　公正性担保措置としての意義

特別委員会は，適切に運用することにより，構造的な利益相反の問題と情報の非対称性の問題への対応に資するものであり，M&A の公正性を担保する上で有効性の高い公正性担保措置である。

加えて，上記 3.2.2 のとおり，特別委員会は，個別の M&A においていかなる公正性担保措置をどの程度講じるべきかの検討を行う役割を担うことが期待されており，手続の公正性を確保する上での基点として位置付けられる。

以上を踏まえると，MBO や支配株主による従属会社の買収において取引条件の公正さを担保する上で，特別委員会を設置することの意義は特に大きいといえ，これを設置することが望ましい[30]。

3.2.4　特別委員会が有効に機能するための実務上の工夫

特別委員会が形式的に設置されるにとどまらず，有効に機能するためには，以下のような実務上の工夫を講じることが望ましい。

---

28) DCF 法を用いて株式価値算定を実施する場合には，これに必要な将来フリー・キャッシュフローの予測の基礎となる事業計画の内容いかんによって結論が大幅に異なり得るところ，企業において作成される事業計画は，その作成の目的や態様等によって，その数字が楽観的な場合から保守的な場合まで様々であることから，事業計画の合理性やその作成経緯を確認することの重要性が指摘されている。

29) 特に合理性を確認することが望ましい事項として，例えば，DCF 法における割引率の計算根拠や，類似会社比較法における類似会社の選定理由等が指摘されている。

30) もっとも，例えば経営破綻企業の買収等，対象会社の財務状況や法規制等により緊急性が高く，迅速な実施が要求される場合等においては，特別委員会を設置することが困難な場合もあると考えられる。

特に，構造的な利益相反の問題が大きく，対象会社の取締役会の独立性への懸念が特に大きい場合[31]や，積極的なマーケット・チェックの実施やマジョリティ・オブ・マイノリティ条件の設定等の他の公正性担保措置を講じない場合には，特別委員会の実効性を高める工夫を積極的に講じることが期待される。

3.2.4.1 設置の時期

特別委員会を早期段階から関与させることにより，取引条件の形成過程全般にわたってその公正性を担保する機能を果たさせるとともに，特別委員会が設置された時点で既に取引条件等が事実上決定されており，これを覆すことが困難な状態に至っている等，特別委員会を設置する意義が実質的に失われることとなる事態を防ぐ観点から，対象会社が買収者から買収提案を受けた場合には，可及的速やかに，特別委員会を設置することが望ましい[32),33)]。

3.2.4.2 委員構成

A) 独立性

特別委員会は，独立性を有する委員で構成されるからこそ，構造的な利益相反の問題に対応する機能を有する。また，特別委員会の委員の独立性は，特別委員会に対する一般株主の信頼の礎となるものでもあり，委員となる者は高度な独立性を有することが望ましい。

具体的には，特別委員会の委員となる者には，①買収者からの独立性および②当該 M&A の成否からの独立性（当該 M&A の成否に関して，一般株主とは異なる重要な利害関係を有していないこと[34]）が求められるべきであり，これらの独立

---

31) 例えば，MBO に参加する取締役や MBO に関して重要な利害関係を有する取締役が取締役会に占める割合や他の取締役に対する影響力の観点から取締役会を支配しているような場合や，支配株主と従属会社の資本関係や人的関係・取引関係上の依存度，事業分野の異同，支配・従属関係の形成経緯等により，その関係が強固である場合等が考えられる。

32) 例えば，取締役会の開催や，社外有識者委員を選任する必要がある場合における候補者の選定等のために，特別委員会の設置に一定の時間を要することはやむを得ないと考えられるが，いたずらに特別委員会の設置時期を遅らせるべきではなく，可及的速やかに設置すべき合理的な努力をすることが望ましい。

33)「買収提案を受けた場合」とは，客観的に見て具体的かつ実現可能性のある真摯な買収意向が示された場合をいう。

性は，企業価値の向上および一般株主の利益を図る立場から適切な判断を行うことが一般に期待できるかという観点から，個別の M&A ごとに，委員候補者と買収者や対象会社との関係や当該 M&A との関係等の具体的状況を踏まえて実質的に判断されるべきものと考えられる[35]。

　このうち，①買収者からの独立性に関して，支配会社による従属会社の買収の場合における過去に支配会社の役職員であった者の取扱いについては，会社法上の社外性要件（会社法第 2 条第 15 号イ等）も踏まえると，少なくとも過去 10 年以内に支配会社の役職員であったことがない者であることが望ましい。

　また，買収者との間の取引関係や上記以外の人的関係については，金融商品取引所が定める独立役員の独立性基準[36]を買収者との関係について当てはめることも参考になると考えられるが，一律の客観的な基準を設けることは困難であり，個別の M&A ごとにその具体的状況を踏まえて実質的に判断することが必要となる。その際には，その関係が存在していた時期や，その関係の委員候補者にとっての重要性等が重要な考慮要素となると考えられる。

B) 属性・専門性

　特別委員会は，構造的な利益相反の問題による影響を排除する観点から，社外者，すなわち社外取締役，社外監査役または社外有識者で構成されることが望ましいが，それぞれの特別委員会の委員としての適格性は，一般に，以下のように考えられる。

a)　**社外取締役** – 社外取締役[37]は，①株主総会において選任され，会社に対して法律上義務と責任を負い，株主からの責任追及の対象ともなり得ること，②取締役会の構成員として経営判断に直接関与することが本来的に予定された者で

---

34) 典型的には，当該 M&A が成立することにより委員候補者が成功報酬を受領する場合が，M&A の成否からの独立性に疑義を生じさせる例である。
35) したがって，社外役員については，業務執行者からの独立性を中心とする一般的・抽象的な基準である会社法上の社外性要件や金融商品取引所が定める独立性基準を満たすことのみをもって，特別委員会の委員として必要な独立性を有するということには必ずしもならないことに留意する必要がある。
36) 東京証券取引所「上場管理等に関するガイドライン」Ⅲ 5.(3)の 2 参照。
37) 監査等委員会設置会社の監査等委員である社外取締役および指名委員会等設置会社の監査委員である社外取締役を含む。

あること，③対象会社の事業にも一定の知見を有していること等を踏まえると，
特別委員会の役割に照らして，社外取締役が委員として最も適任であると考え
られ，独立性を有する社外取締役がいる場合には，原則として，その中から委
員を選任することが望ましい。また，社外取締役が委員長を務めることも，特
別委員会の実効性を高めるため実務上の工夫の一つとして考えられる。

b) **社外監査役** – 社外監査役は，①本来的に経営判断に直接関与することが予定さ
れた者ではないものの，取締役会への出席・意見陳述義務や取締役の行為の差
止請求権等を通じて，間接的な形で経営に関与すること[38]，②株主総会にお
いて選任され，会社に対して法律上義務と責任を負い，株主からの責任追及の
対象ともなり得ること，③対象会社の事業にも一定の知見を有していること等
を踏まえると，取締役会に占める社外取締役が少数にとどまる現状においては，
社外取締役を補完するものとして，社外監査役も委員としての適格性を有する
ものと考えることが妥当である。

c) **社外有識者** – これに対して，社外有識者は，株主総会において株主の付託を受
けて選任されているわけではなく，社外役員に比べて会社や株主に対する責任

---

38) 本文 3.2.2 のとおり，特別委員会が担う重要な役割に，買収者との取引条件に関する協議・交
渉過程において，企業価値を高めつつ一般株主にとってできる限り有利な取引条件で M&A が行
われることを目指して合理的な努力が行われる状況を確保するという経営判断にわたる役割がある
ところ，社外監査役は本来的にこのような経営判断に直接関与することが予定された者ではなく，
間接的な形で経営に関与するにとどまるという点において，その委員としての適格性を社外取締役
と異にする要因がある。
　なお，上記の点とも関連して，社外監査役による特別委員会の委員としての職務を，会社法上の
社外監査役の職務の一部として捉える考え方（職務包含説）と，これとは別に委託を受けたものと
解する考え方（別途委託説）とが存在する。職務包含説の考え方をとった場合には，社外監査役
は，監査役の職務権限の範囲の制約との関係で，買収者との間で交渉を行うことや，会社を代理し
てアドバイザー等との間でアドバイザリー契約等を締結することはできないという帰結となるのに対
して，別途委託説の考え方をとった場合には，社外監査役はこれらの行為も行うことができるとい
う帰結となる。なお，別途委託説の考え方をとった場合であっても，特別委員会の委員としての職
務に対して監査役としての監査義務は及ぶと考えることは可能であるため，これに懈怠があった場
合には，株主は，当該義務に違反があったものとして，会社法第 429 条に基づき任務懈怠による
損害賠償責任を追及することができないわけではないとの意見もある。この論点については必ずし
も意見の一致をみているわけではなく，今後，更に議論が深まることが期待される。
　さらに，上記の論点とも関連して，特別委員会の委員としての職務の対価として社外役員に対し
て報酬が別途支払われる場合に，これが会社法上の役員報酬規制に服するか否かについても必ず
しも意見の一致をみているわけではないが，いずれにしても，対象会社は，特別委員会の委員とし
ての職務を行う社外役員に対してその職務に応じた報酬を支払うことができるよう，適切な対応を
とることが望ましい。

関係も不明確であり，株主による直接の責任追及も困難であるものの，M&A
に関する専門性（手続の公正性や企業価値評価に関する専門的知見）を補うた
めに，社外取締役および社外監査役に加えて，社外有識者を委員として選任す
ることは否定されない[39]。

　いずれの社外取締役も，独立性等の問題により委員として選任することに支障が
ある場合には，社外監査役および社外有識者のみで特別委員会を構成することも次
善の策として考えられる。
　他方，社外取締役に期待される基本的な役割は，特別委員会の役割を適切に理解
した上で，会社に対して法律上負う義務と責任を背景に，責任を持って，アドバイ
ザー等の専門的助言等も活用しつつ，特別委員会を適切に運営することであり，自
ら専門的判断を行うことではないと考えられるため，社外取締役がM&Aに関す
る専門性を有しないということだけでは，当該社外取締役を特別委員会の委員とし
て選任しないことが正当化されることにはならない。
　なお，特別委員会は，委員として最も適任である社外取締役のみで構成し，
M&Aに関する専門性は，アドバイザー等から専門的助言を得ること等によって補
うという形態が最も望ましいと考えられる。現状では，社外取締役が少数にとどま
り，こうした形態をとることが困難な企業も多いと考えられるが，今後，多くの企
業において，独立社外取締役が多数選任されるようになり[40]，このようなより望
ましい構成の特別委員会を設置しやすくなることが期待される。

39）社外有識者を特別委員会の委員として選任する場合には，その社外有識者は，対象会社との
　間の委任契約における受任者として，対象会社に対して善管注意義務を負うことになると考えられ
　るが，本文記載のとおり，社外有識者については，会社や株主に対する責任関係が不明確である
　等の懸念が示されていることを踏まえて，委任契約上，委員が会社に対して善管注意義務を負う旨
　を明確に規定することが望ましい。また，委任契約上，この善管注意義務の内容として，企業価
　値の向上および一般株主の利益を図る立場としての委員の役割を明確化しておくことも考えられる。
40）経済産業省「グループ・ガバナンス・システムに関する実務指針」（2019年6月28日）の「6.
　上場子会社に関するガバナンスの在り方」においては，上場子会社における利益相反リスクに適切
　に対応し，一般株主利益を保護するための実効的なガバナンスの仕組みの構築について一義的な責
　任を担うのは取締役会であることから，その独立社外取締役比率を高めること（1/3以上や過半数
　等）を目指すことが基本となるとされている。

3.2.4.3 特別委員会の設置・委員選定のプロセス

　特別委員会の設置の判断，権限と職責の設定，委員の選定や報酬の決定については，構造的な利益相反の問題による影響を受けるおそれを可能な限り排除する観点から，対象会社の独立社外取締役や独立社外監査役[41]がこれらのプロセスに主体性を持って実質的に関与することが望ましい。

3.2.4.4 買収者との取引条件の交渉過程への関与

　上記3.2.2のとおり，特別委員会は，買収者との取引条件に関する協議・交渉過程において，企業価値を高めつつ一般株主にとってできる限り有利な取引条件でM&Aが行われることを目指して合理的な努力が行われる状況を確保する役割を担う。特別委員会がこのような役割を果たす上では，特別委員会が対象会社と買収者との間の買収対価等の取引条件に関する交渉過程に実質的に関与することが望ましい。

　その方法としては，特別委員会が取引条件が妥当でないと判断した場合には当該M&Aに賛同しないことを取締役会においてあらかじめ決定した上で[42]，①特別委員会が取引条件の交渉を行う権限の付与を受け，自ら直接交渉を行うこと，または②交渉自体は対象会社の担当役員やプロジェクトチーム等の社内者やアドバイザーが行うが，特別委員会は，例えば，交渉について事前に方針を確認し，適時にその状況の報告を受け，重要な局面で意見を述べ，指示や要請を行うこと等により，取引条件に関する交渉過程に実質的に影響を与え得る状況を確保することが考えられ，個別のM&Aにおける構造的な利益相反の問題の程度や特別委員会の委員構成等の具体的状況に応じて，適切な方法や態様で関与することが望ましい。

41）原則として，金融商品取引所に独立役員として届け出られている社外取締役や社外監査役（当該M&Aに関して本文3.2.4.2 A）の観点から独立性を欠くことが明らかである者を除く。）が該当する。

42）これにより，特別委員会が取引条件が妥当でないと判断したにもかかわらず，対象会社の取締役会が当該取引条件によるM&Aに賛同するという事態が生じないことが保障されることになり，特別委員会に対していわば取引に反対する権限を付与する状況と実質的に同様の状況が確保されることになる。なお，このような決定を行った場合も，対象会社の取締役会は特別委員会の判断内容を適切に理解・把握した上で最終的な意思決定を行うことが想定される。

3.2.4.5 アドバイザー等

　特別委員会が自らの役割を適切に理解し，その役割を十分に果たす上では，手続の公正性や企業価値評価に関する専門的な知見に基づいて検討・判断することが必要となる。特別委員会の委員自身においてはこのような専門性を十分に有していない場合も少なくないと考えられるところ，このような場合をはじめとして，特別委員会が信頼して専門的助言を求めることができる財務アドバイザー・第三者評価機関や法務アドバイザー（以下「アドバイザー等」と総称する。）が存在していることが望ましい。

　その方法としては，特別委員会と対象会社の社内者のいずれが買収者との協議・交渉を担うか等の個別のM&Aにおける具体的状況に応じて，適切な方法が検討されることが望ましい。具体的には，特別委員会が①自らのアドバイザー等を選任することが有益であるが43),44)，②対象会社の取締役会が選任したアドバイザー等が高い専門性を有しており，独立性にも問題がない場合等，特別委員会として当該アドバイザー等を信頼して専門的助言を求めることができると判断した場合には，そのアドバイザー等を利用することも否定されるべきとはいえない。ただし，②の場合には，構造的な利益相反の問題に起因して，対象会社の取締役会が選任したアドバイザー等が特別委員会に対して一般株主の利益よりも買収者側の利益やM&Aの成立を優先した助言や情報提供を行う可能性について懸念が示されることもあることを踏まえて，特別委員会に対して，対象会社の取締役会のアドバイザー等を指名する権限や，対象会社の取締役会のアドバイザー等を承認（事後承認を含む45)）

---

43) 特別委員会が自らのアドバイザー等を選任する場合において，対象会社の取締役会も別途自らのアドバイザー等を選任するか否かはいずれの場合も考えられ，取締役会は特別委員会が選任したアドバイザー等から必要に応じて専門的助言を受けるという対応も考えられる。

44) 特別委員会が自らのアドバイザー等を選任することが予定されている場合も，アドバイザー等が特別委員会の設置前からM&Aに関与する場合も想定されるところ（法務アドバイザーについては本文3.3.1参照），このような場合には，設立後の特別委員会が当該アドバイザー等の独立性を確認し，問題がない場合には，当該アドバイザー等を自らのアドバイザー等として改めて選任することが考えられる。

45) 例えば，対象会社の取締役会の既存のアドバイザー等の独立性に問題がある場合に，特別委員会がこれを承認しないことが考えられる。特別委員会が対象会社の取締役会の既存のアドバイザー等を承認しない場合には，既存のアドバイザー等を変更する，特別委員会が指名・承認する他のアドバイザー等を対象会社の取締役会が別途追加で選任する，または特別委員会が別途自らのアドバイザー等を選任すること等によって解決することが考えられる。

する権限を付与する等，対象会社の取締役会が選任したアドバイザー等により提供され，特別委員会による検討や判断の重要な基礎となる専門的助言の信頼性を担保する工夫を講じることが望ましい。

3.2.4.6 情報の取得

MBO および支配株主による従属会社の買収においては，買収者への情報の偏在を利用して一般株主に不利な取引条件で M&A が行われるのではないかといった情報の非対称性の問題から生じる懸念に対応する必要がある。もっとも，対象会社には企業秘密等の公表に馴染まない情報も存在することから，一般株主に対して開示することができる情報の範囲には限界があり，一般株主への直接の情報開示のみによって情報の非対称性の問題に対応することは困難である。

そこで，特別委員会の各委員が対象会社に対する秘密保持義務に服していることを前提に，特別委員会が，一般株主に代わり，非公開情報も含めて重要な情報を入手し，これを踏まえて検討・判断を行うという方法も組み合わせることにより，全体として，重要な情報を十分に踏まえた上で，M&A の是非や取引条件の妥当性についての検討・判断が行われる状況を確保することが望ましい。

そのため，特別委員会は，必要に応じて執行陣に情報提供を求め，買収者との協議に十分に関与する等，その検討および判断に必要な情報を得るよう努めることが望ましい。

3.2.4.7 報酬

特別委員会がその役割を十分に果たす上では，委員に対して支払う報酬は，その責務に応じた適切な内容・水準とすることが望ましい。

また，社外役員が特別委員会の委員としての職務を行うことは，上記 3.2.4.2 B)のとおり，社外役員の職責から期待されることであるが，特別委員会に係る職務には通常の職務に比して相当程度の追加的な時間的・労力的コミットメントを要すると考えられるところ，元々支払いが予定されていた役員報酬には，委員としての職務の対価が含まれていない場合も想定される。そこで，このような場合には，別途，委員としての職務に応じた報酬を支払うことが検討されるべきである。

3.2.5 対象会社の取締役会における特別委員会の判断の取扱い

M&Aに際して特別委員会を設置した場合においても，特別委員会が会社法上の機関ではない任意の機関である以上，通常，M&Aへの賛否等については，最終的には取締役会において意思決定を行うこととなるものと考えられる[46]。

その際には，取締役会は，特別委員会の設置の趣旨にかんがみ，特別委員会の判断内容を適切に理解・把握した上で，これを最大限尊重して意思決定を行うことが望ましい（なお，取締役会においてあらかじめ上記3.2.4.4の決定が行われた場合において，特別委員会が取引条件が妥当でないと判断したときは，取締役会は当該取引条件によるM&Aに賛同すべきでないことになる。）。

特別委員会を形式的に設置し，その判断に従って判断したというだけでは，直ちに取締役会の判断が正当化されることにはならないが，独立した特別委員会が設置され，有効に機能した場合には，原則として，取締役会は，特別委員会の判断内容に依拠して意思決定を行うことで，その説明責任を果たすことができると考えられる。

以上を踏まえると，取締役会が特別委員会の判断内容と異なる判断を行うことは本来例外的であると考えられるが，そのような事態に至った場合には，特別委員会の設置の趣旨にかんがみ，取締役会はその理由について十分な説明責任を果たすことが望ましい。

3.2.6 対象会社の社内検討体制

MBOや支配株主による従属会社の買収に際して特別委員会を設置する場合においても，当該M&Aの是非や取引条件の妥当性，手続の公正性等についての第一次的な検討や，買収者との協議・交渉は，対象会社の取締役会や担当役員，その下に設置されるプロジェクトチーム等において行われる場合も多いと想定される。

M&Aへの賛否等を決定する対象会社の取締役会決議においては，会社法上，

---

46) M&Aへの賛否等を決定する取締役会決議において，当該M&Aに重要な利害関係を有する者を除く取締役全員の賛成および監査役全員の異議がない旨の意見があった場合には，当該M&Aにおいて公正性担保措置が有効に機能したことを示す事情の一つとなると考えられる。他方で，反対した者がいる場合には，誰が反対したのか，どのような理由で反対したのかを，取締役会議事録に記載することに加え，これを株主に対して明らかにすることが，一般株主によるインフォームド・ジャッジメントの機会の確保の観点（視点2）からは重要である（下記3.6.2.3 f）参照）。

「特別の利害関係を有する取締役」は議決に加わることができないとされているが[47]，取引条件の形成過程において構造的な利益相反の問題による影響を排除する観点からは，上記の取締役会決議の段階だけでなく，その前の検討・交渉段階から，個別の M&A の具体的状況に応じて，「特別の利害関係を有する取締役」も含む一定の利害関係を有する取締役等を対象会社における検討・交渉過程から除外する等，可能な限り買収者から独立した立場で検討・交渉等を行うことができる体制を対象会社の社内に構築することが考えられる。

その際，独立した特別委員会が設置され，有効に機能している場合には，検討・交渉過程から除外する取締役等の範囲に関して，過去に買収者の役職員であった者はその一事をもって全て除外されるべきとまで考える必要はなく，十分な検討・交渉等を行うことが可能な取締役等を確保するという観点からは，例えば，現に買収者の役職員を兼任する取締役等が除外されれば足りるとの整理も考えられる。

3.3 外部専門家の独立した専門的助言等の取得

手続の公正性や取引条件の妥当性について慎重な検討・判断過程を経る上では，以下のように，外部専門家の独立した[48]専門的助言等を取得することが望ましい。

3.3.1 法務アドバイザーからの助言の取得

対象会社において適切な公正性担保措置を判断・実施し，手続の公正性を確保する上で，法務アドバイザーは重要な役割を果たす（視点 1，視点 2）。

法務アドバイザーは，公正性担保措置を講じることの意義について対象会社が十分に理解することを補助するとともに，特別委員会の設置や委員の選定[49]，案件

---

47) 会社法第 369 条第 2 項。MBO や支配株主による従属会社の買収における「特別の利害関係を有する取締役」の範囲は，解釈問題となるものの，取引条件の形成過程における手続の公正性を高めるという観点からは，当該「特別の利害関係」を広く解釈することも検討すべきとの指摘もある。例えば，MBO を行う取締役のみならず，買収者側への出資や経営参画について既に合意が成立している取締役も除外されると解釈すべきではないかとの指摘がある。他方，このような取締役以外の取締役であっても，その自己保身を企図する可能性もあり，当該解釈を広げることが必ずしも手続の公正性を高めるとは限らないとの指摘もある。
48) 外部専門家の独立性については，本文 3.2.4.2 A）の特別委員会の委員の独立性と同様に，①買収者からの独立性および②当該 M&A の成否からの独立性の観点が問題となるが，独立性の程度や重点はそれぞれ異なり得ると考えられる。
49) 特別委員会の設置および委員選定のプロセスについては，本文 3.2.4.3 参照。

の検討・交渉過程から除外されるべき特別の利害関係を有しまたはそのおそれのある取締役等の考え方の整理，財務アドバイザーや第三者評価機関の独立性の検討等においても，重要な役割を果たし得ることを踏まえると，初期段階から独立性を有する50)法務アドバイザーの関与を得て，その独立した専門的助言を取得することが望ましい。

3.3.2　第三者評価機関等からの株式価値算定書等の取得

取引条件の形成過程において構造的な利益相反の問題や情報の非対称性の問題に対応する上では，対象会社の取締役会または特別委員会において，専門性を有する独立した第三者評価機関から株式価値算定書等を取得し，これを判断の基礎とすることが望ましい（視点1）。

また，取引条件の形成過程において，企業価値を高めつつ一般株主にとってできる限り有利な取引条件でM&Aが行われることを目指して合理的な努力を行う上では，必要に応じて，M&Aのスキームや代替手段，代替取引の検討，価格交渉等において経験豊富な財務アドバイザーの助言や補助を得ることも有効である51)（視点1）。

以下では，特に前者の観点から，第三者評価機関から株式価値算定書やフェアネス・オピニオンを取得することの意義等について整理する。

3.3.2.1　第三者評価機関による株式価値算定の実施
A）　機能

専門性を有する独立した第三者評価機関による株式価値算定を実施することは，対象会社の株式の価値の幅を明らかにすることを通じて，対象会社の取締役会や特別委員会において，取引条件の検討，交渉および判断が行われるに当たって重要な参考情報が得られることに加えて，株式価値算定結果から説明することができない

---

50) 特に，特別委員会の法務アドバイザーや特別委員会の設置に関与する法務アドバイザーの独立性が重要となる。例えば，買収者と顧問契約を締結して常時経営陣から法律相談を受けているために買収者に対する依存度が強い弁護士を法務アドバイザーとして選任することは，買収者からの独立性の観点から望ましくない。
51) 対象会社のために価格交渉等の助言や補助を行う財務アドバイザーは，その業務の一環として株式価値算定書等の提供も行い，第三者評価機関を兼ねる場合が多い。

水準の取引条件で行われる M&A に賛同することが困難になるため，構造的な利益相反の問題や情報の非対称性の問題により取引条件が一般株主に不利に設定されるおそれを抑止する機能を有する（視点 1）。

また，株式価値算定の内容が対象会社の一般株主に対して開示されることにより，一般株主が取引条件の妥当性を判断する際の重要な判断材料となるという機能も有する（視点 2）。

B) 位置付け

株式価値算定の実務においては，上記 2.2 の一般株主が享受すべき利益についての概念整理等は念頭に置きつつも，多くの場合，(a)M&A を行わなくても実現可能な価値と，(b)M&A を行わなければ実現できない価値といった構成要素ごとに分けて価値を算定した上で合算するという形ではなく，通常は M&A の実施を前提としない財務予測等に基づいて株式価値算定が行われている52)。上記 2.2 の概念整理との関係では，このような株式価値算定結果を踏まえつつ，企業価値を高めつつ一般株主にとってできる限り有利な取引条件の獲得に向けて検討・交渉するプロセス等を通じて，(b)の価値の分配を含む一般株主が享受すべき価値が実現されるものと整理される。

このように，株式価値算定結果は，上記 2.2 の概念整理における(b)の価値や，そのうち一般株主および買収者がそれぞれ享受すべき部分を直接的に明らかにするものではなく，したがって，実際の M&A において，株式価値算定結果から対象会社が賛同すべき取引条件が機械的に定まるべきものではない。

したがって，対象会社の取締役会や特別委員会は，株式価値算定結果に加えて，算定の前提とされた事業計画の位置付けやその実現可能性，用いられた算定方法の特性，同種の M&A において一般に付与されるプレミアム（買収価格と従前の市

---

52) M&A 後の事業計画等は，それ自体不確実性を伴うものであることや，対象会社は買収者が想定する M&A 後の事業計画等や将来の可能性に関する情報を十分に有しておらず，これを前提とした財務予測等を合理的に推定することが困難な場合も少なくないことに加え，買収者が上記の情報を対象会社に対して詳細に開示することも，自らの手の内をさらすこととなり，買収戦略上ずから限界があること等がその背景にある。もっとも，上場廃止による上場維持コストの削減等，M&A の実施を前提とした各種施策の効果についても可能な範囲で一定程度加味した財務予測を作成して株式価値算定が行われる場合もある。

場株価との差額）の水準，当該 M&A を行わなくても実現可能な価値，想定される当該 M&A による企業価値増加効果[53]，代替取引の有無や内容等を考慮して，取引条件の検討，交渉および判断を行うことが望ましい。

3.3.2.2 フェアネス・オピニオンの取得

A) 機能

フェアネス・オピニオンとは，一般に，専門性を有する独立した第三者評価機関が，M&A 等の当事会社に対し，合意された取引条件の当事会社やその一般株主にとっての公正性[54]について，財務的見地から意見を表明するものをいう。

すなわち，対象会社がフェアネス・オピニオンを取得することは，財務に関する専門性を有する第三者評価機関が，対象会社とは独立した立場から慎重な検討を行った上で，当事者間で合意された具体的な取引条件が対象会社の一般株主にとって財務的見地から公正であると判断し，その旨の意見を表明しているということを意味する。このように，フェアネス・オピニオンは，第三者評価機関が意見形成主体となるという点や，意見の対象が当事者間で合意された具体的な取引条件の対象会社の一般株主にとっての公正性であるという点において，株式価値算定書とは異なるものであり，対象会社の価値に関するより直接的で重要性の高い参考情報となり得るため，取引条件の形成過程において構造的な利益相反の問題および情報の非対称性の問題に対応する上でより有効な機能を有し得るものと考えられる（視点 1）。

また，欧米等では，構造的な利益相反の問題が存在する M&A 等において取引条件の妥当性等に関する重要な参考情報としてフェアネス・オピニオンを取得することは一般的なプラクティスであると指摘されており，国際的に活動する投資家も含めた一般株主に対する説明責任を果たすという観点からも，その有用性が指摘されている（視点 2）。

B) 公正性担保措置としての意義

以上のように，フェアネス・オピニオンは，公正性担保措置として有効に活用し得るものである一方で，上記 2.2 の一般株主が享受すべき利益についての概念整理

---

53) 必ずしも具体的な企業価値増加効果を定量的に見積もることに限られない。
54) 取引条件の「妥当性」を意見表明の対象としている第三者評価機関もある。

との関係55)や，現在の我が国における環境56)等も踏まえると，その公正性担保措置としての有効性は事案により一様ではないと考えられる。

　したがって，フェアネス・オピニオンの取得の要否については，対象会社の取締役会や特別委員会において，個別のM&Aにおける具体的状況を踏まえて判断することが適当と考えられる。

　また，フェアネス・オピニオンの公正性担保措置としての有効性は，これを発行する第三者評価機関の信頼性により支えられるものであることから，①独立性・中立性，②慎重な発行プロセス57)，③高度な専門性・実績，④レピュテーション58)といった要素を備えた第三者評価機関からフェアネス・オピニオンの取得が行われた場合には，公正性担保措置として積極的に評価されるべきものと考えられる。

　そのため，対象会社の取締役会や特別委員会は，第三者評価機関を選定するに当たっては，これらの要素も考慮して検討することが望ましい。

3.3.2.3　第三者評価機関の独立性

　株式価値算定やフェアネス・オピニオンが上記の機能を有するためには，これを

---

55) 第三者評価機関がフェアネス・オピニオンを発行するに当たって基礎とする株式価値算定は，本文3.3.2.1 B)のとおり，多くの場合，(a)M&Aを行わなくても実現可能な価値と，(b)M&Aを行わなければ実現できない価値といった構成要素ごとに分けて価値を算定した上で合算するという形ではなく，通常はM&Aの実施を前提としない財務予測等に基づいて行われており，フェアネス・オピニオンにおける取引条件の「公正性」も，このような株式価値算定結果との比較において判断されていると理解されている。また，フェアネス・オピニオンは，あくまで財務的見地からの意見を表明するものであるため，一般に，第三者評価機関がフェアネス・オピニオンを発行するに当たって，手続の公正性や代替取引の有無は直接の検討対象とはならないと理解されている。
56) 我が国では，一部の諸外国と異なり，フェアネス・オピニオンの発行主体や発行プロセスに関する規制やルールは特段存在しておらず，また，フェアネス・オピニオンにおける「公正性」の定義や発行に当たって実施すべき手続について十分に共通認識が形成されているとも言い難いため，これらは各第三者評価機関の運用に委ねられている面があり，第三者評価機関によっても異なり得る状況にあることや，不適切なフェアネス・オピニオンを発行した第三者評価機関の法的責任が追及される環境が十分に整っているとも言い難い状況にあること等が指摘されている。
57) フェアネス・オピニオンの発行に当たって，対象会社等に対する追加的なインタビューや，第三者評価機関内部に組成された経験豊富なメンバー等から成る独立した審査会による重層的なレビュー等，客観性・独立性の加重された慎重なプロセスを経ている第三者評価機関もある。
58) 注56)のように，フェアネス・オピニオンを発行した第三者評価機関の法的責任が追及される環境が十分に整っているとは言い難い状況にある我が国において，フェアネス・オピニオンの機能は，第三者評価機関が負うレピュテーションリスクによって一定程度担保されていると考えられることから，レピュテーションが重要な考慮要素となる。

実施する特別委員会の第三者評価機関（特別委員会が自らの第三者評価機関を選任せず，対象会社の取締役会が選任した第三者評価機関を利用する場合には当該第三者評価機関）の独立性が重要となる。当該第三者評価機関が当該 M&A の成否に関して重要な利害関係を有している場合には，その独立性について一般株主が適切に判断することを可能とする観点から，その独立性や利害関係の内容に関する情報を開示することが望ましい。

　もっとも，例えば，当該第三者評価機関が買収者に対して自ら買収資金の融資その他の資金提供も行う場合のように，当該第三者評価機関が当該 M&A の成否に関して深刻な利害関係を有している場合59)には，その独立性に対する懸念が相当程度大きくなることから，基本的には上記の機能を果たす上で望ましくないと考えられるが，合理的な必要性からやむを得ずこのような事態に至る場合には，当該 M&A において当該第三者評価機関が得る経済的利益の内容を開示する等，少なくともその独立性や利害関係の内容について十分な説明責任が果たされるべきである60)。

---

59) ただし，特別委員会の第三者評価機関（特別委員会が自らの第三者評価機関を選任せず，対象会社の取締役会が選任した第三者評価機関を利用する場合には当該第三者評価機関）が買収者に対して自ら買収資金の融資その他の資金提供も行う場合において当該第三者評価機関が有する利害関係の程度は，当該第三者評価機関にとっての当該融資等の重要性（例えば，当該第三者評価機関の事業規模等と比較した当該第三者評価機関による融資等の金額の大小等）や当該第三者評価機関が当該融資等において果たす役割（例えば，融資者が複数であるいわゆるシンジケートローンの場合等において，当該第三者評価機関がアレンジャー等として中心的な役割を果たすか，シンジケーションに参加するにとどまるか等），当該融資等の条件等の具体的な事情によっても異なり，当該第三者評価機関が深刻な利害関係を有しているとまではいえない場合もあると考えられる。
　なお，当該第三者評価機関自身が深刻な利害関係を有している場合だけでなく，そのグループ会社が深刻な利害関係を有している場合においても，両社の実態上の関係次第では実質的に同様の第三者評価機関の独立性に対する懸念が生じ得るとの指摘がある。一方，このような場合でも，銀行や証券会社等の金融機関においては，銀行法や金融商品取引法等に基づき，利益相反管理体制が求められており，現に，第三者評価機関とそのグループ会社との間では情報遮断等の利益相反管理が実施されていることや，金融商品取引法に定められる弊害防止措置（ファイアーウォール規制）によっても第三者評価機関とそのグループ会社との間では情報隔離壁等の措置が講じられていること等から，第三者評価機関の独立性に対する懸念は緩和されているとの指摘もある。
60) 例えば，特別委員会の第三者評価機関（特別委員会が自らの第三者評価機関を選任せず，対象会社の取締役会が選任した第三者評価機関を利用する場合には当該第三者評価機関）が買収者に対して自ら買収資金の融資等も行う場合には，特別委員会において，当該第三者評価機関の独立性や利害関係の内容に関連する事項として，当該第三者評価機関が評価業務に関して受領する報酬に関する情報に加えて，当該融資等に関して受領する経済的利益の内容に関する情報等について確認を行うことも考えられる。

3.4　他の買収者による買収提案の機会の確保（マーケット・チェック）

3.4.1　機能

　M&Aにおいて他の潜在的な買収者による対抗的な買収提案（以下「対抗提案」といい，対抗提案を行う者を「対抗提案者」という。）が行われる機会を確保すること（以下「マーケット・チェック」という。）は，当初の買収提案よりも条件のよい対抗提案を行う対抗提案者の存否の確認を通じて，対象会社の価値や取引条件の妥当性に関する重要な参考情報が得られることに加えて，当初の買収提案者に対して，対抗提案が出現する可能性を踏まえて，対抗提案において想定される以上の取引条件を提示することを促す方向に働くため，取引条件の形成過程における対象会社の交渉力が強化され，企業価値を高めつつ一般株主にとってできる限り有利な取引条件でM&Aが行われることに資するという機能を有する（視点1）。

3.4.2　実施方法

　マーケット・チェックの方法としては，市場における潜在的な買収者の有無を調査・検討するいわゆる積極的なマーケット・チェック[61]や，M&Aに関する事実を公表し，公表後に他の潜在的な買収者が対抗提案を行うことが可能な環境を構築した上でM&Aを実施することによる，いわゆる間接的なマーケット・チェック等がある。

　このうち，間接的なマーケット・チェックについては，例えば，M&Aの実施に際して，①公表後，対抗提案が可能な期間を比較的長期間確保するとともに[62]，②対抗提案者が実際に出現した場合に，当該対抗提案者が対象会社と接触等を行う

61）積極的なマーケット・チェックには，①特定の買収者との間でM&Aを実施することについて合意・公表を行う前に入札手続（オークション）や複数の潜在的な候補者への個別の打診を行う方法と，②当該合意・公表後一定期間，対象会社が対抗提案を積極的に勧誘する方法（いわゆるゴーショップ）が存在する。積極的なマーケット・チェックを行う場合には，適切な内容の取引保護条項を合意することは合理的と考えられる。

62）どの程度長期間確保するかという点については，間接的なマーケット・チェックが有効に機能するために必要な期間は少なくとも確保することが必要となるが，そのような期間は対象会社の規模や個別案件の性質（例えば，企業の再生局面において，特に迅速な取引が求められる場合等）によっても異なり得るため，一律の基準を設けることは困難である。また，そのような期間よりも更に長期間確保する場合には，間接的なマーケット・チェックの有効性がより高まることも期待できるが，余り長期間確保すると，従業員や取引先等が不安定な地位に置かれ，対象会社の事業に悪影響が生じる可能性もある点にも留意する必要がある。

ことを過度に制限するような内容の合意等を行わない[63]といった対応を行うことが考えられる。

3.4.3　公正性担保措置としての意義

買収者が支配株主でない場合と支配株主である場合とでは，マーケット・チェックが公正性担保措置として有効に機能するか否かに関して異なる状況が存在するため，以下それぞれについて有効性を整理する。

3.4.3.1　買収者が支配株主でない場合

買収者が支配株主でない場合（すなわち，MBO を行う経営者が支配株主でない場合）においては，マーケット・チェックが有効に機能する場合が多いと考えられる。

そして，間接的なマーケット・チェックについては，検討に必要な時間や情報の制約から，実際上は対抗提案を行うことに困難が伴うことも少なくないとして一定の限界も指摘されていることを踏まえると，間接的なマーケット・チェックよりも積極的なマーケット・チェックの方がより有効に機能する場合が多いと考えられ，これが実施された場合には，公正性担保措置としてより積極的に評価されると考えられる。

他方，積極的なマーケット・チェックについては，M&A に対する阻害効果の懸念や情報管理の観点等からの実務上の問題[64]も指摘されていることを踏まえると，買収者が支配株主でない場合においては常に積極的なマーケット・チェックを実施することが望ましいとまではいえない。

そこで，マーケット・チェックについては，対象会社の取締役会や特別委員会において，当該 M&A における具体的状況を踏まえて，各方法の有効性や弊害の有無等を判断し，適切な方法で実施することが望ましいと考えられる。

63）例えば，買収者が対象会社との間で，対抗提案者との接触等を一切禁止するような取引保護条項を合意することは過度の制限であると考えられる。他方，ブレークアップフィー（解約金）条項等の形での取引保護条項を定めることは，その金額が過度に高額であり，実質的に，対象会社の株主に対して当該 M&A を承認することを強制する効果を持つものでない等合理的な範囲内であれば妨げられないものと考えられる。

3.4.3.2 買収者が支配株主である場合

これに対して，買収者が支配株主である場合（すなわち，MBO を行う経営者が支配株主である場合およびそれ以外の支配株主による従属会社の買収）には，既に対象会社の支配的持分を有している支配株主が対象会社を買収しようとしているのであり，第三者への売却に応じる意思が乏しい状況下において，真摯な対抗提案がされることは通常は考えにくい。そのため，マーケット・チェックが公正性担保措置として機能する場面は限定的であり，実施する意義が乏しい場合が多いと考えられる[65]。

もっとも，買収者が支配株主である場合であっても，例外的にマーケット・チェックが機能し得る場合[66]もあり得るため，対象会社の取締役会や特別委員会において，このような特段の例外的事情が存在しないか等を念のため確認することが望ましい。

3.4.4 対抗提案を受けた場合の対応

実際に対抗提案者が出現した場合には，その対抗提案が具体的かつ実現可能性のある真摯な買収提案である限り[67]，対象会社の取締役会や特別委員会としては，当該対抗提案の内容についても真摯に検討する必要があり，合理的な理由なくこれ

64）積極的なマーケット・チェックについては，①経営者と投資ファンド等が共同で行う最も一般的なタイプの MBO においては，対象会社の企業価値を増加させる上で，両者が MBO 後に強固な信頼関係の下で共同して経営を行うことが重要となるところ，経営者が投資ファンド等と長い時間をかけて信頼関係を醸成した上で初めて MBO の実施に踏み切るに至ることが多いという実態に照らすと，積極的なマーケット・チェックの実施に馴染みにくい面もあることや，②事前のマーケット・チェックには，当該プロセスを通じた競合他社等への企業秘密等の情報流出のおそれや，取引情報の漏えい等による事業や株価への悪影響のおそれ等の懸念があること，③買収者と対象会社との間で取引保護条項が合意されない状態で行われる間接的なマーケット・チェックも有効に機能し得ること，④一部の諸外国と異なり，我が国では買収意向を示すことに対して厳格な規制が存在しないため，真に買収する意思がないにもかかわらず，単に対象会社の情報を取得するため等，他の目的で買収意向が示される懸念が存在すること等が指摘されている。
65）なお，このようにマーケット・チェックが機能しないと考えられる場合であっても，公開買付期間等 M&A の公表後の期間を比較的長期間確保することは，一般株主が当該 M&A の是非や取引条件の妥当性について熟慮し，適切な判断を行うための期間としては機能し得るため，なお意義を有すると考えられる（視点 2）。
66）例えば，支配株主が保有する議決権の割合が低い場合や，非常に魅力的な対抗提案がされた場合には支配株主が売却に応じる可能性がある場合，支配株主が従属会社を一旦は買収するものの，その後，その全部または一部の売却を予定している場合等が指摘されている。

206

を拒絶することは適切とはいえない。

その上で，対象会社の企業価値の向上により資する買収提案と，一般株主が享受する利益（買収対価）がより大きな買収提案とは，通常は一致するものと考えられるところ，例外的にこれらが一致せず[68]，一般株主が享受する利益がより大きな買収提案が他に存在する中で，対象会社の企業価値の向上により資すると判断する買収提案に賛同する場合[69]には，対象会社の取締役会および特別委員会は，その判断の合理性について十分な説明責任を果たすことが望ましい[70]。

3.4.5　対抗提案者に対する情報提供の在り方

対抗提案者に対しても対象会社から合理的な情報提供が行われなければ，事実上，具体的かつ実現可能性のある真摯な買収提案を行うことは困難となる場合があるとの指摘がある。また，一旦対抗提案者が現れた以上は，買収提案者間の平等な競争の場を確保すべきであり，特定の買収提案者を他の買収提案者よりも優遇すること

---

67) 対抗提案が具体的かつ実現可能性のある真摯な買収提案であるか否かについては慎重な判断が求められ，その判断には特別委員会が実質的に関与することが望ましい。なお，買収者が支配株主である場合において対抗提案がされた場合については，既に対象会社の支配の持分を有している支配株主が対象会社を買収しようとしているのであり，第三者への売却に応じる意思が乏しい状況下において，通常は，実現可能性や真摯さが認められる場合は少ないと考えられるが，この点も含めて，対抗提案の実現可能性や真摯さについては本文 3.4.3.2 と同様の考慮が当てはまると考えられる。

68) 例えば，一般株主が享受する利益がより大きな買収提案が，ステークホルダー（例えば従業員）の取り分を減らして株主の取り分を増やすものである場合，自らの経営能力を過信する買収者によって買収が行われ，結果的に企業価値を損ねるものである場合，市場で一時的に過大評価されている買収会社の株式を買収対価とするものである場合等に，このような不一致が生じ，一般株主が享受する利益がより大きな買収提案と対象会社の企業価値の向上により資する買収提案とが異なり得ると指摘されている。

69) 本文 2.4 の視点 1 のとおり，対象会社において，取引条件の形成過程において，企業価値を高めつつ一般株主にとってできる限り有利な取引条件で M&A が行われることを目指して合理的な努力が行われることが前提となる。このような合理的な努力が行われることにより，本文記載のとおり，対象会社の企業価値の向上により資する買収提案と，一般株主が享受する利益がより大きな買収提案とは，通常は一致するものと考えられるが，本文は，このような合理的な努力が行われたにもかかわらず，なお，これらが一致しない場合を対象とするものである。このような場合であっても，企業価値の増加分が一般株主に公正に分配されるような取引条件の実現に向けて，上記のような合理的な努力は貫徹されるべきであり，企業価値が向上することだけを理由に一般株主の利益が不当に害されることのないようにすべきである。

70) いずれの買収提案が対象会社の企業価値の向上により資するかについては慎重な判断が求められ，企業価値の概念を恣意的に拡大することにより，このような判断を不明確にすることは望ましくない。

は望ましくないとの指摘もある。

　他方で，上場会社においては株式投資を行う上で必要な情報が既に公表されており，必ずしもデュー・ディリジェンスの機会を付与しなくとも対抗提案は可能であるとの指摘や，競合他社等への企業秘密等の情報流出のおそれや，取引情報の漏えい等による事業や株価への悪影響のおそれ等から，提供可能な情報には一定の限界があるとの指摘，一部の諸外国と異なり，我が国では買収意向を示すことに対して厳格な規制が存在しないため，真に買収する意思がないにもかかわらず，単に対象会社の情報を取得するため等，他の目的で買収意向が示される懸念が存在するとの指摘もある。

　そこで，例えば，買収提案の具体性，実現可能性や真摯性の確認度合い等に応じて，情報提供の要否や提供する情報の範囲を検討する（例えば，当初は限定的な情報提供を行い，上記の確認度合い等に応じて漸次提供する情報の範囲を拡大することにより，段階的に情報提供を行う等）ことには合理性がある。

3.5　マジョリティ・オブ・マイノリティ条件の設定

3.5.1　機能

　マジョリティ・オブ・マイノリティ条件とは，M&A の実施に際し，株主総会における賛否の議決権行使や公開買付けに応募するか否かにより，当該 M&A の是非に関する株主の意思表示が行われる場合に，一般株主，すなわち買収者と重要な利害関係を共通にしない株主[71]が保有する株式の過半数の支持を得ることを当該 M&A の成立の前提条件とし，当該前提条件をあらかじめ公表することをいう[72],[73]。

---

71) 本文記載の買収者と重要な利害関係を共通にしない一般株主の範囲については，個別の M&A における具体的状況を踏まえて実質的に判断されるべきものと考えられる。
　この点に関連して，現在の公開買付けの実務上，公開買付届出書の提出に際し，買収者との間で応募合意をした株主は，マジョリティ・オブ・マイノリティ条件において賛成を確認する対象となる一般株主（分母となる「マイノリティ」）から一律に除外すべきとの運用が行われている。しかし，買収者との間で応募合意をした株主は，買収者と重要な利害関係を共通にする場合もあればそうでない場合もあるところ，後者の場合には，株式の売り手として利害関係を有する株主との真摯な交渉により応募合意に至ったことは，むしろ取引条件の公正さを裏付ける要素とも言い得るため，応募合意をしたことのみをもって当該株主を一律に賛成を確認する対象となる一般株主から除外する必要はない。

マジョリティ・オブ・マイノリティ条件を設定することは，一般株主の過半数が取引条件について満足していることを直接確認することを通じて，一般株主による判断機会の確保をより重視することにつながる（視点2）。

また，マジョリティ・オブ・マイノリティ条件を設定する場合には，M&Aを成立させるためには，一般株主の過半数の満足が得られると想定される水準の取引条件とすることが必要となるため，取引条件の形成過程における対象会社の交渉力が強化され，一般株主にとって有利な取引条件でM&Aが行われることに資するという機能も有する（視点1）。

3.5.2　公正性担保措置としての意義

マジョリティ・オブ・マイノリティ条件は，これを設定することによりM&Aを成立させるために得ることが必要となる一般株主の賛成の数が相当程度増加する場合には，取引条件の公正さを担保する上で有効性が高いため，そのような場合にマジョリティ・オブ・マイノリティ条件が設定された場合には，公正性担保措置として評価される。

他方，マジョリティ・オブ・マイノリティ条件の設定については，支配株主による従属会社の買収のように買収者の保有する対象会社の株式の割合が高い場合における企業価値の向上に資するM&Aに対する阻害効果の懸念等[74]も指摘されていることを踏まえると，常にマジョリティ・オブ・マイノリティ条件を設定することが望ましいとまでいうことは困難であり，対象会社の取締役会や特別委員会は，当該M&Aにおける具体的状況を踏まえて，マジョリティ・オブ・マイノリティ条件の設定の有効性や弊害の有無等を総合的に判断し，その要否を検討することが望

---

72) マジョリティ・オブ・マイノリティ条件の設定は，M&Aが①いわゆる二段階買収により行われる場合には，一段階目の公開買付けにおいて一定数以上を買付予定数の下限として設定することにより行い，②組織再編等の一段階の取引により行われる場合には，例えば，株主総会において一定数以上の賛成の議決権行使が行われなかったことを当該組織再編に係る契約の効力の解除条件として設定することにより（株主総会の特別決議に係る決議要件を加重する定款変更を行うことなく）行うことが考えられる。

73) 公開買付けにおいて，注72)のような買付予定数の下限は設定されず，結果として多数の株主の応募があったにとどまる場合には，本指針で取り上げるマジョリティ・オブ・マイノリティ条件の設定としては評価されない。また，一般株主に対して，適切な判断を行うために必要な情報が提供されていることも，マジョリティ・オブ・マイノリティ条件が機能する上での前提となる。

ましいと考えられる[75]。

　その上で，マジョリティ・オブ・マイノリティ条件を設定しない場合には，他の公正性担保措置を充実させることによってこれを補い，全体として取引条件の公正さを担保することが重要となる。

3.6　一般株主への情報提供の充実とプロセスの透明性の向上

3.6.1　機能

　MBO や支配株主による従属会社の買収においては，買収者と一般株主との間に大きな情報の非対称性が存在することから，取引条件の妥当性等について一般株主による十分な情報に基づいた適切な判断（インフォームド・ジャッジメント）が行われることは当然には期待しにくい。M&A の際に情報開示を充実させることは，情報の非対称性の問題に対応し，一般株主による取引条件の妥当性等についての判断に資する重要な判断材料を提供することにより，そのインフォームド・ジャッジメントを可能にするという機能を有する[76]（視点 2）。

　また，対象会社の取締役会や特別委員会による検討・交渉プロセスや判断根拠，

74）マジョリティ・オブ・マイノリティ条件については，①買収者の保有する対象会社の株式の割合が高いほど，M&A の機会に対象会社の株式を買い集める等により，少ない株式取得によってM&A を容易に妨害することができ，企業価値の向上に資する M&A に対しても阻害効果を及ぼす懸念が高まること，②特に近年の我が国の資本市場の動向としてパッシブ・インデックス運用ファンドの規模が拡大しているところ，その中には，取引条件の適否にかかわらず，原則として公開買付けへの応募を行わない投資家も存在するため，マジョリティ・オブ・マイノリティ条件が本来の機能を発揮することを妨げるとともに，上記の取引阻害効果をより高める要因が存在すること，③会社法上，組織再編における株式買取請求手続における株式の買取価格である「公正な価格」やキャッシュ・アウトの場合に裁判所が決定すべき価格は，組織再編等によって増加した企業価値の公正な分配分をも含む価格とされているため，取引条件いかんにかかわらず，株式買取請求権を行使し得る地位を確保するために，株主総会において反対の議決権行使をすることや公開買付けへの応募をしないことに対してインセンティブが働きやすい要因が存在すること等が指摘されている。
75）マジョリティ・オブ・マイノリティ条件の設定の要否を判断するに当たっては，同条件が対象会社の交渉力を強化する機能を有することにかんがみると，M&A の前から買収者が保有する対象会社の議決権の割合，M&A の前における買収者と対象会社との関係（対象会社の独立性の程度等），M&A の交渉過程における買収者の態度等が考慮要素となるとの指摘がある。
76）M&A の際に株主が取引条件の妥当性についてインフォームド・ジャッジメントを行う上で有益な情報には，①株式価値算定結果に関する情報，②株式価値算定の計算過程や第三者評価機関等に関する情報，③上記以外の取引条件の形成過程に関する情報等がある。①は取引条件の妥当性の判断に直接役立ち，②は①の情報の合理性・信頼性の検証・評価を通じて，取引条件の妥当性の判断に役立ち，③は公正な手続を通じて決定された取引条件か否かの確認を通じて，取引条件の妥当性の判断に役立つと考えられる。

第三者評価機関による株式価値算定の内容や計算過程等が事後的に開示され，対象会社の一般株主や広く一般のチェックの下に置かれることにより，取引条件の形成過程の透明性が向上し，一般株主等の目を意識したより慎重な検討・交渉等や算定が行われることが期待でき，これにより，構造的な利益相反の問題および情報の非対称性の問題への対応に資するという機能も有する（視点1）。

なお，特に後者の機能との関係では，M&Aの際の開示書類における一般株主への直接の情報開示のほか，裁判手続における証拠資料としての提出[77]や，その他の事後的な情報開示も重要な意義を有する。

3.6.2　充実した開示が期待される情報

MBOおよび支配株主による従属会社の買収においては，法令や金融商品取引所の適時開示規制による開示制度を遵守するにとどまらず[78]，自主的に，公開買付届出書，意見表明報告書や適時開示等を活用して，株主構成やその背景，属性等も十分に考慮して[79]，一般株主の適切な判断に資する充実した情報を分かりやすく開示することが望ましい。

特に充実した開示が期待される情報としては，以下の情報が挙げられる。

3.6.2.1　特別委員会に関する情報

特別委員会に関する情報の開示を充実させることは，対象会社の一般株主等が，特別委員会が有効にその機能を果たしたか否かを判断することに資する。上記3.2.4.6のとおり，情報の非対称性の問題から生じる懸念は，M&Aの際の開示書類における一般株主への直接の情報開示のみによって解消することは困難であり，特

77）この観点からは，対象会社や特別委員会に対して株式価値算定書やフェアネス・オピニオンを提供した第三者評価機関において，守秘義務条項等を理由として，事後の裁判手続において株式価値算定書やフェアネス・オピニオンに関する情報の提供に消極的になることは望ましくない。

78）MBOおよび支配株主による従属会社の買収において法令および金融商品取引所の適時開示規制により開示が要求されている情報の内容については，発行者以外の者による株券等の公開買付けの開示に関する内閣府令および同府令各様式や，東京証券取引所の会社情報適時開示ガイドブックにおいて定められている。以下では，これらの法令および金融商品取引所の適時開示規制による開示制度を前提として，これに加えて自主的に開示することが望ましい情報を整理している。

79）例えば，機関投資家等の存在のみならず，個人株主等の存在にも配慮した丁寧かつ充実した説明も必要となろう。

別委員会が一般株主に代わって非公開情報も含めて重要な情報を得た上でM&A
の是非や取引条件の妥当性について検討および判断を行うという方法も適切に組み
合わせて，全体としてこれに対応し得る状況を確保することが重要であるところ，
後者の方法に対する信頼性を確保する観点からは，特別委員会に関する情報の開示
の充実を通じて，特別委員会が有効に機能したか否かについて，一般株主が判断で
きるようにすることが重要である。

　具体的には，以下の情報について充実した開示が行われることが望ましい。

a)　委員の独立性や専門性等の適格性に関する情報

　　（例えば，委員の独立性，属性・選任理由，選定プロセス等に関する情報）

b)　特別委員会に付与された権限の内容に関する情報

　　（例えば，取締役会においてあらかじめ上記 3.2.4.4 の決定が行われたか否か，
　　特別委員会に対して自らのアドバイザー等を選任する権限や対象会社の取締役
　　会のアドバイザー等を指名・承認する権限等が付与されたか否かに関する情
　　報）

c)　特別委員会における検討経緯や，買収者との取引条件の交渉過程への関与状況
　　に関する情報

　　（例えば，特別委員会の設置時期，検討事項，受領した情報の類型，審議回
　　数・審議時間等に関する情報）

d)　当該 M&A の是非，取引条件の妥当性や手続の公正性（公正性担保措置の実
　　施状況等）についての特別委員会の判断の根拠・理由，答申書の内容[80]に関
　　する情報

　　（例えば，当該 M&A に関する主要な検討事項がある場合には，当該事項に関
　　する検討結果や根拠・理由に関する情報）

e)　委員の報酬体系に関する情報

3.6.2.2　株式価値算定書やフェアネス・オピニオンに関する情報

　対象会社の取締役会や特別委員会が取得した株式価値算定書やフェアネス・オピ

---

80)　特別委員会の答申書自体を開示する方法のほか，本文記載の事項を中心にその要旨を開示書
類に記載する方法も考えられる。

ニオンに関する情報の開示を充実させることは，対象会社の一般株主等が，株式価値算定結果やフェアネス・オピニオンの合理性・信頼性をより具体的に検証・評価することを可能とし，これにより，一般株主が取引条件の妥当性等を判断するに当たり，その判断材料としての有用性がより高まる。

　このような観点から，一般論としては，対象会社の一般株主等が株式価値算定結果やフェアネス・オピニオンの合理性・信頼性を検証することが可能な程度の情報の開示がされることが望ましく，具体的には，対象会社の取締役会や特別委員会が取得した株式価値算定書やフェアネス・オピニオンに関し，以下の情報について充実した開示が行われることが望ましい。

a)　各算定方法に基づく株式価値算定の計算過程に関する情報

　　（例えば，①DCF法を用いて株式価値算定を実施した場合における（ⅰ）算定の前提とした対象会社のフリー・キャッシュフロー予測，およびこれが当該M&Aの実施を前提とするものか否か，（ⅱ）算定の前提とした財務予測の作成経緯（特別委員会による事業計画の合理性の確認や第三者評価機関によるレビューを経ているか否か，当該M&A以前に公表されていた財務予測と大きく異なる財務予測を用いる場合にはその理由等），（ⅲ）割引率の種類（株主資本コストか加重平均資本コストか等）や計算根拠，（ⅳ）フリー・キャッシュフローの予測期間の考え方や予測期間以降に想定する成長率等の継続価値の考え方等[81),82)]，②類似会社比較法を用いて株式価値算定を実施した場合における類似会社の選定理由に関する情報）

b)　フェアネス・オピニオンに関する情報

　　（例えば，発行プロセス，「公正性」の考え方に関する情報）

c)　第三者評価機関の重要な利害関係に関する情報

　　（例えば，第三者評価機関の報酬体系（当該M&Aの成立等を条件に支払われる成功報酬か，当該M&Aの成否にかかわらず支払われる固定報酬か等）に関する情報）

3.6.2.3　その他の情報

　その他，例えば，以下の情報について充実した開示が行われることが望ましい。

a) M&A を実施するに至ったプロセス等に関する情報

b) 当該時期に M&A を行うことを選択した背景・目的等に関する情報[83]

c) 対象会社の取締役等が当該 M&A に関して有する利害関係の具体的な内容に関する情報（例えば，MBO における取締役と他の出資者（投資ファンド等）の最終的な出資比率や，MBO 後の取締役の地位を保証する合意等に関する情報）や，当該取締役等の取引条件の形成過程への関与の有無・態様に関する情報

d) 対象会社と買収者との間で行われた取引条件等に関する協議・交渉の具体的な経緯に関する情報

e) 他の買収方法や対抗提案の検討の有無に関する情報

f) M&A への賛否等を決定する取締役会決議において反対した取締役または異議を述べた監査役がいる場合には，その氏名および反対または異議の理由に関する情報

---

81) 東京証券取引所が発出した 2013 年 7 月 8 日付通知「MBO 等に関する適時開示内容の充実等について」（東証上会第 752 号）においては，MBO および支配株主による公開買付けについては，DCF 法の算定の前提とした財務予測の具体的な数値の開示が要求されているのに対して，支配株主との間の組織再編で国内金融商品取引所に上場している上場株式を対価とする場合については，割当ての内容が市場株価と比較し従属会社の株主にとって著しく不利である場合を除き，財務予測の具体的な数値の開示は原則として要求されていない。本文 a)①（ⅰ）は，東京証券取引所の適時開示規制による開示制度においては財務予測の具体的な数値の開示が要求されていない組織再編により M&A が行われる場合において，自主的に，算定の前提とした対象会社のフリー・キャッシュフロー予測を開示することを想定したものである。

　この点に関連して，株式を買収対価とする支配会社による従属会社の買収において DCF 法を用いて株式価値算定を実施した場合に，現在法令や金融商品取引所の適時開示規制による開示制度においては開示が要求されていない本文 a)①（ⅰ）～（ⅳ）の情報について，金銭を買収対価とする M&A と同様に開示を行うことについては，上場を継続する支配会社側の DCF 法に基づく株式価値等についても一定程度公に推知可能となり得る等，株式を買収対価とする支配会社による従属会社の買収に対する阻害効果が懸念される場合もあるため，慎重な検討が必要との指摘もある。このような懸念により本文①（ⅰ）～（ⅳ）の情報の中で自主的な開示を行わない情報がある場合には，特別委員会において，開示を行わない情報の範囲と理由の合理性および従属会社の株式価値の妥当性等について特段の検討を行い，検討結果を開示することが望ましいと指摘されている。

82) 企業価値には非事業用資産の価値も含まれるところ，非事業用資産が株式価値算定において重要性を有する場合には，これについての考え方を説明することが望ましいとの指摘もある。

83) 対象会社の業績の下方修正後に M&A を行うような場合等，M&A が成立しやすくなるように意図的に市場株価を引き下げているとの疑義を招く可能性がある場合には，特に充実した説明を行うことが望ましい。

3.7 強圧性の排除

　MBO や支配株主による従属会社の買収が公開買付けにより行われる場合には，一般株主が公開買付けに応募するか否かについて適切に判断を行う機会を確保するために，強圧性[84]が生じないように配慮されるべきである[85]（視点 2）。具体的には，株主が公開買付けに反対した（応募しなかった）場合の取扱いについて，以下のような実務上の対応が行われることが望ましい。

a)　公開買付け後のスクイーズ・アウトに際して，反対する株主に対する株式買取請求権または価格決定請求権が確保できないスキームは採用しないこと

b)　公開買付けにより大多数の株式を取得した場合には，特段の事情がない限り，可及的速やかにスクイーズ・アウトを行うこと。また，公開買付け後にスクイーズ・アウトを行う場合の価格は，特段の事情がない限り，公開買付価格と同一の価格を基準にするとともに，その旨を開示書類等において明らかにしておくこと

84）公開買付けの強圧性の問題とは，公開買付けが成功した場合に，公開買付けに応募しなかった株主は，応募した場合よりも不利に扱われることが予想されるときには，株主の公開買付けに応募するか否かの判断が不当に歪められ，買付価格に不満のある株主も，事実上，公開買付けに応募するように圧力を受けるという問題をいう。

85）強圧性が生じないように配慮されるべきことは，MBO や支配株主による従属会社の買収の場合だけでなく，通常の M&A 一般にも当てはまるものである。

　MBO や支配株主による従属会社の買収が公正に行われることは，我が国資本市場に対する国内外からの信頼を確保する上で極めて重要である。

　本指針が我が国企業社会においてベストプラクティスとして定着し，企業価値の向上と株主利益の確保を両立する公正な M&A の実現に貢献していくためには，企業社会の関係者が本指針の趣旨を踏まえてそれぞれの役割を適切に果たしていくことが重要となる。

　このような局面において特に重要な役割を果たすのは，特別委員会の委員の担い手ともなる社外取締役をはじめとする社外役員である。社外役員には，このような局面における自らの役割を十分に理解し，一般株主をはじめとするステークホルダーからの期待に応えつつ，企業価値の向上に資する M&A が公正かつ円滑に行われるよう，適切にその役割を果たしていくことが求められる。

　M&A の立案や実行において中心的な役割を担う経営者その他の企業実務家や，これら企業実務家をサポートする M&A 市場関係者に期待される役割も大きい。これらの企業社会の関係者一人ひとりが健全な資本市場の発展を実現する一翼を担っているという認識を持ち，率先して本指針の趣旨の理解と実現に向けて努力をすることが期待される。また，株主・投資家にも，提供された情報に基づいて適切な判断を行うことが期待される。

　本指針が企業社会の関係者によって尊重され，我が国における M&A が健全で国内外に開かれた形で更に発展していくことを期待する。

以上

M&Aの新たな展開
——「公正なM&Aの在り方に関する指針」の意義

New Developments on M&As:
The Significance of "Fair M&A Guidelines"

2020年5月25日　初版第1刷発行

編　者　藤田友敬
発行者　江草貞治
発行所　株式会社 有斐閣
　　　　〒101-0051 東京都千代田区
　　　　神田神保町 2-17
電話　　03-3264-1311（編集）
　　　　03-3265-6811（営業）
http://www.yuhikaku.co.jp/

デザイン　キタダデザイン
印刷　　　株式会社暁印刷
製本　　　大口製本印刷株式会社
©2020, FUJITA Tomotaka. Printed in Japan.

YUHIKAKU